可竞争性服务与改革探究

基于中国基础电信服务市场

韩胜飞◎著

光明日报出版社

图书在版编目（CIP）数据

可竞争性服务与改革探究：基于中国基础电信服务
市场 / 韩胜飞著. --北京：光明日报出版社，2024.5
ISBN 978 - 7 - 5194 - 7989 - 3

Ⅰ.①可… Ⅱ.①韩… Ⅲ.①电信—商业服务—研究
—中国 Ⅳ.①F626

中国国家版本馆 CIP 数据核字（2024）第 109207 号

可竞争性服务与改革探究：基于中国基础电信服务市场
KEJINGZHENGXING FUWU YU GAIGE TANJIU：JIYU ZHONGGUO JICHU
DIANXIN FUWU SHICHANG

著 者：韩胜飞	
责任编辑：刘兴华	责任校对：宋 悦 王秀青
封面设计：中联华文	责任印制：曹 净

出版发行：光明日报出版社

地　　址：北京市西城区永安路 106 号，100050

电　　话：010-63169890（咨询），010-63131930（邮购）

传　　真：010-63131930

网　　址：http：//book. gmw. cn

E - mail：gmrbcbs@ gmw. cn

法律顾问：北京市兰台律师事务所龚柳方律师

印　　刷：三河市华东印刷有限公司

装　　订：三河市华东印刷有限公司

本书如有破损、缺页、装订错误，请与本社联系调换，电话：010-63131930

开　　本：170mm×240mm	
字　　数：310 千字	印　　张：19
版　　次：2025 年 1 月第 1 版	印　　次：2025 年 1 月第 1 次印刷
书　　号：ISBN 978 - 7 - 5194 - 7989 - 3	
定　　价：98.00 元	

序

  自 1978 年党的十一届三中全会后改革开放 46 年来，中国通过"有效市场"和"有为政府"相结合的方式，实现了经济的快速发展和社会的长期稳定两大奇迹。随着改革的深入与发展，如何进一步优化政府决策与市场的关系对理论研究的推进提出了相应的要求。中央自 2013 年党的十八届三中全会以来发布了一系列纲领性文件以推进国有自然垄断行业改革和竞争性环节开放，并在 2015 年中央财经领导小组第十一次会议正式提出以供给侧结构性改革为经济工作主线。本书以基础电信服务业为例，对 2013 年以来的三项重大结构性改革实践过程中的初步效果与理论基础进行相对深入的探究，力图从理论研究和实践评估两方面做些尝试。具体而言，2013 年至 2014 年对民营企业分别开放了移动通信转售和宽带接入业务，并成立中国铁塔公司对移动通信实行网业分离。这些举措既标志着我国改革进入了一个全新时期，也开启了对高质量发展的全面推进。希望能借助本书研究过程和结果为改革深化和政策调整提供一些有益启示，也为其他国有基础设施类垄断性行业改革提供了参考案例。

  二十世纪四十年代以来发生过两次重要的世界性供给侧结构（产权结构）改革。随着第二次工业革命和电气技术的广泛应用，规模经济突破了自然资源范围，与此同时战后百废待兴，欧洲出现了对邮电、通信、电力等电气技术相关行业国有化的趋势，传统意义上的自然垄断行业形成。但不久之后的五六十年代以信息技术为主要标志的第三次工业革命兴起，降低了这些行业的固定成本，其自然垄断经济特征明显弱化，加上七十年代两次石油危机导致欧美各国陷入滞涨，低增长、高失业与高通胀并存，需求侧政策失灵，引发了以民营化、竞争化和放松管制为主要内容的供给侧结构性改革，电信业是最先进行改革的行业之一。其主要动力除了第三次工业革命和石油危机引起"马歇尔冲突"爆发，以鲍莫尔等提出的可竞争性理论为代表的理论突破将可竞争市场的边界扩大到了包括自然垄断成本特征的所有行业，极大地促进了人们的思想解放。因此传统自然垄断行业对非公有制企业开放的动力主要来自三方面，一是"马歇尔冲突"的历史性爆发，二是第三次工业革命所引发的内在经济结构变化，三是经济理论的创新与发展。说明在历史关键节点，理论创新对提高改革的历史自觉性往往具有不可替代的作用。

虽然中国因发展阶段不同，本轮供给侧结构性改革发生的时间不同，具体模式也因国情而异，但总体看都是对第三次乃至新一轮工业革命发展中产业结构变革内在需求的呼应。中国作为"后发国家"采取了"有效市场"和"有为政府"相结合的循序渐进模式，通过稳中求进、先立后破等方针以实现长期可持续发展的目标。而科学评估、动态调整和"自我纠错"显然是这一模式创新的题中之义。因此，需要根据对每一阶段实践效果的观察与思考提出合理的解释与理论归纳，以指导下一步实践。

开篇以企业效率为视角提出了三个重点研究问题，即如何判断可竞争环节，开篇所述三项电信市场改革是否体现了可竞争性的市场规律及初步效果如何，已经初步开放的可竞争环节存在哪些主要竞争壁垒。然后全书分三篇展开探讨。首先是理论篇。主要通过理论分析提出假说，由第一、二两章组成。第一章对与主题相关的主要文献进行梳理和讨论，以为研究提供借鉴与切入点。围绕开篇提出的研究问题，分自然垄断理论的演进、自然垄断产业竞争机制的引入和市场进入壁垒三部分，概述部分主要代表作，每部分在"评述与借鉴"中将说明对研究问题的主要借鉴意义。第二章在第一章基础上也同样围绕研究问题对2013年以来电信业的三项重大改革展开具体分析，包括对鲍莫尔理论的扩展、对改革的理论分析和待证假说的提出。其次为实证篇，分5个单元（第三—七章）对第二章所提出的16个具体假说进行验证。最后是总结篇，包含结论和政策启示2章。第八章依然按照三大研究问题的顺序对前七章主要结果进行归纳性总结，第九章从长短期和国内外环境两个维度，对我国基础电信市场改革的深化提出了几点思考与建议。

从以上内容不难看出，本书主要目的有两个：一是通过扩展鲍莫尔等提出的可竞争市场理论，解释现实中大量存在的自然垄断性行业开放的合理性与前提条件；二是基于理论扩展分析和评估2013年以来电信业三项重大改革的初步效果和存在问题，这既是对理论扩展的验证，也是对政策效果的初步探究。谨与各位同行专家商榷。

目　录
CONTENTS

引　论

在我国现阶段发展进程中，传统自然垄断行业开放本质上主要体现为混合所有制改革（以下简称混改）。这些行业主要分布在基础设施领域，占用社会固定资产比重高且经济外部性巨大，对提高整个社会全要素生产率、促进高质量发展至关重要。而只有充分发挥不同所有制生产要素比较优势，才能达到整体效率和社会福利最优。2013 年十八届三中全会《中共中央关于全面深化改革若干重大问题的决定》（以下简称《十八届三中全会决定》）在第 7、8、10 条中明确提出：对国有自然垄断行业的改革，尤其是对水、石油、天然气、电力、交通、电信等传统上的自然垄断行业，要根据不同行业特点实行网运分开、放开竞争性业务，进一步破除各种形式的行政垄断 ①，积极发展混合所有制经济，消除各种隐性壁垒，制定非公有制企业进入特许经营领域具体办法。之后中央就国有垄断行业混改发布了一系列文件推进改革的深化。例如 2015 年 9 月，中共中央、国务院印发的《关于深化国有企业改革的指导意见》提出对传统自然垄断行业"根据不同行业特点实行网运分开、放开竞争性业务，促进公共资源配置市场化"。2023 年《中共中央国务院关于促进民营经济发展壮大的意见》再次强调要消除市场准入壁垒，充分发挥民营经济在高效发展中的基础作用。那么，如何判断哪些行业或业务环节具备竞争性，如何衡量竞争性，哪些特许经营领域及业务环节应积极引导非公有企业参与竞争，哪些是影响有效竞争的

---

① 行政垄断行业一般是指传统意义上的自然垄断行业，不一定具有现代产业组织理论意义上的自然垄断成本特征，而是通过行政权力限制竞争的政府行为，主要目的是避免竞争可能导致的行业效率下降。国内多数文献中对两者存在一定程度的概念混淆，比如过去的传统自然垄断行业多数为行政性垄断，但其中有些已不再具备自然垄断成本特征。为避免概念混淆，本书提到的"自然垄断性行业"是基于次可加性的成本特征而言。

主要壁垒等，则仍有待于给出清晰的、符合经济与市场逻辑的界定。本书基于对鲍莫尔等（1981，1982）可竞争性理论的扩展，以2013年以来我国电信业的几项重大结构性改革及其成效评估为例，尝试采用理论分析和与实证研究相结合的方式对上述问题进行相对全面系统的探讨①。

　　相对于非自然垄断，民营企业进入自然垄断领域的效率影响比较复杂，除了竞争效益等效率促进因素外，还包括成本次可加和产能过剩等非效率因素。如何准确地综合比较上述因素的影响一直是政府决策的难题，也是判断竞争性环节的关键。因此学术界和相关政府部门在应不应当改、改哪些以及如何改等问题上仍存在较大分歧与盲目现象，导致某些领域改革效果参差不齐、进展缓慢。例如，作者和课题组前期研究中考察了电力和电信等多个自然垄断性行业或业务环节，其中只有电力生产和宽带接入业务有民营企业进入。究其根源，还是缺乏基础理论层面上的深入理解和认识，客观上构成了思想束缚。2020年十三届全国人大第三次会议政府工作报告进一步提出了"国企改革三年行动方案"，并以"提升成效"为主要基调，相对2018年和2019年政府工作报告中提出的"推进"和"加快"更强调了改革效果，也说明包括混改在内的国企改革理论研究与实践探索仍有较大空间。

　　如序言所说，传统自然垄断行业混合所有制改革最早出现在欧美国家。具体形式分两种：一是国有企业部分私有化——称为企业混合所有制（mixed ownership），二是国有企业垄断市场对非公有制企业开放——称为行业混合所有制（mixed markets）。前者强调通过企业内部公私产权结构调整提高效率，后者从打破垄断、提高竞争水平着眼促进企业和行业效率提升。根据传统理论，在自然垄断性行业允许竞争可能导致生产和资源的低效配置，政府可采取价格管制等方式促使在位企业提高效率。但马歇尔1890年在《经济学原理》② 中就已指出了规模经济和垄断弊病之间的矛盾，即所谓的"马歇尔冲突"：垄断性供给权加上价格管制往往使得企业失去提高内部效率的激励。因此，现代自然垄断理论认为应在该类产业中引入竞争机制。新产业组织理论代表人物鲍莫尔1981年在美国经济学会年会上首次提出可竞争市场理论，并与潘扎尔、威利格一起出版了《可竞争市场与产业结构理论》（Baumol，Panzar and Willig，1982）一书

---

① 数据来源包括两部分：公开的权威数据库和研究团队通过实地考察获取的第一手质性数据。
② 马歇尔. 经济学原理［M］. 朱志泰，陈良璧，译. 北京：商务印书馆，2019.

进行详细阐述。认为即使对具有自然垄断属性的行业来说，只要满足市场进出自由等条件则依然是可竞争的（contestable）。由于对新进者来说不存在沉没成本等退出风险，开放市场对在位垄断企业构成潜在竞争压力，进而促其提高内部效率，按边际成本定价。可竞争性理论对产业组织理论的发展极具创新意义，对二十世纪七八十年代欧美发生的自然垄断行业开放与供给侧结构性改革有很大影响，为放松管制提供了理论依据，也为合理解决垄断与竞争之间的平衡问题提供了一个可行的思路。

然而，虽然国内学术界早在 1984 年就已经推介了可竞争市场理论[①]，但因其"潜在"竞争命题与混改实践中新进厂商长期共存的"实际"竞争缺乏衔接，始终未见应用于该领域的相关研究。那么，自然垄断性行业开放效果是否仅限于鲍莫尔所提出的"打了就跑"的潜在竞争压力，还是可以通过新企业长期进入带来的行业结构变化实现有效竞争？从理论上回答这一问题显然将有助于政府在自然垄断性行业混改问题上的科学决策，对于提高改革的历史自觉性，进而提升改革成效、降低改革成本具有重要意义。

第一，如何看待自然垄断、可竞争性及竞争性之间的关系十分关键。相对于非自然垄断，对具有自然垄断成本特征的行业进行混改一直是国有垄断行业改革的深水区。也是国内外学术研究中缺乏明确的理论界定的问题。比如陈林（2018）通过实证对比了非自然垄断和自然垄断性行业，结论是后者混改没有显著促进企业效率的提升。吴振宇和张文魁（2015）通过对我国省际面板数据回归认为降低国有经济比重的所有制改革有利于促进竞争、提高企业效率，但未区分是否具有自然垄断属性。王俊豪（1998）则提出对于政府决策来说，主要问题在于很难准确判断成本次可加程度与竞争效益的比较。在理论研究方面，Willner（2006）通过博弈分析提出，混合寡断市场的合理性并不适用于自然垄断性行业。Matsumura（1998，2004，2005）也认为，如果存在较高的市场进入成本，国企采用边际成本定价即可阻止新进企业导致的重复建设和社会资源浪费。总体看，已有研究对自然垄断成本特征如何影响混改效果持有不同观点，但均未给出系统的理论解释，并因忽视以下两个事实而缺乏说服力：首先，各类市场的完善（如二手市场和租赁市场）以及科技发展显著降低了许多行业基础

---

① 吴剑敏. 可竞争市场和工业组织理论简介 [J]. 经济学动态，1984（9）：53-56.

设施的沉没成本，从而大大降低了重复建设造成的浪费。譬如：科技的快速发展加快了设备折旧速度，现代电信设施也不再局限于单一用途，起初只传送声音，现在同一设施可传送图片或电脑文件，甚至还能传送有线电视或进行上网等，这些都有效减少了产能过剩造成的资源浪费。其次，原有国有垄断企业理论上以追求社会福利最大化为目标，而同时大量研究也表明其成本效率显著低于私有企业，因此可能会高估成本次可加程度。换句话说，对于沉没成本足够低的行业，重复建设对行业效率的负面影响将有可能显著低于混改带来的竞争效益，而在成本次可加程度被高估的情况下，开放对效率的负面影响也会被高估。因此，如果将沉没成本足够低定义为新企业进入垄断行业带来的总体收益（竞争效益）高于总成本，那么，该"自然垄断"行业就具备了可竞争性，同时也具备了竞争性。对此进一步的讨论可参见第二章第一节"理论扩展"。

第二，随着技术和市场发展的差异性日趋明显，行业内不同业务与环节的成本特征也发生了不同的变化。以往关于自然垄断与竞争关系的实证文献多数是从整个行业角度出发，很少对行业内不同业务及不同环节进行区分。而现实中，一个行业不同业务环节的技术与资本密集度、市场规模和体制机制完善程度往往具有明显差异，这些差异可能正是决定是否具有自然垄断成本属性或可竞争性的关键因素。基础电信业属于特许经营领域，其三大主营业务——固话、宽带和移动通信之间虽然存在一定的相互替代效应，但总体看有着各自的市场与技术特点，对成本属性的判断不能一概而论。各业务中还存在着不同的环节。如果将一个网络型垄断行业分为上游下游，与主营零售市场的终端业务环节相比，处于上游的网络设施作为整售环节，无论从所面对市场的结构，还是从技术、资本密集程度，都更具备拥有自然垄断成本特征的潜在条件。

第三，进入壁垒是市场结构的决定性因素，历来是产业组织理论核心问题之一，也是探讨传统自然垄断行业开放的重要理论与实践问题。如果说合理界定与判断可竞争环节，是通过开放行政垄断行业扩大改革红利、推进供给侧结构性改革的关键之一，准确评估哪些是主要进入与竞争障碍，如何在综合平衡前提下推进开放、消除壁垒，则是实现有序、有效开放与混改战略目标的另一个关键。结构主义学派代表人物贝恩1956年首次提出"进入壁垒"的概念（Bain，1956），认为进入壁垒不仅包括设立新公司的障碍，还包括竞争壁垒，即贡献产出过程中面临的障碍。波特在阐述决定企业竞争优势的五力模型时

（Porter，1980），将市场壁垒的主要来源进一步扩展为在位者成本优势和政府监管等七个方面。由行政垄断向可竞争市场的转变，是一个从旧的体制机制和垄断市场环境向新的有效竞争体制转化的过程。在这一过程中，原有长期建立起来的运作机制和行业环境，必然构成主观和客观两方面进入障碍。加上自然垄断行业一般沉没成本及相应的进入风险相对较高，除了市场准入、所有权限制、经营限制等直接而主观的政策性壁垒以外，间接的（隐性）制度性与经济性壁垒往往具有更为重要的影响。例如对基础电信业新进企业来说，政府监管体系是否健全和网络接入安排与技术透明度等则属于隐性障碍的潜在来源。对此，《十八届三中全会决定》也明确要求消除各种隐性壁垒，制定非公有制企业进入特许经营领域的具体办法。

　　第四，在以5G为代表的新一轮技术革命蓬勃发展的时代背景下，基础电信业改革与发展直接关系到国家数字化进程的推进和经济发展方式的转变，可竞争范围也随技术和市场需求迅速增长而逐步扩大。因此国家近十年来实施了一系列结构性行业改革。2013年和2014年分别尝试在移动通信转售和固网宽带接入业务对民营企业开放①，以"提高竞争层次、促进服务质量与创新水平的提升"②。2014年还成立了中国铁塔股份有限公司，在整合三大国有运营商铁塔设施基础上对移动通信实行网运分离③，以避免重复建设、提高基础设施规模效益，并通过网络共享推进零售市场多元化竞争。其后，2017年中国联通宣布引入包括腾讯、百度、京东、阿里巴巴在内的多位战略投资者，认购中国联通A股股份，2018年中国联通云南分公司正式被纳入国务院国有企业改革"双百行动"名单，公开向民营企业招募承包运营合作方。形成了电信业混改的多管齐下状态。不难看出政府对电信业改革的重视与决心，同时也从客观上反映了电信业改革的战略意义。这些举措毫无疑问开启了行业结构的实质性改革，市场反

①　移动通信转售企业属于虚拟运营商（MVNO—Mobile Virtual Network Operator，简称虚商）类型之一，1998年最早出现在挪威。与传统电信运营商的最大区别在于不拥有物理网络，通过租用基础设施经营零售业务，在一定程度上化解了行业垄断壁垒，因此得到迅速推广。

②　见中国工业和信息化部2013年1月发布的《移动通信转售业务试点方案》。同年12月向11家民营企业发放了首批试点牌照。2014年12月25日，正式发布《关于向民间资本开放宽带接入市场的通告》和《宽带接入网业务开放试点方案》，2015年6月首批4家民营企业获批进入试点业务。

③　也称为"网业"分离或纵向分离，是指将上游的网络设施与下游的业务运营分开。

应也非常积极，2019年6月移动转售企业用户规模达到1.1亿户，2017年民企全国宽带接入用户数已达到3978万（占全国用户数11%）。而对于推进改革深化和政策调整来说，第一轮改革的实际成效究竟如何，是否达到了原设定目标，还存在哪些主要问题等，都需要从理论与实践两方面加以系统总结和梳理。

以移动通信转售业务开放为例。从国际经验来看，政府引入虚拟运营商（简称虚商）主要出于两种动机：一是作为对电信行业过度垄断的担忧而采取的强制性干预引入虚商，以防止或降低过度垄断的负外部性；二是充分利用基础运营商闲置网络资源。我国移动转售企业诞生的动机与欧洲既有相似也有不同。相似之处是为降低垄断而采取的监管干预，不同之处是我国的改革同时带有对电信业混改的"破冰"性质，主要目的如上文所说是"提高竞争层次、促进服务质量与创新水平的提升"。然而，根据作者及课题组的观察和前期研究，虽然我国已成为全球最大的虚拟运营商市场，但最初参与试点的42家虚拟运营商普遍生存艰难，业务发展受限于诸多因素，难以和三大国有运营商形成有效竞争。再者，2018年5月1日转为正式商用后适用主体范围扩到了外资企业，而到目前为止尚未见该类企业的进入，除了国际环境变化原因之外，我国本身经济转型期制度性因素的影响及其程度也值得深入探究。

如序言所说，本书以企业效率和市场绩效为视角，围绕三个主要问题展开研究：一是如何判断可竞争环节，二是上述电信市场改革是否体现了可竞争性的市场规律及初步效果如何，三是已经初步开放的可竞争环节存在哪些主要竞争壁垒。基本思路概括为两点：1. 判断国有垄断行业是否适合混改需首先合理界定其可竞争性。2. 可竞争性是非自然垄断性环节的原有之意，混改有利于发挥竞争效应、提升企业效率，而自然垄断性环节是否可竞争与市场进入的沉没成本密切相关，放开沉没成本足够低的环节有利于行业效率的提升。在前人研究基础上，本书可能的贡献主要有：1. 将可竞争市场理论中自然垄断性行业开放的"潜在竞争效应"扩展为"实际竞争效应"（详见第二章第一节），并以此为基础论证和检验自然垄断性行业开放的合理性与前提条件；2. 针对上述前提条件提出可验证、可操作的判断指标；3. 对2013-2014年开启的电信业几项重大改革进行相对全面系统的评估。

接下来先对所涉文献做概括性回顾与评鉴，然后围绕三个主要研究问题进行理论分析并提出相应的推论（假说），再通过5组实证研究进行验证，最后是结论与政策启示。

第一篇 01

理论分析与假说

第一章

文献讨论与借鉴

经济理论的发展始终是技术与经济结构变迁的产物。长期以来，基础电信一直被认为是典型的自然垄断性产业，其理论发展对类似行业的行业规制与开放都产生了重大影响，因此世界电信业的变迁历史与自然垄断理论的发展过程息息相关。本章围绕上文中提出的研究问题，分"自然垄断理论的演进""自然垄断产业竞争机制的引入"和"市场进入壁垒"三部分，针对性地概述理论发展和部分代表作，每部分在"评述与借鉴"中将说明对本书研究问题的主要借鉴意义。

第一节　自然垄断理论的演进

一、从自然决定论到成本次可加

自然垄断作为一个重要经济学理论命题，到目前为止已经历了自然条件决定论、规模经济和成本次可加性三个发展阶段。最早提出自然垄断概念的是古典经济学家约翰·斯图尔特·穆勒。他在 1848 年出版的《政治经济学原理》一书认为自然资源的稀缺性以及所有权制度导致了自然垄断，而"地租是自然垄断的结果"①。垄断经营不仅会取得巨大的劳动经济性，还能避免双重管道这样的资源浪费，有利于在现有利润率不变的条件下降低收费价格。Ely（1937）也

①　穆勒. 政治经济学原理［M］. 赵荣潜等，译. 北京：商务印书馆，1991：.

主要从自然条件和自然因素角度论述了自然垄断的特征。

到了 19 世纪 70 年代，第二次工业革命使得经济增长逐渐突破自然资源的限制，电力的发明和应用促使企业规模不断扩大，生产不断集中。为论证大批量生产的经济性和自然垄断的合理性，规模经济理论日渐成熟。尤其是在第二次世界大战后（20 世纪 40 年代），世界范围内出现了国有化浪潮，邮电、电力、煤气、铁路等自然垄断产业成为国有化改革的集中领域。基于规模经济的自然垄断理论日臻成熟，为二战后各国对重要产业实施国有制改革、恢复国民经济提供了理论依据（Miller and Clarkson, 1981；Greenwald, 1981；Steiner, Purvis and Lipsey, 1987；Spulber, 1989；Nordhaus and Samuelson, 1992；Stiglitz, 1997）。

但规模经济理论建立在单一产品、市场需求和生产技术不变等前提假设基础之上，而现实中企业几乎都是同时生产多种产品，需求、技术等因素也在不断发生变化，规模经济理论显然已不能满足解释经济现实的需要。不少学者注意到，即使在规模不经济的情况下，如果单个企业比两个或更多企业能够更有效率地生产，也可能存在自然垄断。因此，规模经济与自然垄断性之间的对应关系逐渐受到经济学家的质疑。理由是如果由单个公司或有限的几个设备来提供整个行业的产出所花费的社会成本最低或者所得社会净收益最大，那么具备这种技术特点的产业显然就是自然垄断产业（Kaysen and Turner, 1959；Bonbright, 1961；Kahn, 1971；Spulber, 1989）。这些质疑促成了"范围经济"和"成本次可加性"理论概念的提出。鲍莫尔、潘萨、威利和沙基（Baumol, Panzar, Willig, Sharkey）等美国经济学家对这一问题的理论研究最具代表性。

1977 年，鲍莫尔发表了《论对多产品产业自然垄断的适当成本检验》一文，提出了企业生产成本的次可加性（Subadditivity，又译为劣加性、弱增性），即由一家企业生产所有商品会比由两家或多家企业共同生产这些商品的成本更低。他在文中指出，规模经济效应并不是成本次可加性的必要条件。之后，鲍莫尔、潘萨和威利（1981）联合发表了《范围经济》一文，1982 年三位作者出版专著《可竞争市场与产业结构理论》，补充了范围经济与自然垄断的关系，以及如何在数学上检验多产品企业的成本次可加性。1982 年 Sharkey 也出版专著《自然垄断理论》，正式用成本次可加的概念重新定义了自然垄断性。他们的研究成果主要有如下结论：1. 成本次可加性是自然垄断的关键特征，任意产量水平上所存在的严格成本次可加性是自然垄断的充分必要条件；2. 在单产品生产的情况下，每一产出水平都存在规模经济是该产品自然垄断生产的充分非必要条件；3. 在多产品情况下，规模经济既不是成本次可加性（自然垄断）的充分条件也不是它的必要条件，而范围经济是成本次可加性（自然垄断）的必要非充分条件。进一步地，规模经济和范围经济同时存在也不一定存在成本次可加。此后，基于成本次可加的自然垄断理论在经济学界得到了广泛认同，并获得实证研究的支持。

关于成本次可加理论的应用和检验方法也经历了一个逐渐成熟的过程。Evans 和 Heckman（1984）最早提出成本次可加的计量方法。采用电信企业双产出（本地通话、长途通话）和三投入（劳动、资本和物料）的超越对数成本函数形式，选取贝尔公司（Bell System）1947—1977 年时间序列数据验证美国固定电话业务是否具有自然垄断属性。结果显示本地电话业务的成本函数不具备次可加性，因而是非自然垄断的。Roller（1990）对 Evans 和 Heckman 模型与数据进行了一系列正则检验和数据处理，去掉不符合边际成本非负，总成本非负和要素价格均匀、单调、凹性等规则的观测点，得出了相反的结论——贝尔具备自然垄断成本特征。他还运用 CES 生产函数的二次成本函数进行估计，结果仍为自然垄断。Shin 和 Ying（1992）认为高度相关的时间序列数据以及较小的样本量会对实证结果产生影响，因此改用美国本地电话局的面板数据，并考虑了正则性条件，发现本地电话已不再具有自然垄断属性。Wilson 和 Zhou（2001）在模型中纳入了样本间的异质性，其结果否定了 Shin 和 Ying 的结论，认为本地电话仍然为自然垄断的。Bloch 等（2011）的成本次可加检验结果表明澳大利亚通讯系统的自然垄断属性正在逐渐减弱，为政府政策提供了支持，说明不同国家同一个行业的成本特征不尽相同。

采用超越对数函数的成本次可加检验方法，也广泛应用于对电信以外其他行业的自然垄断检验（郝枫，2015）。袁欣和张秋生（2013）对铁路运输业、陈林和刘小玄（2014）对中国重化工业的自然垄断属性进行了实证检验。范建双和李忠富（2009）采用广义超越对数成本函数估计了我国大型承包商规模经济和范围经济的系数。此外，Lvaldi 和 Mccullough（2008）、刘孟飞和张晓岚（2013）、Johnson（2007）、章玉等（2016）还采用该方法，对电力、银行、铁路运输、公共交通等产业的网运分离和特许经营效率等进行实证研究。

二、评述与借鉴

成本次可加性已成为现代国内外学术界广泛认同的自然垄断成本特征，采用超越对数成本函数形式检验这一特征也是最为普遍的方法。国外实证研究因模型设定和有效数据筛选方法不同（例如正则检验），导致了完全不同的检验结果，而国内文献多数忽视了这些问题。说明在具体应用中仍有值得研究的空间，不同的方法或不同的国家都可能出现结果的不同。此外，该方法最早用于美国电信业的研究，但由于受到数据可得性、可靠性和完整性等因素制约，很少见到用于我国电信业及不同业务环节的成本特征检验。以上将成为本书相关实证研究的借鉴和切入点。

第二节　自然垄断产业竞争机制的引入

上节提到，随着第二次工业革命和电气技术的广泛应用，出现了世界范围的对邮电、电力、煤气、铁路等自然垄断行业国有化的趋势，形成了所谓传统的自然垄断行业。而到了 20 世纪 70 年代世界发生两次石油危机，欧美各国相继陷入经济滞涨状态，低经济增长率、高失业率与高通货膨胀率并存。各国自然垄断产业及国有企业普遍存在着质次价高和严重亏损的问题，高成本、低效率的制度性弊端日益显现，政府财政补贴不堪重负，规制体系低效甚至失效。这促使政府下决心向国有企业集中的传统自然垄断产业开刀，打破垄断，以私有化或引进非公有资本形式引入竞争。与此同时，以信息技术为核心的第三次工业革命迅速发展，降低了邮电、煤气和电力等传统自然垄断产业的固定成本和规模经济性，为引入民营企业提供了可能和条件。于是，20 世纪 70 年代末期 80 年代初期，从欧洲的英法德等国开始，展开了以民营化、竞争化、放松管制为主要特征的自然垄断产业改革。随着民营化的推进，改革效果逐渐显现，不仅提高了产业效率和企业竞争力，也促进了各国的经济复苏。与此相呼应，经济学理论的创新特别是可竞争市场理论将竞争机制引入自然垄断产业（Baumol et al.，1982），为这场改革提供了理论武器，奠定了思想解放的基础。接下来先简要归纳可竞争性理论的基本内容，然后从行业混改、纵向分离和规模与创新三方面介绍相关的部分代表性研究和观点。

一、可竞争市场理论

鲍莫尔在1981年首次在美国经济学会年会的发言中提出了可竞争市场理论，并在《可竞争市场与产业结构理论》一书中进行了详细阐述（Baumol，Panzar and Willig，1982）。根据该理论，完全可竞争与完全竞争的市场边界不同，包含了寡头和自然垄断性行业，是指企业能够完全自由地进入和退出市场而不需要负担成本。这种新企业进入的潜在竞争所带来的压力，会迫使原有垄断者按照边际成本定价，并努力提高内部效率。换句话说，即使是具有自然垄断属性的市场，只要满足了上述条件，依然是可竞争的。如上文所说，与完全竞争市场相比，可竞争市场不要求存在众多厂商，寡占和垄断市场也同样适用。因而完全竞争市场一定是可竞争市场，反之则不一定。由于沉没成本是企业进入和退出的主要实际成本，该理论强调其对市场可竞争性的决定作用，即企业进入市场所投入的、退出该市场时不能收回或向其他市场转移的那部分固定资产投资。由于直接影响企业退出市场的难易程度，因此对进入决策具有决定性作用。换句话说，在一定程度上沉没成本越低则表明市场的可竞争性越强。表1-1是对该理论基本内容的简单归纳。

表1-1 可竞争市场理论主要内容

定义	完全可竞争市场是指企业能够完全自由地进入和退出市场，但不需要负担相应的成本
前提假设	1. 潜在进入者在产品质量和生产技术等方面不存在劣势 2. 潜在进入者进入和退出市场完全自由且无摩擦 3. 潜在进入者采取"打了就跑"的进入策略
主要特征	1. 完全可竞争的适用范围更广。和完全竞争市场相比，可竞争市场不要求存在数量众多的厂商，寡占和垄断市场也可适用 2. 可竞争市场是进入绝对自由、退出完全无成本的市场。进入自由是指没有进入限制，并且生产成本、产品或服务质量方面不存在劣势。退出完全无成本是指没有退出障碍，退出时能够完全收回投入成本 3. 经济利润为零

续表

规制重点	1. 由管制固定成本转向管制沉没成本 2. 管制目标由竞争行为转向可竞争行为，即不再将企业规模视为政府管制主要目标。管制的着眼点从"市场失灵"变为"潜在竞争失灵"
自然垄断行业规制建议	1. 大力发展资产市场，提高资产的流动性，降低资产的沉淀性 2. 降低资产的专用性 3. 大力发展二手市场，降低资产交易成本 4. 减少行政垄断，消除进入退出障碍，促进潜在竞争的形成 5. 加强沉没成本管理。比如，分离沉没成本，鼓励技术创新、大力发展共享经济、允许企业对部分特殊资产加速折旧等

二、自然垄断行业混改

国内外专门针对自然垄断性行业混改的实证研究并不多，大部分没有和非自然垄断区分或者仅针对非自然垄断行业（Toninelli，2000；Megginson et al.，2001；Djankov et al.，2002；Hovey et al.，2007；刘小玄和李利英，2005；宋立刚和姚洋，2005；李红阳和邵敏，2019；马连福等，2015），研究结果大多支持混改对企业绩效和效率的提升作用。也有少数文献分析自然垄断性行业混改问题。比如陈林（2018）发现，自然垄断环节混改不能显著提升企业全要素生产率，刘小玄（2003）的研究也表明，竞争性行业混改要比垄断性行业效果好。但上述研究均未纳入可竞争性的衡量指标。

理论研究主要采用混合寡占市场的博弈分析。总体看可以分为私有垄断市场和国有垄断市场混改两大类。Merrill 和 Schneider（1966）最早从理论上对混合市场进行系统分析，针对美国由私有企业组成的寡占行业因追求利润最大化而引致价高量低和产能过剩问题，提出政府可通过收购方式建立一家追求社会福利最大化的纯国有企业，从行业内部促进产出增加、价格下降。其后许多学者从对行业内部规制的影响等不同角度加以扩展和深化（Beato，Mas-colell，1984；Cremer et al.，1989）。Martin（1959）还对美国1940和1950年代的氨市场进行了实证考察，发现混合寡占市场中的国有企业均按边际成本或平均成本定价。由此初步奠定了传统自然垄断行业混合所有制市场改革的理论基础。

随着社会发展和背景变化，后来关于混改的文献主要围绕国有垄断行业，研究问题也在早期纯国企和纯私企混合市场基础上，增加了国企内部是否引入私有股份——通常被称为混合所有制企业改革，以及是否存在私有股份的最优占比。该类研究多以经历过国有化运动的欧洲、日本和中国等为背景。如上一节所说，这些国家面临的主要问题是如何提高国有企业效率。研究可进一步细分为假设不同所有制企业成本函数相同与不同两个分支，后者是指不同所有制企业成本效率不同。第一分支假设成本函数相同，引入私企可以降低国有企业因规模过大导致的不经济性，促其成本降低（De Fraja and Delbono，1989，1990；White，1996；Fjell and Heywood，2004；Pal and White，1998；Fjell and Pal，1996；Brandão and Castro，2007；Wang and Chen，2011；Lin and Matsumura，2012；Colombo，2016）。第二分支的研究则假设私企成本控制优于国企，多数结论认为引入私有股份可以在国企原有目标方程中加入利润追求，从而实现效率的提升（Barros，1995；Rees，1984；Vickers and Yarrow，1988；Xu and Birch，1999；Miettinen，2000）。其中影响较大的是来自日本的 Matsumura 在 1998 年的研究。他根据日本存在大量公私共同持股企业的现象观察，系统解释了在混合市场内国有企业混合持股的合理性，并最早界定了政府在混合所有制企业中的最优持股比例及影响因素。其后的文献多数借鉴该文提出的框架（Matsumura，2005，2010；高蓓，高汉，2013；陈俊龙，汤吉军，2016）。也有研究认为，国企混改后除了目标方程变化等外生因素外，还减少了以降低成本为目的的研发投入，以及工资确定过程变化等内生性影响（Willner，2001；Ishida and Matsushima，2009；Chen，2017）。

三、网业分离

网业分离是各国政府对垄断性行业普遍采用的规制方式之一，也是推进这些行业合理开放的重要方式。接下来简要归纳围绕该问题的主要观点。

（一）问题的提出与讨论

在传统自然垄断行业开放中，由于网络垄断很可能是规模效益的来源（Armstrong，1998），理论界在 21 世纪初前后开始将网络经济效应与网业分离改革联系起来（Easaw，2000；李怀，2004；Van Hove，2016），认为在开放中应区分网络和业务运营环节。

　　首先，网络设施在供给规模效益和需求用户规模效用双重作用下，自然垄断经济特征得到强化。新户入网给已有用户带来正外部效用，用户越多通信越便利，通信消费量也越大（戚聿东，2002；周小梅和王俊豪，2005；王永刚，阚凯力，沈剑，2011；Gómez-Ibáñez，2016；张冰石，马忠，夏子航，2019；董纪昌等，2019）。譬如电信网络（铁塔设施和固定互联网），电力、煤气、自来水供应产业中的输送线路和管道，铁路运输的轨道系统等仍属于自然垄断性环节，而对终端市场和零售等运营业务则应允许竞争，以各尽其效。具体到电信业，多数研究认为上下游环节应当分开，通过网络共享继续发挥基础设施垄断规模效益（Laffont and Tirole，2001；肖兴志，2001；Matheson and Petit，2020），同时放松对下游市场的竞争限制，与此同时在公平接入的前提下，各项下游业务都是可竞争的（Armstrong，1995；Edward M. Graham，1998 等）。在各国改革实践中，大部分国家先在移动通信、长途电话、互联网服务等市场引入竞争，最后竞争扩大到本地固话市场（Eric Lie，2002）。国内学者则根据我国电信业发展现状和国情，提出无线寻呼、国内和国际电话、移动电话、驻地网、移动虚拟运营等业务已经或即将成为可竞争性业务（王俊豪，2005）。也有学者指出，即使管网环节具有自然垄断特征，也并不意味着只能有一家企业，只要不同管网企业之间能够互联互通，同样可以达到效率最优（姜春海，2004；Gómez-Ibáñez，2016）。

　　其次，如果垄断性网络企业同时经营下游业务，则可能通过价格与非价格性反竞争行为压制其他下游企业，从而削弱运营环节的竞争效应（Brito，Pereira and Vareda，2012）。从国外改革的前车之鉴来看，英国政府在 1983 年颁布了《能源法》，允许电力、煤气生产和分销等私人企业使用公共所有的、具有自然垄断性质的电力和煤气输送网络直接向消费者提供能源。但当时的中央电力局实行垂直一体化经营，通过提高所垄断的电力输送业务差别定价，即对本公司的生产和分销企业定价低于其他企业，排斥其上下游环节的竞争者，使其无法以基本相同的售价在生产和分销业务领域与之竞争（彭武元和方齐云，2004）。

　　随着研究的深入，学者们还根据不同产业网运分离改革的复杂性和具体情况，提出了分阶段推进的方案。比较有代表性的是 Cave 在 2007 年基于分离程度进行的系统划分。具体详见表 1-2。其中程度最浅的是会计分离，仅要求整售业务（网络环节）和零售业务（生产、分销环节）拥有各自独立的财务报表，中间有6种不同程度的结构性分离模式，最后是程度最深的所有权分离，要求上下游之间的所有权完全分离，持股人完全不同。

根据 Cave 的分析，会计分离虽然无法保证平等接入原则或消除价格歧视，但监管机构可以通过财务报表详尽核查垄断企业的整售和零售价格，直接了解是否存在价格歧视，该模式下的分离成本也最低。可以作为前期过渡性措施，给企业一定的缓冲期，逐步推进分离的深化。然后是企业内结构性的分离，分6个阶段或模式：1. 正式成立网络整售部门，并承诺对所有零售商统一定价，但仍有可能对竞争者实行非价格歧视，比如为本公司零售部门提供更优质的服务。或即使没有刻意进行非价格歧视，同一家公司整售与零售部门之间的沟通效率以及在管理、技术上协调的便利程度也会较高，形成被动的、客观上的非价格歧视。2. 虚拟分离。在阶段1的基础上，监管部门强制贯彻平等接入原则，要求网络垄断企业对所有的客户实行完全平等的原则，并利用规制与法律手段，对非价格歧视进行处罚。但同样无法从根本上削弱非价格歧视的动机，且相关法律程序冗长。3. 商业分离。在以上两阶段基础上，商业分离要求上游网络整售部门与下游零售部门保证办公地点分开 ①，两部门的员工彻底分开，不能有任何员工的工作同时涉及上游和下游业务，且上游网络整售部门与下游零售部门应拥有各自的品牌，后台技术支持系统也应彼此独立，以削弱非价格歧视的动机。但该模式下依然拥有同一个董事会，当面临投资等重要问题时，还是会把零售和整售部门作为一个整体来最终决策。4. 商业分离+激励体系分离。该阶段的主要特征是上下游两部门须有单独的盈利计划和激励体系，以保证管理人员尽量做出让本部门而不是全公司利益最大化的决策，从激励机制的角度控制非价格歧视现象。5. 商业分离+管理体系分离。要求公司创建一个只属于上游网络整售部门的董事会，来负责整个上游部门的盈利计划、管理制度、投资等重要决定。成员与原公司的董事会成员不能重叠。这种模式更有利于非歧视原则的贯彻。6. 法律分离。整售和零售成为归属同一所有权下的不同法律实体。

---

① 网络型产业的结构大体包括两类，一类包括生产、输送和零售三个环节（如电力），一类只有上游网络（整售）和下游业务（零售）两个环节（如电信）。本书主要围绕电信，故为简洁起见在陈述中主要指后者。

两部门实际上变成了两个法律上独立的子公司。在管理、经营、人员雇佣等决策上完全独立。但是所有权没有发生变更。最后一个阶段，是把上、下游子公司的所有权分离。经过这一阶段后网业分离已很难逆转，但是作为独立公司可以使市场透明度最大化，并完全杜绝非价格歧视现象，是分离最彻底的模式。以上七个阶段在实践上既可以循序推进，也可以选择从中间的某个阶段开始，或者一步到位，直接实行所有权的分离。

表1-2 网业分离阶段与模式

会计分离	成立整售部门	虚拟分离	商业分离	商业分离+激励体系分离	商业分离+管理体系分离	法律上分离（归属同一所有权下的独立法律实体）	所有权分离

（二）网业分离的利与弊

虽然随着网业分离程度加深市场透明度逐步提高，价格与非价格歧视的动机依次减弱，但从另一面看分离成本也越来越大，整个过程更加难以逆转，网络部门投资动机也趋于弱化。因此理论界普遍认为电信业网业分离有利也有弊（Teppayayon and Bohlin，2010；Howell et al.，2010；Crandall et al，2010；Xavier，2004；De Bijl，2005；Cave，2007）。

先看看有利之处。第一，增加了市场透明度。财务报表分开后，监管机构可以更加清楚地看到上游网络建设成本、对下游企业收取的费用以及营业利润等关键数据。不仅便于监管，以避免价格歧视，还有助于政府更直接、透明地为网络建设和投资提供财政补贴。第二，分离程度的加深有利于解决非价格歧视问题。以会计分离为例，网络垄断企业总有动机和机会对本企业和竞争企业下游运营商差别对待，比如拖延给竞争企业的设施安装时间、提供不完善的技术支持和售后服务等等。之后的几种模式则可从激励与机制上逐步降低非价格歧视的动机，直到所有权分离，该动机完全取消。第三，网业分离能降低下游运营商进入壁垒。只需要租用网络就可以进入市场与在位企业竞争，不必耗费大量成本进行前期投资和网络建设，是提升行业竞争水平的有效方式。同时还可通过网络共享，避免重复建设、减少资源浪费。第四，分离后有助于政府部门针对上、下游区别监管。对上游网络环节施以定价和网络安全等方面的重点监管，而对下游零售市场则以保障竞争秩序为主。区别化管理显然更有利于促进整体行业效率的提高。

其弊端大致可概括为五个方面。第一，网业分离会造成双重加价。为了实现利润最大化，网络企业与零售商都需要对产品进行加价，导致最终消费者被双重加价，而垂直一体化运营商只进行一次利润最大化定价。第二，分离使上下游电信运营商之间产生了大量交易成本，对垂直一体化组织架构的拆分和调整过程中也会产生巨大成本，这些成本最终也会转嫁到消费者身上。第三，网业分离有可能过分强调市场竞争，导致上游网络供应商利润太低，可能会因此不愿投资兴建新的网络设施，从而阻碍了整个行业的创新与发展。第四，网业分离一定程度上阻碍了上下游企业的直接交流，导致了信息不对称。垂直一体化方式则对市场反应更敏锐，可及时通过对下游市场的观测判断来决定未来投资搭建网络的地点以及网络密度等信息。第五，基于第三和第四点，网业分离加剧了投资结果的不确定性，也无法平摊所有的费用和未来利润，降低了上游企业的投资动机，进而影响了网络设施长期发展与技术进步。这最后一点可能是网业分离可能产生的最重要问题。

四、有效竞争、企业规模与技术创新

在传统自然垄断行业开放过程中与可竞争性尺度把握密切相关的另一个重要问题是如何实现有效竞争，即规模与竞争的有机结合。开放过程始终面临着发挥规模经济与保持竞争活力的矛盾，尤其是对基础电信这样的技术和资本高度密集型产业，政府制定政策的目标也始终是充分发挥两者的综合作用。1940年，克拉克最早提出了有效竞争概念，从理论上分析了市场不完全竞争或一定程度的垄断不仅不会影响竞争的广度和深度，反而可以促使企业不断创新和技术进步，使竞争更为有效。

在现阶段供给侧结构改革中，技术创新与产业转型升级是首要目标之一，同样也是自然垄断行业开放的核心目标。什么样的市场结构——竞争还是垄断——更有助于技术创新的问题也是一直以来经济学家关心的焦点。亚当·斯密最早在1776年出版的《国民财富的性质和原因的研究》（简称《国富论》）中提出市场竞争促进创新的观点，认为市场竞争的压力能够迫使企业改进生产

技术或进行技术创新，以提高劳动生产率，最终实现全社会技术进步和经济增长，因此应鼓励竞争、限制垄断。这一经典理论在相当长一段时间内被广为接受。直到1942年约瑟夫·熊彼特在《资本主义、社会主义和民主》一书中提出了相反观点，认为一方面只有大企业才有能力支付高额的研发费用，其规模效益还可以通过大范围的研发创新来消化研发失败的风险、平摊研发成本；另一方面，技术创新成果的占有和价值获取也需要企业具有一定市场控制能力，即市场势力，因此认为应该支持合理的垄断。之后，大量国家和行业的经验研究试图验证熊彼特假说的成立。其结果与观点分为三类：一是反对熊彼特假说，认为垄断与创新之间负相关，而竞争有利于促进创新（Scherer，1965；Williamson，1965；Bozeman and Link，1983）；二是支持熊彼特假说，认为垄断与创新之间存在正相关关系（Prais and Mansfield，1968；Caves and Uekusa，1976；Demsetz，1969；Loury，1979；Revilla and Fernández，2012），许多中国学者也发现市场势力与技术创新之间呈现正相关（魏后凯，2002；周黎安和罗凯，2005；安同良等，2006；张长征等，2006；戴跃强和达庆利，2007；陈林和朱卫平2011）；三是中间道路观点，认为垄断与创新存在非单调的倒"U"型关系（Scherer，1967；Scott，1984；Culbertson and Mueller，1985；Boone，2001；Aghion et al.，2005；朱恒鹏，2006；聂辉华等，2008；寇宗来和高琼，2013；张杰等，2017；Lin，2018），即在一定范围内，市场竞争对技术创新产生正向影响，而当市场集中度超过某一临界水平之后，继续增强则会抑制技术创新，所以市场集中度存在一个理论上的最优值。阿吉翁（Aghion，2005）等首次构建了一个广义理论模型，来刻画市场竞争与创新之间倒"U"型的影响机制。该模型有两个假设：1. 创新收益等于创新后利润和创新前利润的差额，创新收益越大，企业的创新动力越强，反之则创新动力越弱。2. 将产业分为两类：第一类是采用相似技术并且效率相当的行业（Neck-and-neck Industries）。在这样的行业中，市场竞争加剧将导致创新收益提高，进而激励企业加大技术创新力度，这一作用被称为"逃离竞争效应"（Escape-competition Effect）；第二类是在位者之间存在技术差距的产业（Unleveled Industries）。这时创新主要由落后企业开展，竞争加剧导致创新收益减小，进而抑制落后企业创新。后续大量研究基于这一理论假说进行验证或拓展。在为数不多的电信业研究中，Lin等（2018）使用2010—2015年122个国家和地区的面板数据检验市场竞争、独立监管机构和私有化对电信行业技术创新的影响，结果也证明技术创新与市场竞争之间存在倒"U"型关系。

五、评述与借鉴

自然垄断理论经历了自然因素决定论、规模经济效应和成本次可加性的演进与发展，给不同时期的产业结构变革与相应的政府管制政策提供了理论基础。可竞争市场理论将竞争机制引入了自然垄断性行业或业务，获得国内外学术界的广泛接受，是 0 到 1 的突破，至此竞争边界已经扩展到包括自然垄断的任何市场结构。该学说从理论基础和思想解放意义上推动了欧美传统自然垄断行业开放和政府管制思路的变革，对我国"后发"的混改仍具有重要的借鉴和指导意义。但因其"打了就跑"的潜在竞争假设无法合理解释以新企业长期进入为特点的混合所有制改革问题，很少有研究区分是否自然垄断，少数有区分的也一般认为混改不能显著促进该类行业效率的提升，但均未解释或系统解释理论机制。此外，关于垄断性行业另一重要结构性改革的网运分离，多数研究表明有利也有弊，说明根据不同产业和市场完善程度其改革效果具有较强的实证性质，但未见对我国电信业改革绩效的相对系统全面的实证评估，也很少有研究质疑有些行业的网络环节是否具有自然垄断成本特征。本书将尝试对上述两个问题进行探究。进一步地，解决好行业开放后的规模与竞争问题对电信业混改决策。对此克拉克和熊彼特早在 20 世纪 40 年代分别提出的有效竞争和规模与技术创新的关系学说仍有借鉴意义。后来关于企业规模与技术创新关系的实证研究中出现了支持熊彼特学说、与之相悖或倒 U 型关系三种观点，其中阿吉翁所构建的广义模型对其后的研究影响较大，将作为本书相关实证分析的主要借鉴。

第三节　市场进入壁垒

一、二两节讨论了关于自然垄断理论演进和竞争机制引入的相关研究，但在位垄断者往往不会主动向潜在竞争对手提供发展便利，而更多的是设置障碍，加上旧有体制普遍具有固化性特点。如果说判断民营企业进入是否有利于行业效率提升是改革决策的第一步，如何克服原有体制下形成的主、客观障碍才是真正的改革"深水区"。如开篇所说，进入壁垒历来是产业组织理论的核心问题之一，决定着市场结构及其选择，也决定着是否能够实现有效竞争。尤其在我国社会主义市场经济体制仍处于转型和完善阶段，需要大量的探索、实践和不同发展模式的取舍。以下从定义、主要来源、经济转型期特点三方面简要介绍已有研究和主要观点。

一、壁垒定义

关于进入壁垒的理论定义，哈佛学派（也称为结构主义学派）和芝加哥学派之间存在分歧。"哈佛学派"代表人物贝恩（Bain）在 1956 年出版的《新竞争者壁垒》一书中，首次提出"进入壁垒"概念，将"进入"定义为新厂商能够显著增加行业总产出，而不仅仅是设立一个新公司。因此，进入壁垒不仅包括设立公司的障碍，还包括贡献产出过程中的竞争壁垒。贝恩认为壁垒的实质是原有在位厂商长期获取超额利润又不至于引起新厂商进入的能力，这种能力建立在一种潜在进入者不具有的优势基础上，主要来源于四个方面：第一是大厂商的规模经济性，第二是消费者对在位厂商产品的偏好，第三是在位厂商的绝对成本优势，第四是资本需求。Demsetz（1982）进一步将进入壁垒定义为"使进入者无利可图，又使在位厂商能够将价格提升到边际成本以上、并持久获得垄断利润的因素"，在贝恩提出的框架基础上增加了"价格超过边际成本"的条件。而"芝加哥学派"后期代表人物之一斯蒂格勒（Stigler，1968）则认为进入壁垒本质上是一种特殊的生产成本，这种生产成本只对潜在进入者产生作用，而无需由在位者承担，并认为规模经济、产品差异和资本需求都不是形成市场进入壁垒的原因，并对政府干预持保守态度，强调了政府监管对自由竞争产生的负面影响。

二、壁垒主要来源

在贝恩的观点基础上，同样来自哈佛的波特教授在《竞争战略》一书中阐述五力模型时（Porter，1980a，1980b），从保持竞争优势角度将新企业进入某一行业的壁垒来源进一步分为七个方面：规模经济、产品差异化、资本需求、转换成本、获得分销渠道、与规模经济无关的在位者成本优势和政府监管，在一定程度上综合了贝恩与斯蒂格勒的观点，对后来竞争理论的研究有较大影响。Day（1984）在确定壁垒来源时采纳了波特七个壁垒来源中的六个——在位者的成本优势、产品差异化、资本需求、消费者的转换成本、分销渠道的获得难度以及政府监管，但认为在位者的成本优势来源于两个方面，一是规模经济，二是与规模经济无关的其他成本优势。Karakaya and Stahl 在比较消费品和工业品市场进入壁垒差异时，将波特提出的规模经济和规模经济无关的成本优势合并，建立了成本优势、产品差异化、资本需求、消费者的转换成本、分销渠道获得难度、政府监管六个主要壁垒来源的分析框架。迄今为止，国内外学者已经发现了约19种进入壁垒（表1-3），其中最常见的也大多可归纳为这六个方面。例如表1-3中第7类"广告成本"即属于产品差异化形成过程中的额外成本，第10类"价格战"也与在位企业的规模经济优势直接相关，等等。

表1-3　已有研究提及的市场进入壁垒来源

序号	壁垒分类	文献	释义
1	在位者的成本优势	Bain（1956）；Day（1984）；Harrigan（1981）；Henderson（1984）；Lieberman（1987）；Porter（1980）；Scherer（1970）；Weizsacker（1980）；Yip（1982a）	在位者在成本方面拥有的优势，一般产生于规模经济效应、学习曲线效应、生产资料成本优势或者在位者的其他成本优势，影响最终产品价格
2	产品差异化	Bain（1956, 1962）；Bass et al（1978）；Hofer and Schendel（1978）；Porter（1980）；Schmalensee（1982）；杨蕙馨和郑军（2006）	产品差异化反映在广告投放形成的品牌分辨度、售前或售后的顾客服务、产品套餐差异、顾客对品牌的忠诚度等方面
3	资本需求	Bain（1956）；Eaton and Lipsey（1980）；Harrigan（1981）；Porter（1980）；杨蕙馨和郑军（2006）	新进入者需要投入大量资本才能进入市场或者有效参与竞争，包括业务配套的设备等固定资产投资，以及创新投入、品牌宣传投入等方面。资本需求对于资本密集型行业的影响尤为显著

续表

序号	壁垒分类	文献	释义
4	消费者的转换成本	McFarlan（1984）；Porter（1980）	新进入者拓展市场的存量用户时，需要面对客户转换服务供应商的成本，包括人际关系维系成本、对新产品的学习成本、契约转换成本等
5	分销渠道的获得难度	Porter（1980）	在位者的先发优势，使得新进者难以构建发达的分销网络。一方面是现有分销渠道已被在位者占据，另一方面由于新渠道拓展困难，需要企业加大补贴力度
6	政府监管	Beatty et al（1985）；Dixit and Kyle（1985）；Grabowski and Vernon（1986）；Moore（1978）；Porter（1980）；Pustay（1985）；Broadman（2000）；刘小玄（2003）；汪伟和史晋川（2005）；戚聿东和柳学信（2006）	政府监管可能通过行政许可的方式限制一个行业的业务开放力度，或者已有的监管体系无法保障市场公平竞争，甚至某些核心监管机构与制度安排的缺失，构成了公平竞争的障碍
7	广告成本	Brozen（1971）；Comanor and Wilson（1967）；Demsetz（1982）；Harrigan（1981）；Netter（1983）；Reed（1975）；Reekie and Bhoyrub（1981）；Spence（1980）	在位者的大量广告增加了新公司进入成本，影响品牌忠诚度和规模经济效应，从而导致每单位收入的成本下降
8	竞争者数量	Harrigan（1981）	一个行业中竞争者的数量越多，市场竞争越激烈，越阻碍了潜在进入者的进入难度
9	研发	Harrigan（1981）；Schmalensee（1983）	现有的公司可以通过有效地投资与研发来阻止新公司的进入，这将增加技术规模经济效应，并迫使行业环境发生变化，使随后的尝试变得更加无效

序号	壁垒分类	文献	释义
10	价格战	Needham（1976）；Smiley and Ravid（1983）	价格战可能会对潜在进入者或新进入者起到重要的威慑作用，特别是在那些可以通过降低价格提高设备利用率的行业
11	技术和技术变革	Arrow（1962）；Ghadar（1982）；Porter（1985）；Reinganum（1983）	通常出现在高科技行业，可提高规模经济，这是成本优势的主要来源之一
12	市场集中度	King and Thompson（1982）	集中度对市场进入的影响似乎很小，但还是存在影响
13	卖方集中度	Bain（1956，1968）；Crawford（1975）；Mann（1966）	在卖方高度集中的市场，一个企业进入市场并参与竞争并不容易。卖方集中度越高，壁垒对利润的影响越大
14	事业部制度	Schwartz and Thompson（1986）	只有在利润异常丰厚的寡头垄断行业中才会出现。现有的公司创造新的独立部门比潜在进入者付出的成本要低得多，因为潜在进入者必须承担额外的费用
15	品牌或商标	Krouse（1984）	新进入者被剥夺了使用他人品牌的好处，这是商标使用具有独占权的结果
16	沉没成本	Baumol and Willig（1981）	沉没成本构成进入壁垒，可能导致垄断利润、资源分配不当和效率低下
17	销售费用	Williamson（1963）	需求函数的变化可能是由于销售费用使市场进入内生化
18	在位者对市场准入的预期反应	Needham（1976）；Yip（1982b）	只有当在位公司能够影响潜在进入者对其进入后的反应预期时，才能阻止进入
19	拥有战略性原材料	Scherer（1970）；Broadman（2000）	获得战略性原材料有助于形成企业的绝对成本优势

三、经济转型期的市场壁垒

以上简要介绍了一般市场环境下进入壁垒的相关研究，而对于我国这样由计划经济向市场经济转型过程中的国家来说，压力除了来自在位企业规模经济优势等市场竞争外，政府对一些特许经营行业进入管制对民营企业产生的影响往往更大，而前者作为客观性障碍还会因人为的政府管制而进一步强化（汪伟和史晋川，2005），比如制度型障碍会进一步加重其成本劣势。戚聿东和柳学信（2006）也认为，阻碍民营企业进入高壁垒行业的关键是政府监管导致的制度性障碍。杨蕙馨和郑军（2006）提出，还可以根据是否产生于行业内部将壁垒分为两类：一是自主性壁垒，形成于行业内部各个市场主体之间的相互作用，具体表现形式主要为产品差异化、在位者的绝对成本优势以及进入行业所需的资本门槛等；二是外生性壁垒，刘小玄（2003）认为外生性壁垒一般来自政府监管，如行政审批、资质许可和其他监管限制，目的可能是扶持新兴产业或者保护本地相关行业。而 Broadman（2000）在对俄罗斯经济转型过程的考察中比较了经济性和行政性进入壁垒的影响程度，发现前者与一个行业发展阶段和特点相关，而行政性（制度性）壁垒可以在短时间内被降低甚至消除，这种情况应该与俄罗斯的"休克疗法"改革方式密切相关。

总体来看，上述研究是在波特框架基础上的进一步归纳中强调了政府监管体系的缺陷带来的限制，其中大部分发现这些制度性壁垒社会成本高昂，主要从三个方面对经济高质量发展构成障碍。第一是整体社会福利的损失。姜付秀和余晖（2007）基于对 6 个高进入壁垒行业的实证分析，发现行政垄断作为政府管制所带来的进入壁垒一般会推升价格，其负外部性影响导致整个社会福利的显著损失。第二是社会公平损失。叶林祥（2011）使用全国经济普查数据研究行业的进入壁垒高低与行业内从业人员工资差异高低之间的联系，并证明了两者之间的因果关系。陆正飞（2012）通过对国内 A 股上市公司的数据分析得出了相同结论，以国有企业为主导的高进入壁垒行业加剧了不同行业之间的工资差异。第三是生产效率损失。金碚（2007）发现政府管制造成的进入壁垒扭曲了资源配置的最优化，从而损害了行业全要素生产率的提升，罗德明（2012）和于良春（2010）等学者所做的研究也支持这一观点。

从政策角度，这些研究大多赞成降低或消除政府监管产生的制度性壁垒，但也有学者认为对不同行业的政策性开放应加以区别。王俊豪（2007）的研究表明，应根据是否有利于行业发展对监管政策进行合理取舍，不做一刀切。陈林（2011）和张卫国（2011）发现政府监管对一个国家经济发展的影响呈 U 形关系，认为是否放松政府监管应综合考虑经济发展所处的阶段、趋势与变化，以及国有制经济在整个经济中所占的比例等因素。

四、评述与借鉴

现有关于壁垒的研究从来源、量化方法与政府管制的正负面影响分析（包括社会福利、生产效率、收入分配和经济增长）等多方面不断深入，成为政策制定和调整的重要依据。但关于中国国有垄断行业主要壁垒来源及影响程度比较的综合性实证研究很少，尤其是对位居改革前沿的基础电信领域的实证分析就更少，不利于为改革决策提供扎实的实践基础。理论上，芝加哥学派和结构主义学派对政府干预的观点不同。前者假定在宏观经济和技术平稳发展的状态下，可通过市场自主调节和完全竞争消除壁垒，对政府干预持保守态度，与古典学派"优胜劣汰"的经济自由主义思想一脉相承。而结构主义学派则倾向于新古典主义介于完全竞争和垄断之间的实际状态分析，与有效竞争理论有相似之处，强调市场结构和企业规模对技术创新与效率的影响，因此并不排斥合理的政府干预。中国正处于经济体制转型时期，国有垄断行业改革仍在探索之中，增加了市场环境的不确定性。波特（1980）在一定程度上融合了两种观点的合理成分，因此所提出的壁垒分析框架对探讨中国电信业开放问题可能更为适用。

第四节　本章小结

本章概述了自然垄断理论是如何由自然因素决定论、规模经济效应、成本次可加性发展到了今天的可竞争论，从中不难看出技术进步和内在经济结构的变化一直是理论变革的客观基础。但可竞争性理论尚未真正运用于我国混改研究与决策。格物致知，与该理论"打了就跑"的潜在竞争前提假设固然不无关联，而更重要的是有必要根据中国现实对其适当完善和扩展。本章还对与市场可竞争性密切相关的网运分离、有效竞争以及竞争壁垒相关文献做了简要介绍和讨论。以便为接下来对 2013—2014 年电信业三项重大结构性改革的分析与评估提供针对性的文献基础与理论借鉴。

第二章

理论分析及假说

本章首先讨论对鲍莫尔可竞争市场理论的扩展，提出一个广义可竞争成本特征的概念框架；然后根据框架对过去十年来电信业改革成效进行理论分析和提出待证假说。

第一节 理论扩展

如前文所说（第一章第二节），鲍莫尔等提出的可竞争市场理论将竞争边界扩展到包括自然垄断性行业的任何市场结构，可谓是 0 到 1 的突破。作为分析框架的创新，完全"可竞争"市场与完全竞争市场不同，不要求存在众多厂商，但将后者的效率结果扩展到垄断和寡断市场①。证明了在不存在市场进入和退出障碍情况下，新企业进入的潜在竞争威胁会促使原有垄断企业按照边际成本定价，并努力提高内部效率。而混改中，多数新进企业长期经营带来了持续的竞争效应，并非局限于该理论所预期的"潜在"竞争压力。对此做出有说服力的解释对改革决策与实践以及思想解放具有关键性意义。接下来将以企业效率为衡量改革成效的主要指标，通过对混改结果主要影响因素的综合分析，从广义可竞争角度探讨自然垄断性行业混改的合理性和前提条件。

国有垄断行业开放能否带来显著成效，首先要看是否有新企业进入或有意愿进入，从而产生竞争效应，激励在位垄断企业提高效率。对此，可竞争市场

---

① BAUMOL W J, PANZER J C, WILLING R D. Contestable Markets and the Theory of Industry Structure [M]. Boston：Harcourt College Publishers, 1982：46.

理论强调沉没成本的决定作用（参见上一章第二节），该成本越低新企业进入的意愿越强，对原垄断企业的"潜在"竞争压力越大。由此可以进一步推论，在沉没成本足够低的行业，新企业长期共存产生的"实际"竞争效应完全有可能提升企业的综合效率。具体而言，混改对自然垄断性行业效率的影响主要来自五个方面：成本次可加、产能过剩、沉没成本、竞争效应、国有和民营企业效率差异，因此在决策中需要综合考量所有负面和正面影响因素。从两项负面因素看（图2-1），新企业进入产生成本次可加效应，并导致原有企业产能过剩，

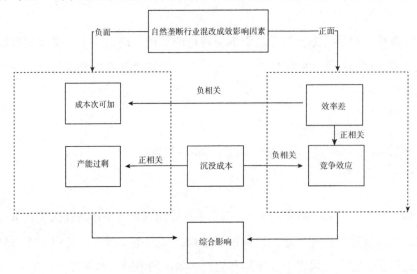

图2-1　自然垄断行业混改的综合影响示意图

造成资源浪费。然而，二手市场和租赁市场完善以及科技进步将会显著降低沉没成本，比如设备折旧速度加快和现代电信设施不再局限于单一用途等。这些都压缩了产能过剩所造成的资源浪费。再者，国有垄断企业虽然在理论上追求社会福利最大化，但大量事实观察和研究表明，由于其固有的X-低效率等原因，其生产与经营成本都显著高于民营企业，故而可能会高估成本次可加程度。因此，当沉没成本足够低时产能过剩造成的社会资源浪费将大大降低，同时也降低了所谓的沉没成本效应，即因信息不完全、财务约束和委托—代理关系等对企业创新的不利影响。① 而从正面影响因素看，则因不同所有制企业间效率差

① 汤吉军. 交易成本视角下的沉没成本效应研究［J］. 管理世界，2009（9）. 在信息不完全和交易成本为正的现实世界里，高沉没成本往往使得决策者在投资创新型项目和原有设备技术升级两种选择之间，倾向于后者。

异和创新激励进一步增强竞争效应。这种正负此消彼长的变化，完全有可能覆盖被高估的成本次可加，进而实现企业效率的显著提升。从而进一步缩小了"自然性"垄断的边界。故就广义而言，上述情形下的可竞争显然属于不完全竞争的范畴①。概而言之，如果以下命题成立并假设民企效率显著高于国企，则当沉没成本足够低时，自然垄断性行业混改将有利于企业效率的提升（综合影响）：

命题1：如果民企效率显著高于国企（存在效率差），则原国有垄断企业成本次可加程度被高估（负相关）②，混改的竞争效应增强（正相关），且效率差越大上述效应越明显。

命题2：沉没成本越高，产能过剩造成的资源浪费也大，对企业效率的负面影响越大（正相关）。

命题3：沉没成本越高，原有企业在投资创新项目还有升级原有设备的选择中越倾向于后者，不利于提高企业效率和竞争力（负相关）。

表2-1 可竞争环节的判断

	沉没成本	是否可竞争环节	开放（混改）的效率影响
自然垄断性环节（成本次可加）	足够低	是	提升
	足够高	不是	降低
非自然垄断性环节（成本超可加）	低	是	提升
	高	是	提升

由此，是否可竞争环节可按以下条件进行基本的判断（表2-1）：1. 对自然垄断性环节，如果市场进入的沉没成本足够低，合理有序开放和混改将有利于降低垄断利润、提高企业效率，反之则暂不宜开放；2. 非自然垄断性环节意味着多家企业竞争的生产成本低于垄断经营，故可竞争性是其原有之义。因此是否具有自然垄断成本特征是判断可竞争环节的第一步。需要指出的是，基于垄断行业的特点，无论是否可竞争，均对政府管制有相应的要求。第一，对可竞争的自然垄断性环节，政府应在充分发挥垄断规模效益基础上，允许适度竞争

---

① 以下文中出现的"可竞争"均为广义概念。
② 此处的负相关，是指实际成本次可加程度低于估计结果。

（Baumol，1982），以提高企业内部激励；第二，对不具备可竞争条件的自然垄断环节，政府规制应主要通过激励性管制等措施增加企业效率；第三，对非自然垄断环节则应放松管制，充分发挥竞争效应，但仍要控制企业数量和规模，以避免低水平的过度竞争。

第二节　电信业混改

如开篇所说，2013 年和 2014 年我国分别试点移动通信转售和宽带接入两项基础业务对民营企业开放。其中，前者已于 2018 年 5 月 1 日转为正式商用并扩大了适用主体范围——允许其他国有企业和外资企业申请。根据工信部 2013 版《电信业务分类目录》，移动通信转售业务排列在基础业务最后一项（A-27）。由此，移动转售业务成为第一项对国内外非公有制企业正式开放的基础电信业务。虽然位列基础业务链末端，但供需双侧均发展迅速。参加试点的虚拟运营商达到 42 家，其中第一批获得正式商用牌照的包括阿里、小米、京东等旗下公司在内的 15 家。截止到 2019 年 6 月底，我国移动转售企业用户规模达到 1.1 亿户，占当年全国移动通信用户的 5.5%，占全球移动转售业务用户的 1/5，下一章计量分析样本期间的 2018 年也达到 7600 万户。说明此项改革在挖掘和释放潜在需求、扩大服务供给方面发挥了显著作用，一定程度上打破了资费套餐垄断，对促进移动通信市场竞争发挥了鲶鱼效应。此外，2015 版《电信业务分类目录》虽在正式分类中删除了此项，但作为移动通信业务的一种形式注明了"比照增值业务管理"①，也就是说企业非公有股份可达 50% 以上。这对基础电信这样敏感性行业开放来说显然具有重要标志性意义。除了为正式商用提供法律依据之外，也表明政府对敏感性行业改革开放的决心。这一点从改革目标的设定也不难看出。在虚商模式最早出现的欧洲，其主要动机根据电信客户长尾分布特征解决细分市场的大量需求，而我国改革的初衷是"提高竞争层次、促进服务质量与创新水平的提升"，显然带有为基础电信业混改破冰、探路性质。

与移动通信转售业务开放初衷一样，宽带接入业务开放试点是为了"促进

---

① 见工信部《电信业务分类目录（2015 版）》A 类业务末尾注解 2。

宽带网络基础设施发展和宽带业务市场竞争，提升宽带业务创新能力和服务水平"。但与其不涉及网络环节建设相比较，宽带接入业务开放试点扩大到"建设从用户端到网络接入服务器范围内的全部或部分有线通信网络设施，可以开展相应的网络元素出租、出售，其中取得因特网接入服务业务经营许可证的试点企业还可以自有品牌向最终用户提供宽带上网服务"。进入固网宽带市场的民营企业原本经营范围均与通信行业有着直接联系，并且在接入业务运营的同时，还可以参与"最后一公里"的网络设施建设，一定程度上降低了对网络资源的完全依赖所产生的竞争障碍。这些差别决定了宽带转售商将可以深挖更多、更基础的通信需求，如智能家居等"物联网"接入宽带需求、O2O 商业渠道等，为民营企业潜在能力与效率的充分发挥提供了更大的空间。固网宽带接入业务自放开以来，发展也十分迅速。首批试点在 17 座省会和直辖市开展，后经过2016、2018 和 2019 年三次扩大范围，总计 26 个省（自治区、直辖市）的绝大多数城市参与试点。2015 年获批经营牌照的民营企业有 5 家，山东达通网络、苏宁云商、长城宽带（鹏博士控股企业）、网宿科技和光通互联通信有限公司，加上中国广播电视网络有限公司一共六家。到 2019 年底，各地方通信管理局累计批复试点民营企业超过 200 家，涉及民营企业超过 70 家。2017 年，民企全国宽带接入用户数达到 11%。

　　然而，意料之外却又在情理之中的是，参加两项改革试点的企业都因相关制度安排上的原因而出现了不同程度的发展困境。作者与课题组前期研究中发现参与试点的 42 家虚商普遍生存艰难，主要原因是其业务发展受限于网络资源和监管机制不健全等诸多因素，难与三大国有运营商形成有效竞争。作为经济转型国家电信业混改"试点"出现上述状况并不奇怪，从政策实施到制度完善到位往往需要一个过程。从网络资源控制程度看，虚拟运营商可以划分为三种类型的商业模式：第一种是品牌渠道销售商，角色类似于基础运营企业的卡号代理商，其大部分业务环节依赖于基础运营商，实际参与程度最浅；第二种是部分业务的虚拟运营企业，即除了卡号代理等渠道销售外，还负责运营客户关系管理系统、码号管理以及用户计费等工作；第三种是全业务虚拟运营商，除了不拥有无线发射网络，包括核心网建设在内的所有其他环节均为自主，因此盈利空间相对最大。我国对民营企业开放转售业务市场的初衷是"提高竞争层次、促进服务质量与创新水平的提升"。而目前政策允许的是第二种模式，没有自主建设和运营核心网的权限，因而对于提高网络依赖型的电信市场竞争层次极为不利，尤其在我国混合所有制经济刚起步情况下，其经营受到与之签订转售业务合同的国有运营商制约。再者，笔者在前期研究中发现，除了制度性障碍之外，由于国企对电信市场的长期垄断，民营资本还受到来自客观方面的运营经验、资金、技术以及产品差异化等经济性壁垒的局限，因此出现了通过与外商合资消解这些障碍的意愿，但这一诉求在目前政策下也面临诸多不确定因素。2018年移动通信转售业务开放正式商用①，对象扩大至国外运营商，以通过对外开放促进改革成效的提升，但迄今没有外资进入。这些都极大限制了这些民营企业的公平竞争和发展空间。从欧美发展经验来看，决定虚拟运营商能否成功的关键因素中，政府在监管方面营造的公平竞争环境占首要地位。其他因素包括发达的营销网络、合理控制的营销成本、针对目标用户的差异化产品以及在短时间内完成原始用户积累等。因此，准确客观地了解和认识影响电信民营企业公平竞争的主要障碍，是推进改革深化、实现改革初衷的重要基础。

再看宽带接入业务的后续发展情况。虽然可以参加用户端到网络接入服务器范围内所谓"最后一公里"的网络建设和经营，但由于适应民营宽带健康发展的良好环境尚未形成，其网络能力与三大国有运营商差距呈扩大之势，宽带业务产品和用户拓展手段单一，难以在宽带市场形成有效竞争。比如，由于缺乏完善的地方监督管理机构造成监管不到位，一些企业以不正当手段进行小区宽带垄断。部分地区在推行光纤到户国家标准时，只考虑了三家国有基础电信企业的需求，民营企业没有涵盖在内。民营企业上联互联网骨干网严重受制于基础电信企业，经常面对接入带宽资源不足、带宽价格过高的局面，民营企业异地购买宽带的现象非常普遍，"假宽带"有时也属于无奈之举。2018年民营企业用户4026.3万户，占比由2017年的11%降为9%，到2021年只剩下700万的用户。从民营企业角度看，造成上述状况的主客观原因都有，但最关键的是缺乏完善的市场激励和引导机制。

以上简要讨论了改革后民营企业供需主体的发展与现状。接下来进一步从市场可竞争性角度分析改革可能产生的行业影响，尤其是三大国有运营商的影响，以及第一轮改革中可能存在的主要问题。按照表2-1的概念框架，首先探

---

① 见2018年《工业和信息化部关于移动通信转售业务正式商用的通告》。

讨移动和固网通信业务是否具有自然垄断成本特征，然后推断其可竞争性和混改的影响。

从行业总体来看，近年来无论是技术还是市场需求规模，移动通信都是发展最迅速的基础业务，不再需要复杂的线路铺设与安装，2008—2013 年 3G、4G 得到迅速的推广与应用，运营商的网络建设工作开始转向骨干网络建设以及网络基站的覆盖，成本大大降低，加上通信技术迭代时间随着 2G、3G、4G 和 5G 的发展也出现了递进式的缩短（O, Regan, 2016; Luntovskyy 和 Spillner, 2017）。如果技术发展显著降低了固定投资成本，使得垄断经营已无法在成本有效区间满足迅速扩大的市场需求以及不同用户的差异化服务需求，则说明已经不再具有自然垄断成本属性。固网通信是固定电话与宽带业务的结合，两者设施高度共享，范围经济明显。虽然宽带市场发展比较快，但在技术和社会需求方面远不如移动通信。以传输介质为例。虽然经历了从双绞线到同轴电缆再到光纤技术的过程，但无论从降低成本还是提高质量角度，均不及移动通信技术的发展，加上市场需求受移动通信竞争性替代效应影响，尤其是固定电话，目前用户基本限于政府机构和企事业单位，个人用户需求趋弱。据此可提出如下假说：

H1：移动通信业务成本函数已经具备了非自然垄断特征。

H2：固网通信业务则仍为自然垄断性环节。

如果以上推论得证，则说明移动通信业务已经具备了可竞争环节成本特征（表 2-1），固网通信是否可竞争则主要取决于沉没成本的高低。而即使是非自然垄断，由于基础电信业务的规模经济性，民营企业进入依然可能会导致不同程度的产能过剩，沉没成本仍是影响企业效率提升程度的重要因素。此外，根据作者及课题组前期考察，电信设备二手市场和租赁市场不断发展和完善，通信技术更新换代加速，电信固定投资的沉没属性总体看已显著下降。据此有假说 3 和 4：

H3：固网通信业务已具备可竞争环节成本特征，混改将有助于促进企业效率提升。

H4：对于非自然垄断性业务来说，沉没成本的降低也有助于提升混改对企业效率的影响程度。

如果假说 3 和 4 也得证，则说明固网和移动通信两大业务都已经具备了混改的基本条件，进一步放开将有利于促进企业效率的显著提升。也说明无论对于自然垄断还是非自然垄断环节来说，开放能否提升企业效率以及提升程度，主要取决于是否具备可竞争成本特征。

　　以上从混改对国有运营商生产效率的影响角度分析了可竞争性的影响。而如前文所说，在改革政策实施过程中，移动和固网民营企业发展都存在明显的内外部瓶颈。在网络资源上前者完全依赖国有运营商，宽带企业虽可以参与网络建设，但基本上也仅限最后一公里的接入部分，同样受到骨干网络资源等的限制。此外，整体看还缺乏适合民营企业发展的市场环境，包括完善的监管体系和公平竞争的制度设计等。虽然这种模式初次在基础电信市场引入民营企业，市场竞争不再局限于国企之间，但在上述问题影响下竞争效应必然大打折扣，难以充分发挥对三大运营商激励性的影响，对效率提升的促进作用也必然受到局限。因此，在效率提升作用受限情况下，几十家民营企业进入则有可能降低三大运营商的市场占有率，导致国有运营商产能过剩或产能过剩进一步加剧。据此提出5、6两个假说。

　　H5：在目前的市场环境和网络资源等制度安排下，移动通信转售业务开放难以有效提高市场竞争层次，促进国有运营商产能利用率优化。

　　H6：相对于虚拟运营商，宽带民营企业拥有参与部分网络设施建设的权限，有助于改善竞争效应，但仍不足以促进国有运营商产能利用率的整体优化。

　　如H5和H6获得证实，则说明虽然国有运营商在民营企业竞争激励下效率有所提升，但由于电信市场体制机制的基本性缺陷对竞争效应的限制等因素，使得前者产能利用率进一步下降，这样的结果显然背离了改革初衷。只有不断深化市场体制机制改革才能达成退一步进两步的实际效果。

第三节　电信业网运分离

　　上一节从整体业务角度分析混改中的可竞争性问题，而同一业务内纵向分离是网络型垄断行业开放研究与实践的另一个焦点问题。如开篇所说，2014年由中国移动、中国电信和中国联通合资成立了"中国铁塔股份有限公司"（简称中国铁塔），通过赎买方式整合三家企业铁塔设施并实行垄断经营，而在固网通信领域继续保持网运合一。由此产生了两个需要探讨的问题：一是铁塔环节独家经营的政策有效性究竟如何，二是固网通信保持网运合一是否有利于企业效率提升。换言之，移动通信由多家网业一体化企业变为网业分离后，如果铁塔为非自然垄断可竞争性环节则可能产生独家经营的规模不经济和低效率，因此核心问题是市场结构的选择。而固定通信仍保持了网运合一模式下的多家竞争，可能存在的选择为是否将网络和业务运营环节分开更有效率。

一、中外改革实践与效果初步观察

从国际经验看，电信业网运分离 20 世纪 90 年代始于欧美。美国铁塔公司（American Tower Company，简称 ATC）成立于 1995 年，1998 年成为独立运营的铁塔公司，同时 AT&T、Verizon 等主要运营商仍保留自建铁塔。2005 年英国政府对国有垄断的英国电信（British Telecom）进行网业分离改革，将上游网络部门与下游零售部门拆分，主要目的是削弱英国电信市场垄断势力。拆分后网络公司必须以同等条件把网络资源租赁给下游其他竞争运营商使用。随后不久，其他 OECD（经合组织）国家如瑞典、意大利、澳大利亚、新西兰、捷克、墨西哥等国也参照英国的做法，对本国电信进行网业分离改革。OECD 更是在其出版的《电信经济展望》报告中，把网业分离列为有效增加电信市场竞争度的重要政策建议（OECD，2015）。下面对中外电信网业分离改革路径和主要动因稍加介绍，以增强规律性认识，为后面的计量分析提供背景和事实基础。

英国 2005 年开始在固网通信领域实行网业分离，2006 年从英国电信公司 British Telecom 拆分出来的整售网络公司 Openreach 员工总数高达 30,000 人，专门负责对具有自然垄断属性的网络产品进行经营和销售（Teppayayon and Bohlin，2010），同时做出法律承诺贯彻平等接入原则，保证对下游零售运营商一视同仁。为保证拆分后的零售和整售公司之间彻底分离，监管机构规定两个公司之间的员工即使离职后也不能到对方公司工作，并禁止高层管理人员互相流动（Cadman，2019）。瑞典 2007 年开始对本国基础电信行业进行评估，同年最大运营商 TeliaSonera 公司开始与监管机构协商网业分离。2008 年修改了当时的瑞典电信法案，TeliaSonera 成立独立的全资子公司 Skanova Access AB 公司，专门管理和经营整售网络业务，并依法按平等条件向 TeliaSonera 拆分出来的零售运营商和其他竞争运营商公平出租网络设施（Teppayayon and Bohlin, 2010）。同时还要求 Skanova Access AB 公司成立了一个公平接入委员会，把其他竞争运营商代表加入委员会，共同监督平等接入原则的贯彻和实施，并定期报告执行结果（ITU, 2018）。澳大利亚政府 2005 年与该国最大运营商 Telstra 公司协商网业分离。该公司曾是一家国有电信运营商，拥有大量有线网络和固定设施，它也是最大移动通信网络运营商（Crandall, Eisenach and Litan, 2010）。为打破垄断，2006 年政府强制推行网业分离，成立专门负责上游网络整售业务部门，为本公司零售业务部门和其他竞争运营商提供整售网络租赁服务，并参照英国经验，规定所有曾在上游网络整售部门任职员工禁止在本公司的下游零售业务部门任职，反之亦然，以保证独立和公平（Crandall, Eisenach and Litan, 2010）。新西兰议会 2006 年通过法案，将新西兰电信公司（Telecom New Zealand）上游下游部门拆分。2008 年分为三部分：专门管理网络等硬件维护的网络设施部门，负责整售的网络服务部门和下游的零售业务部门。

也有一些国家没有一开始就采取上下游所有权完全独立的网运分离模式（参见表 1-2）。例如意大利监管机构早在 2002 年就认定意大利电信公司（Telecom Italia）具有重大市场垄断嫌疑，强制要求其上下游业务进行会计分离（Esbin, 2009）。2007 年，监管部门公开咨询和意见征集后，于 2008 年，将意大利电信公司成功拆分出一个新的 Open Access 公司专门负责整售网络服务。同时，意大利电信公司也做出了一系列承诺，以保证竞争运营商能平等接入网络。然而部分学者认为，监管部门在员工行为准则、平等接入原则的贯彻实施以及 Open Access 公司的会计准则等方面并没有更深程度地介入和监管这些承诺的实施（Nucciarelli and Sadowski, 2010）。捷克最大运营商 O2 Czech Republic 2015 年宣布自愿网业分离，改革于 2016 年完成后，O2 Czech Republic 成为只提供零售服务的运营商，固定网络设施部分则分离成为独立的公司 CETIN，面向全国所有运营商进行整售网络资源的销售和维护服务。两家公司股权仍然归属原本的 PPF Group，但各自拥有独立的董事会、监管委员会、技术团队以及独立的商业计划（OECD, 2017）。墨西哥电信监管机构（IFT）2014 年经过评估后认为在位运营商 América Movil Group（AMX）占有主导的垄断地位。因此 2017 年强制其进行网业分离改革，成立了上游网络供应商 Telmex 公司。网业分离后，上游整售业务与下游零售业务拥有各自的雇员、管理团队以及独立的董事会，但股权仍归属原在位运营商（OECD，2017）。

以上是部分国家实行电信网业分离的主要动因与基本方式，其初衷总体看是为了打破垄断，并均以立法的形式从原在位运营商中分出一家或几家专营网络设施的公司。接下来分三个阶段梳理一下中国电信业网运分离的过程和基本现状。

第一阶段为1998年到2006年左右。中国电信业网运分离的设想早在1998年电信改革时就已作为备选方案之一提出（阚凯力，2005），但当时并未实施。当时有中国移动、中国联通、中国电信和中国网通四家公司。由于缺乏基础设施共建共享体制和机制，当时四个运营商几乎不存在共享，因此产生了大量的重复建设，造成了投资效率的损失（曾庆珠，2013）。2005年当时的信息产业部印发了文件《关于对电信管道和驻地网建设等问题加强管理的通知》，要求相关运营商推进管道、杆路、铁塔等电信设施的共享。

第二阶段是2008年到2013年左右。2008年为推广3G应用将原有六家运营商合并为中国电信、中国移动和中国联通三家，同年工信部和国资委联合发出《关于推进电信基础设施共建共享的紧急通知》（即工信部联通〔2008〕235号），并成立由工信部、国资委和三大运营商共同参加的"全国电信基础设施共建共享领导小组"，以推进"新增铁塔、杆路的共建"等目标的实现，三家公司也签订了基础设施共建共享合作框架协议。说明政府重视通信领域的重复投资以及资源共享问题。截止到2013年底，虽比起上一阶段，移动基础设施共享稍有扩大，但激烈竞争下共享率依然较低，并显著低于其他发达国家（Xia，2017）。2014年之前，三大运营商建塔仍采取独立规划、互不关联的方式，导致同一区域内大量重复建设的现象（张志强和张从武，2010）。此外，各地方政府的城乡规划并未列入铁塔，造成建塔方案审批缓慢以及物业租赁等问题，也变相增加了建塔成本（苏雄生，2015）。

第三阶段是2014年至今。2014年由中国移动、中国联通、中国电信三家共同持股的中国铁塔公司正式成立，三大运营商不再持有并新建铁塔。中国铁塔公司成为国内唯一的铁塔公司①。为确保三家公司的平等租用权，国家资产管理委员会（国资委）坚持"持股而不控股"的原则，董事会成员也由三大运营商的人员组成，确保重大决策全部公开透明、信息对称（吕继兵，2017）。中国铁塔集团公司成立还解决了我国无线通信规划存在的两方面主要问题：一是规划源头各自独立，二是缺乏城乡通信规划。一定程度上降低了因重复投资和多头管理带来的效率损失。

通过以上讨论不难看出，虽形式上都是将上游基础网络设施与下游零售业务分开运营，但中外网运分离的初衷和实践之间存在着明显差异。主要表现在三个方面：一是改革领域不同，我国针对移动通信领域，国外也包括了固定网络通信。二是改革方式不同，其他网业分离改革的国家均对网络（包括铁塔、固网等）市场采取市场化管理，在政府统一规划与监管下允许多家企业竞争。例如美国的 American Tower、Crown Castl 和 SBA Communications 等，俄罗斯的 Unk Development、Service Telecom，英国的 CTIL 和 MBNL，印度的 Indus Towers 和 Reliance Infratel 等，还有的国家允许铁塔公司与网运一体化运营商并存（如美国的 AT&T、Verizon 等）。三是改革侧重点与主要目的不同，国外主要强调打破地区垄断、增加竞争，我国的初衷是减少重复建设和重复投资、避免资源浪费。两者虽在方式上有类似之处，但侧重点不同可以带来操作层面以及最终效果的很大差异。此外还有一个重要区别，那就是国外的网业分离改革多为立法先行。

总体看，就中外电信业网运分离的主要目的而言，无论是我国的避免重复建设、提高投资效率，还是外国的打破垄断、促进竞争，最终都是为了提高基础电信服务的质量与效率，实现其正外部性最优，进而促进国家整体经济发展方式的转变。在这样的背景下，对两种不同情况下的改革效果进行比较，将有助于为我国网运分离制度的完善与政策调整提供有益的借鉴与参考。

为了先对网络环节不同市场结构选择的效果有一个初步认识，以下选取中外移动通信运营商人均固定资产投资、电话渗透率或普及率（每百人手机持有

---

① 虽然政府引入部分民营企业参与铁塔市场，但规模很小。例如规模最大的"国动网络通信集团股份有限公司"有 25000 座通信基站，而中国铁塔公司 2020 年基站数量已达 840 万座，形成了实质性的独家垄断。

量）和服务价格三项指标进行比较（图 2-2、2-3、2-4）。其中，实验组为中国三大运营商，对照组选自世界排名前 50 的运营商，其铁塔环节均采取了市场

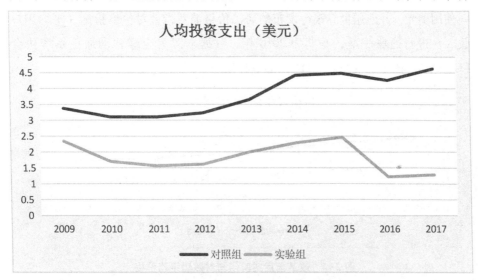

图 2-2　改革前后实验组与对照组人均投资平均值

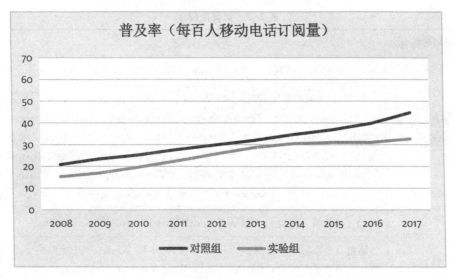

图 2-3　改革前后实验组与对照组平均普及率

化竞争。根据数据可获得性，对照组人均固定资产投资、普及率和价格样本分别选取了 13 家、8 家和 22 家国外运营商（表 2-2）的均值。各国运营商体量不同，固定资产投资采用人均指标以增加可比性。因通信套餐价格繁杂，以平均

用户收入（Average Revenue Per User，ARPU）作为价格代理变量。时间跨度为
2008—2017 年，采用运营商样本的平均值。为避免汇率和通胀因素的影响，统
一使用美元，并使用世界银行发布的居民价格消费指数对价格指标（平均用户
收入）进行通胀平减，基期为 2010 年。数据来源为全球移动通信系统协会
（GSMA）、国际电信联盟（ITU）和世界银行。

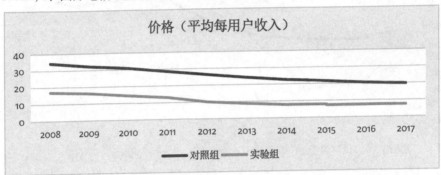

图 2-4　改革前后实验组与对照组平均价格

表 2-2　运营商样本

绩效指标	运营商
人均固定资产投资	实验组（中国）：China Mobile，China Telecom，China Unicom
	对照组（13 家国外运营商）：T-Mobile（Deutsche Telekom）（美国）；Verizon Wireless（美国）；Optus（Singtel）（澳大利亚）；Vodafone Germany（德国）；Vodafone Italy（意大利）；Bell（BCE）（加拿大）；Telus（加拿大）；Tele2（T2-RTK）（俄罗斯）；Orange Spain（西班牙）；Telkomsel（Telkom Indonesia）（印度尼西亚）；VodafoneZiggo（Liberty Global / Vodafone）（荷兰）；Vodafone UK（英国）；Vodafone Spain（西班牙）
普及率	实验组（中国）：China Mobile；China Telecom；China Unicom
	对照组（8 家国外运营商）：T-Mobile（Deutsche Telekom）（美国）；SoftBank（日本）；Telstra（澳大利亚）；Wind Tre（CK Hutchison / VEON）（意大利）；MegaFon（俄罗斯）；Tele2（T2-RTK）（俄罗斯）；Orange Spain（西班牙）；Telkomsel（Telkom Indonesia）（印度尼西亚）

续表

绩效指标	运营商
服务价格	实验组（中国）：China Mobile；China Telecom；China Unicom
	对照组（22 家国外运营商）：CK Hutchison（英国）；Telefonica（德国）；Beeline（VEON）（俄罗斯）；MegaFon（俄罗斯）；Tele2（T2-RTK）（俄罗斯）；Orange Spain（西班牙）；VodafoneZiggo（Liberty Global／Vodafone）（荷兰）；Vodafone UK（英国）；Vodafone Spain（西班牙）；Vodafone Hutchison（澳大利亚）；T-Mobile（Deutsche Telekom）（荷兰）；Telefonica UK（英国）；AT&T（美国）；T-Mobile（Deutsche Telekom）（美国）；NTT DOCOMO（日本）；Orange（法国）；Telstra（澳大利亚）；SK Telecom（韩国）；Vivo（Telefonica）（巴西）；Optus（Singtel）（澳大利亚）；Bouygues Telecom（法国）；SFR（Altice）（法国）

如以上三图所示，两组企业人均固定资产投资因滞后效应 2015 年之前一直为平行走势，之后实验组显著下降，说明改革后中国运营商因不再自建铁塔而明显减少了重复建设。实验组电话渗透率指标 2014 年后显著下降，与对照组的差距由 5% 升至约 10%。价格趋势未见明显变化，可能是由于政府"提速降费"政策所致。如果说改革之前三组指标的差异主要源于铁塔共享程度、下游市场竞争水平以及宏观与行业环境等，之后的变化则在逻辑上主要与 2014 年改革有关。对非自然垄断性环节实行垄断产生的规模不经济势必增加下游运营企业铁塔租用成本，在消费者价格不变情况下，致使运营商产出水平（渗透率）下降。对此业界有着更为直接的感受。例如，根据中国互联网数据中心新闻网（IDC-news）2016 年 3 月 25 日的报道：

> 在中国电信股份有限公司去年业绩发布会上，总裁兼首席营运官杨杰表示，公司去年已完成铁塔资产处置，不会再有出售收益。但是支付给铁塔公司的租赁费用，比自己运营和维护铁塔费用高出了 20%。今年的租赁费仍在洽谈中，希望比去年有所减少。

中央电视台财经频道 2016 年 12 月 18 日的《对话》节目的访谈内容也传达了类似的信息：

栏目以'一座铁塔带来的改变'为题邀请了国资委和工信部相关部门负责人以及中国铁塔股份有限公司和三大国有运营商高管做客交流。其间，铁塔公司董事长刘爱力提到铁塔公司的成立降低了三大运营商的网络资源成本。主持人当场与三大运营商的在场高管进行确认。而有趣的是，三大运营商老总们面面相觑、集体沉默，并露出无奈的微笑。主持人又点名询问中国联通副总经理邵广禄是否节省了很多成本，邵不无讽刺地回答：希望如此吧，并表示希望明年和后年能够节省。运营商赤裸裸的打脸成了观众的笑点。

以上来自主流媒体的报道反映了运营商的实际体验，与图2-2中绩效指标变化吻合，都指向了铁塔市场一家垄断后效率的下降。接下来将进一步从理论上解释上述观察，并提出待证假说。

二、理论分析

网业分离是政府促进网络型垄断行业开放与竞争的重要结构性改革，理论上主要从两方面影响企业效率：一是通过网络共享减少重复建设、发挥行业基础设施规模化效益；二是促进业务运营环节的有效竞争，最终实现行业整体效率提升。因此其行业影响取决于多方面因素。第一，管网环节的成本特征与市场结构（管制政策）选择应相互契合（图2-5左部）。如果铁塔环节为非自然垄断，允许合理竞争将有利于企业效率提升，采用独家经营则易导致规模过于庞大且丧失了竞争效应；而对自然垄断的，政府管制政策还需考虑是否具有可竞争性（表2-1）。因此管制政策选择的有效性与行业成本特征密切相关。第二，网络共享程度也将影响规模效益①，但主要影响效益提升的程度，能否提升则取决于市场结构选择与成本特征是否匹配。第三，业务运营环节的有效竞争也是决定网业分离改革成效的重要因素（图2-5右部）。笔者根据对我国移动

---

① Meddour等（2011）还发现在新兴市场国家仍以被动共享（只包括建筑、塔椎、电缆和光缆等基本设施物理地址）为主，而发达国家的经验表明，主动共享（扩大至天线、基站、核心网等不同层次）程度越高，规模效益发挥得越充分。

通信行业的实际观察，假设样本期间下游市场竞争水平不变。① 因此，铁塔环节成本特征与市场结构选择是否匹配成为影响改革有效性的主要因素。根据贝恩和谢勒等美国哈佛学派代表人物提出的 SCP 分析模型（structure-conduct-performance），市场结构的变化导致企业行为的变化，后者将直接影响其产品成本等企业绩效，并传导给下游运营商。而在提出假说 1 的时候曾分析了移动通信业务的成本特征，根据相同理由可得出以下推论：

H7：在技术和需求双重发展下，移动通信铁塔环节也已不具有自然垄断成本属性。

H8：对非自然垄断性的铁塔环节实行独家经营将不利于下游运营商市场绩效提升。

固网通信业务（固定电话和宽带）则仍保持了网运合一的运行模式，因此需要探讨的主要问题是分与合的效率对比。从国际经验看，由于该业务具有固定成本高、垄断程度强的明显特征，多数国家采取了竞争性的纵向分离，该做法也吻合了上文中假说 H3 关于固网通信可竞争性的分析。据此提出第 9 个待证假说。

H9：固网通信业务网运分离有利于企业效率的提升。

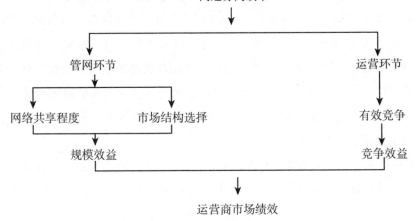

图 2-5 网业分离改革的影响因素

---

① 2014 年改革后下游市场竞争格局并未发生实质性改变，铁塔公司的客户仍为三大运营商。虽然 2013 年在转售业务环节引进了民营企业，但虚拟业务性质决定这些企业具有较强的依附性，只能通过签约基础运营商的方式租用其外围网络。

如上述假说均获得证实，可以说明两点：1. 在成本特征为非自然垄断的情况下，对铁塔环节采取独家经营的效率不仅低于竞争性的铁塔环节，也低于多家网运合一企业竞争的市场结构。2. 固网通信多家网运合一经营的效率低于网运分离下多家网络企业竞争的市场结构。

第四节　竞争壁垒

以上假说意在基于理论分析和现实观察探究 2013 年以来电信业三项重大改革的效果和可能存在的主要问题。而这些问题的出现多数源自主客观两方面的市场竞争障碍。一般来说，在经济体制转型过程中在位垄断企业通常不存在与新进者分享自己利润的激励（肖兴志和姜晓婧，2013），主观人为的各种壁垒和客观的经济性限制并存是这一阶段的典型特征。因此，要想通过开放提高竞争层次、促进企业效率和创新水平的提升，关键是要逐步清除这些障碍，形成一个公平竞争的市场机制与营商环境。虽然这是一个比较复杂的过程，并非能够凭一日之功可以解决，但梳理清楚究竟哪些是妨碍有效竞争的主要障碍，如何对这些障碍的影响程度排序，则是改革循序渐进的基础。如第一章讨论壁垒研究文献时所说（第一章第三节），对于我国这样处在经济转型期的国家，原有行政垄断行业开放具有明显的不完全竞争性，因此波特提出的壁垒理论能够较好地反映这些特点（表 2-3）。以下选取移动通信转售业务市场开放作为典型，根据该框架提出五个理论假说。主要目的是想通过对这些假说的提出与验证，建立对可竞争性市场开放壁垒及其之间内在关系的系统认识，为改革决策与选择提供理论依据。

H10：在位者成本优势、产品差异化、资本需求、潜在客户的转换成本、分销渠道的获得难度和政府监管六类因素，构成了中国移动转售企业公平竞争的主要障碍。

H11：上述竞争壁垒对转售业务商公平竞争的影响程度不同。

H12：政府监管和资本需求对其他壁垒的强度有影响。

如果假说 H10 得到验证，那么自改革开放以来一直反复酝酿的基础电信业对外开放是否有助于化解虚商所面临的竞争壁垒？笔者在前期调研中发现，转售业务民营企业由于受到来自客观方面的运营经验、资金、技术以及产品差异化等局限，产生了通过与外商合资消解这些障碍的强烈意愿，但这一诉求在目前政策下也面临诸多不确定因素。一般来说，发达国家电信市场开放比较早，运营商在管理经验、人才储备和技术应用与创新方面有比较丰富的积累，我国民营转售企业所面临的成本和品牌等劣势，对世界一流运营商来说可能正是其优势所在。引进外资也符合《工业和信息化部关于移动通信转售业务正式商用的通告》精神（以下简称"正式商用通告"）。但迄今为止国内转售业务市场尚未出现外资参与的情况，而由于外商进入一般会增加国家信息安全等方面的问题，所面临的隐性限制也不同于或超过单纯的民营企业。然而，不消除这些隐性障碍任何字面上的开放都将很难成为现实。据此，提出假说13、14。

H13：与外商合资有助于企业化解上述壁垒的影响。

H14：与外商合资主要障碍不同于民营企业。

表2-3　波特理论：竞争壁垒的六个主要来源

类别	壁垒来源	释义
1	在位者的成本优势	在位者在成本方面拥有的优势，一般产生于规模经济效应、学习曲线效应、生产资料成本优势或者在位者的其他成本优势，影响最终产品价格。
2	产品差异化	产品差异化反映在广告投放形成的品牌分辨度、售前或售后的顾客服务、产品套餐差异、顾客对品牌的忠诚度等方面。
3	资本需求	新进入者需要投入大量资本才能进入市场或者有效参与竞争，包括业务配套的设备等固定资产投资，以及创新投入、品牌宣传投入等方面。资本需求对于资本密集型行业的影响尤为显著。
4	消费者的转换成本	新进入者拓展市场的存量用户时，需要面对客户转换服务供应商的成本，包括人际关系维系成本、对新产品的学习成本、契约转换成本等。
5	分销渠道的获得难度	在位者的先发优势，使得新进者难以构建发达的分销网络。一方面是现有分销渠道已被在位者占据，另一方面由于新渠道拓展困难，需要企业加大补贴力度。

类别	壁垒来源	释义
6	政府监管	政府监管可能通过行政许可的方式限制一个行业的业务开放力度，或者已有的监管体系无法保障市场公平竞争，甚至某些核心监管机构与制度安排的缺失，构成了公平竞争的障碍。

第五节　电信企业规模与技术创新

最后想对民营电信企业规模化发展问题稍作展开。如前文所说，2018 年 7 月 23 日和 10 月 29 日，工信部分两批下发了 22 张移动通信虚拟运营商正式商用牌照，中国交通通信信息中心和中国广播电视网络有限公司也进入市场。2021 年固网宽带接入业务开放试点也已扩展到 200 个城市，民营宽带用户数近 700 万户，民间资本在宽带领域累计投资超过百亿元，宽带接入市场商用化进程也正在加快。届时国内可能会达到数十家基础电信业务运营企业。从企业规模大致分布看，2019 年 10 家上市民营转售企业平均资产为 8.7 亿元人民币①，同年三大运营商——中国移动、中国电信和中国联通平均资产达到 1384 亿元。这样小企业多、规模悬殊的市场结构显然不利于实现提高竞争层次和服务创新水平的改革初衷。如第一章讨论有效竞争相关文献时所说（第二节），解决好规模与竞争的矛盾是决定传统自然垄断行业开放效果的关键因素之一，这一点同样适用于民营企业。对于规模经济特征明显的基础电信行业来说，企业的大小直接影响着有效竞争的实现。这在前述关于混改效果和竞争壁垒的分析中也有讨论。

转售业务对民营企业开放是继 2008 年国有电信运营商重组之后对市场主体的一次重大政策调整。如果说前几次改革重点在于政企分开、鼓励国有企业间的竞争，那么这次的主要不同是以混合所有制改革为内容，以促进技术创新和

---

① 来源：Wind 数据库。10 家公司为：天音通信、话机世界数码连锁集团、巴士在线控股有限公司、深圳爱施德、厦门三五互联、苏州蜗牛数字、朗玛信息、红豆集团有限公司（红豆集团）、二六三网络通信股份有限公司（263）、鹏博士电信传媒集团股份有限公司。

产业转型升级为主要目标。因此，其意义不仅限于转售业务领域，而且是作为基础电信市场混改的"破冰"。在试点阶段结束之后，是继续沿循三大国有运营商+众多小型民营转售企业的市场格局，还是根据电信行业的规模经济特点逐步扩大开放的业务范围，进而推进规模化经营和有效竞争？对此，已有的关于企业规模、市场结构和技术创新之间关系的研究结果莫衷一是，针对基础电信业的实证分析就更少。

再者，从技术进步层面看，我国5G技术处于世界领先地位，但只有通过电信服务业的应用开发与市场运营才能对整体经济带来真正的效益。美国四大电信运营商中的Sprint与T-mobile 2018年启动合并程序，明确宣布其扩大规模的主要目的是在5G移动网络发展方面超过中国，在2024年前将投入300亿美元巨资建设新网络和部署新业务。对我国来说，是继续小型民企进入的市场开放模式，还是通过民营企业规模化发展推进混改深入来应对挑战？是决策部门应当慎重考虑的。

本节将以技术创新为指标，提出关于电信企业有效规模的两个假说，作为对民营企业在混改中规模化发展的探讨，同时也是对包括国有运营商在内的电信企业规模优化问题的探究。为此，不妨先简要回顾一下中国电信调整和重组历程，从中也可以看到市场结构与技术进步的密切联系，既有过度垄断的弊病，也有因资源过于分散导致的规模不经济和竞争低效。以1994年为分界点，中国电信业市场化改革可分为六个阶段（表2-4）：

1. 1994年以前：特点是政企合一、独家垄断。这一阶段国家邮电部通过当时"中国邮电电信总局"（简称中国电信）对全国电信业务实行垄断运营，既承担了制定电信政策、监管行业发展的责任，又负责投资电信基础设施、提供电信服务。这一时期主要采用固定通信业务形式及相关技术。期间的1987年我国第一个模拟蜂窝移动电话系统在广东建成并投入商用，标志着中国电信业进入移动时代。

2. 1994—1998年：特点是政企分离和市场双寡头垄断竞争。1993年中国第一个全球移动通信系统（Global System for Mobile Communication，GSM）的正式开通，标志着中国电信业进入第二代（2-Generation，2G）移动通信技术时代。而随着技术发展和社会进步，政企合一弊端不断显现，主要体现在缺乏竞争、企业创新意愿和动力不足。为增强企业活力，1994年7月借鉴英国电信改革经验成立了第二家综合运营商"中国联合通信有限公司"（张超等，2010），将竞争机制引入电信业，迈出了市场化改革第一步。1995 年，中国电信集团公司成为正式法人，政企分离进程开启。1998 年邮政、电信分营，中国电信开始专营电信业务，同年作为政企分离的重要措施之一，邮电部撤销，与电子工业部合并成立信息产业部。

3. 1999—2001 年：业务拆分，市场进入竞争阶段，并出现了竞争不平衡的矛盾。该阶段中以 2G 为基础的移动通信业务开始普及，第三代（3rd‐Generation，3G）通信技术也已进入标准制定期。2000 年国际电信联盟（International Telecommunication Union，ITU）宣布，将欧洲制定的 WCDMA、美国制定的 CDMA2000 以及由中国制定的 TD‐SCDMA 共同认定为 3G 国际标准。为了进一步提高市场活力，按照业务性质对"中国电信"进一步拆分，组建了中国电信、中国移动通信、中国卫星通信三家运营商，分别从事固定电话、移动通信和卫星通信业务。同时成立中国网通和中国铁通，以实现分业务、分层次竞争的新格局。但由于中国网通、中国铁通和中国卫通成立时间短、规模小，难以抗衡中国联通和中国电信，市场竞争不平衡的矛盾显现。

4. 2002—2007 年：业务重组，六强争锋，市场竞争程度进一步提高。为解决市场竞争不平衡问题，信息产业部对六家运营商进行拆分重组，保障同一业务领域内均有两家以上的运营商（王晨奎，2013），以降低竞争中的不平等，竞争效果得以增强。具体而言，2002 年中国电信集团再次拆分，部分资产并入中国网通，重组后仍保留了中国电信、中国网通、中国联通、中国移动、中国卫通和中国铁通。从规模看前 4 家运营商规模相对较大，后 2 家较小，但同等规模运营商之间市场份额相差不大，保持了相当程度的竞争。这一时期，虽然日本和部分欧洲国家实现了 3G 正式商用，但美国、中国等国家仍普遍使用 2G 通信技术。此外，中国联通于 2002 年 1 月建成了 CDMA 网络——美国制式的 2G 通信技术标准——并投入商用，至此中国移动通信技术形成了 GSM 标准为主、CDMA 标准为辅的技术格局。

5. 2008—2013 年：新一轮重组启动，通过资源整合形成三寡头垄断竞争格局。2008 年在信息产业部基础上成立工业和信息化部（简称工信部），同年为了适应 3G 通信技术的发展，国家工信部、发改委和财政部联合发布《关于深化电信体制改革的通告》，将原有六家电信运营商整合为中国电信、中国移动和中国联通三家，至此形成了"三足鼎立"的市场结构。2009 年 1 月，工信部向三家运营商发放了 3G 正式商用牌照。2012 年 1 月，国际电信联盟宣布将由中国主导制定的 TD-LTE-Advanced 确定为 4G 国际标准之一。2013 年 12 月，工信部向三大运营商发放 4G 正式商用牌照，标志着中国电信业快速进入 4G 时代。

6. 2013 年至今：移动通信转售业务市场对民营企业开放，电信业混合所有制改革起步，开始了市场主体所有制多元化。目的是进一步打破国有企业垄断、提高市场竞争的水平和层次。另一方面，中国交通通信信息中心和中国广播电视网络有限公司两家国企也先后于 2016 年 3 月和 5 月取得工信部颁发的《基础电信业务经营许可证》，意味着二者也将和三大运营商在部分业务上展开竞争，市场主体多元化范围进一步扩大。技术方面，2019 年 6 月 6 日，工信部向中国电信、中国移动、中国联通和中国广电集团颁发了 5G 正式商用牌照，意味着中国 5G 通信时代的开启。

从以上回顾不难看出，伴随着通信技术的不断迭代与革新，中国基础电信服务业 20 多年来经历了多次大的重组。在"分分合合"的探索过程中，始终孕育着规模与竞争的调整与权衡，贯穿着企业规模、市场结构、有效竞争与技术进步之间的互动。接下来借鉴阿吉翁提出的关于竞争与创新的非线性影响机制（Aghion，2005），以发明专利和全要素生产率为指标，提出规模与创新之间存在倒"U"型关系的两个待证假说。基本逻辑是，当企业规模较小时，规模的扩大有利于增强企业的技术创新能力和动力。有了规模才有能力支付高额研发费用，规模效益还可以通过大范围的研发创新来消化研发失败的风险和平摊研发成本。技术创新成果的价值获取也需要企业具有一定市场势力。但当规模达到一定程度时，企业的竞争激励和创新动力逐步减弱，继续扩大将导致过度垄断，进而导致创新数量与质量的下降。

H15：电信运营商企业规模和其发明专利数之间存在倒"U"型关系。

H16：电信运营商企业规模和企业全要素生产率之间也存在倒"U"型关系。

如假说 H15、H16 得证，则可通过测算理论上的最优规模推断我国包括三大运营商的企业规模的合理性，进而为民营企业的规模化发展提供间接的依据。

表 2-4　中国基础电信业市场结构和技术变革历程

时间	市场改革	基础电信运营商	通信技术
1994 以前	政企合一、独家垄断	国家邮电部	固定通信技术 1G：蜂窝模拟制式（1987年）
1994—1998	政企分离、引入竞争	中国电信、中国联通	2G：GSM 制式（1995 年）
1999—2001	业务拆分、企业重组，市场化进程加快	中国电信、中国联通、中国移动、中国卫通、中国小网通、中国铁通	2G：GSM 制式 3G 国际标准确定（2000 年）
2002—2007	业务重组，市场竞争力度进一步加强	中国电信、中国网通、中国移动、中国联通、中国铁通、中国卫通	2G：GSM 制式为主、CDMA 制式（美式标准）为辅
2008—2013	三寡头垄断竞争	中国电信、中国移动、中国新联通	3G/CDMA 制式（2009 年） 4G 国际标准确定（2012 年） 4G/TD-LTE 制式（2013 年）
2013 至今	三大运营商垄断竞争、混合所有制改革（转售业务开放、腾讯等入股联通、联通云南分公司启动私企承包）、市场主体多元化	中国电信、中国联通、中国移动、民营转售业务企业、中国交通通信中心、中国广电集团	5G：商用牌照发放（2019年）

第六节　本章小结

本章首先通过对影响自然垄断性行业混改效果的五个主要因素之间关系的探究（成本次可加指数、产能过剩、沉没成本率、竞争效应、公有和非公有制企业效率差异），论证可竞争性理论的扩展，目的是突破原理论中"潜在"竞争压力的局限，将现实混改中存在的新进企业长期经营所带来的持续性竞争效应纳入框架，从而构建一个包括自然垄断和非自然垄断性行业可竞争性判断的概念框架。希望能为改革可行性范围的研究与决策提供一个新的视角。然后，根据框架对2013年以来基础电信市场的三次重大改革的效果和可能存在的主要问题展开分析，并提出相应的16个理论假说。接下来的第二篇将对其逐一进行验证。

第二篇 **02**

|实证检验|

第一篇根据对 2013 年以来基础电信业三项重大改革的理论分析提出了 16 个待证假说。本篇分 5 个单元（章）对这些理论假说进行实证检验。各章之间既围绕同一主题而内在相连，又基于各自特点和采用的量化方法不同相对独立。为使验证过程的展示清楚易读，各章统一由"实证设计""结果与分析"和"本章小结"三部分构成，并在每章开头段后提示所要验证的假说。

第三章

自然垄断环节的可竞争性

本章根据第二章提出的概念框架（表2-1），先测定中国移动通信、固网宽带和固定电话三大基础电信业务是否具有自然垄断成本特征，然后测算三个环节的沉没成本率（可竞争指数），最后估计自然垄断性环节开放、沉没成本与全要素生产率（TFP）之间的关系，以验证假说H1—H4。如果假说得证，则说明开放是否有利于企业效率提升主要取决于是否具备可竞争成本特征，包括自然垄断性环节。

> H1：移动通信业务成本函数已经具备了非自然垄断特征。
>
> H2：固网通信业务则仍为自然垄断性环节。
>
> H3：固网通信业务已具备了可竞争环节成本特征，混改将有助于促进企业效率提升。
>
> H4：对于非自然垄断性业务来说，沉没成本的降低也有助于提升混改对企业效率的影响程度。

第一节 实证设计

一、样本选取与数据来源

基于样本代表性和数据可得性考虑，业务范围选择以《电信业务分类目录（2015年版）》第一类基础业务为依据。具体来说，固定电话选A11-1固定网本地通信业务、A11-2固定网国内长途通信业务和A11-3固定网国际长途通信业务，宽带选A14-1互联网国际数据传送业务、A14-2互联网国内数据传送业务和A14-3互联网本地数据传送业务，移动通信选A12-2第三代数字蜂窝移动通信业务和A12-3第四代蜂窝移动通信业务。

总体样本包括了三大国有运营商2006—2018年的半年度数据。中国联通于2008年下半年与中国网通进行重组，资产规模较之前发生重大改变，其样本从2008年下半年开始。中国移动在2008年中国铁通并入后才开展固话业务，其固话样本区间为2009—2015年。中国电信2012年下半年的其他要素份额出现了负值，不具有经济学意义，故舍去2012年下半年数据。虽然还有10家上市的移动通信转售业务企业财报数据可得，但如前文所说从业务角度看尚未成为真正意义上的基础电信运营商，运营模式和规模都与中国移动、中国电信与中国联通不属于同一类别。这些企业从三大基础运营商那里承租部分通信网络使用权，通过自己的计费系统、客服号、营销和管理体系把通信服务卖给消费者，更像是代理商而非独立的运营商。故两者的数据不满足独立同分布假设。因此，只设开放时间为虚拟变量，来考察这些民营企业进入对国有运营商的影响。数据主要来源于上市公司年报。

二、自然垄断属性检验

（一）检验方法

自然垄断属性检验通常分两个步骤，先对成本函数进行估计，再根据结果测算自然垄断衡量指标（成本次可加指数）。以下是方法的简要介绍。

（1）成本函数

如第一章所说，鲍莫尔等提出的成本次可加性已广泛应用于自然垄断检验。常用的成本函数包含C-D（柯布道格拉斯）、CES（Constant Elasticity of Substitution）以及超越对数成本函数（TCF—Translog Cost Function）。由于前两种成本函数在要素弹性以及规模经济等方面存在限制，而超越对数成本函数除了这些方面不受限制以外，还因其适用于多产品与多投入的情形获得国内外学者普遍采用。基本形式如下：

$$\ln C = \alpha_0 + \tau t + \sum_i \beta_i \ln P_i + \sum_j \gamma_j \ln Y_j + \delta \ln T$$

$$+ \frac{1}{2}\sum_i \sum_k \eta_{ik} \ln P_i \ln P_k + \frac{1}{2}\sum_j \sum_l \theta_{jl} \ln Y_j \ln Y_l + \frac{1}{2}t^2 \qquad (3\text{-}1)$$

$$+ \sum_i \sum_j \lambda_{ij} \ln P_i \ln Y_j + \sum_i \mu_i \ln P_i \ln T + \sum_i \rho_i t \ln P_i + \varepsilon$$

其中，$\ln C$ 表示总成本的自然对数形式；p_i 代表第 i 种要素的价格，$i = 1$，2，3，代表劳动、资本和其他要素；Y_j 代表第 j 种产品；T 表示技术进步；t 为时间或者未观察到的技术变化，ε 为扰动项。此外，为了提高估计有效性，通常将式 3-1 和要素份额方程进行似不相关回归（SUR）。为此，根据谢泼德引理（Shephard's Lemma）对要素价格求偏导，可得要素份额函数：

$$S_i = \frac{x_i}{C} = \beta_i + \sum_k \eta_{ik} \ln P_k + \sum_j \lambda_{ij} \ln Y_j + \mu_i \ln T + \rho_i t + \varepsilon_i \qquad (3\text{-}2)$$

对称性和齐次性要求各参数满足以下关系：

$$\eta_{ik} = \eta_{ki} \ \forall i, \ k; \quad \theta_{jl} = \theta_{lj} \ \forall j, \ l; \quad i_{kl} = i_{lk} \ \forall k, \ l;$$

$$\sum_i \beta_i = 1, \quad \sum_i \eta_{ik} = 0 \ \forall k, \quad \sum_i \lambda_{ij} = 0 \ \forall j, \quad \sum_i \mu_{ik} = 0 \ \forall k, \quad \sum_i \rho_i = 0.$$

$$(3\text{-}3)$$

由于所有要素的份额相加为 1，模型估计时应去掉一个方程以避免得到奇异的协方差矩阵。实际应用中，超越对数成本函数也有一定的局限性。由于产出为对数形式，TCF 不适用于产出为零的情形（式 3-1）。对于该问题有两种解决方案：一是采用修正的超越对数成本函数（modified translog，简写为 MTL），将产出变量进行 Box-Cox 变换：$y_i^* = \dfrac{y_i^\eta}{\eta}$，其中 η 为待估参数，η 为零时 MTL 退化为 TCF；二是对投入、产出以及技术变量都进行变换，则称为 Box-Tidwell 成本函数（BT）。

（2）成本次可加检验（Cost Subadditivity Test，以下简称 Sub 检验）

目前学术界普遍采用 Evans and Heckman（1984）提出的检验方法，基本思想是通过将一家企业的产出分配给两家（或多家）企业生产，进而比较不同方式下的成本大小。以两种产品 y1 和 y2 为例，检验分为以下几步：第一步，分别找出产出最小值的点 y1min 和 y2min，参与成本次可加检验的产出区间应大于最小产出的二倍，只有符合该要求的数据点才能参与成本次可加检验；第二步，计算 y1/ y2 的值，找出该比值的最小值 RL 与最大值 RU，分配之后的产出比应在 RL 与 RU 之间；第三步，分配给 A 企业的产出为（y1min+φN1，y2min+ωN2），分配给 B 企业的产出为（y1min+（1-φ）N1，y2min+（1-ω）N2），其中 N1=y1-2y1min，N2=y2-2y2min，φ（0，1），ω（0，1）。φ 和 ω 一般以 0.1 为间隔进行取值，因此每个符合分配条件的点都存在 66 种分配方式，每种分配方式 y1/ y2 的值都必须介于 RL 与 RU 之间，否则应将其剔除；第四步，计算符合条件的各个分配点的 Sub 值，大于零为具备自然垄断属性。按照以上步骤，根据方程（3-1）、（3-2）联合估计的系数结果，可计算成本次可加指数的大小，即 Sub 值：

$$Sub(\phi, \omega) = \frac{C_A(\phi, \omega) + C_B(\phi, \omega) - C_T}{C_T} \qquad (3-4)$$

C_T 代表由单个企业生产的总成本，C_A 与 C_B 分别代表由 A 企业与 B 企业共同生产时的成本。根据式（3-4），当 $Sub>0$ 时，表示由单个企业的生产成本小于两个企业共同生产的成本之和，满足次可加性，表明该行业具有自然垄断属性；当 $Sub<0$ 时，则代表单个企业的生产成本大于两个企业共同生产的成本之和，满足超可加性，行业为非自然垄断。因此，$Sub>0$ 是判定成本次可加性的充分必要条件，也是判定自然垄断属性的充分必要条件。

（二）变量说明

（1）总成本 C 与产品变量 Y。总成本 C 是资本投入、人工成本、其他要素支出等相关费用的总和。分别以 G、R、M 和 F 作为下标代表固话、宽带、移动和固网通信。固定电话为双产出——本地通话次数（Y_{G1}）和长途通话时长（Y_{G2}），宽带业务产出以有线宽带用户数（Y_R）表示，移动通信产出为移动语音（Y_{M1}）和移动互联网收入（Y_{M2}），固网通信以固定电话用户数（Y_{F1}）和有线宽带用户数（Y_{F2}）表示。需要说明的是，基于固定电话与宽带业务之间的范围经济和运营商的实际运作，我们将两者合并为固网通信，对其成本属性等做进一步判断。

（2）要素价格 P_i。通信行业一般选取三种要素进行分析，即资本、劳动以及其他要素。劳动要素价格 P_L=人工成本/员工人数，其他要素价格 P_O=（总成本-资本成本-人工成本）/总资产。对于资本价格的计算，国际上通常采用 Shin

和 Ying 提出的永续盘存法计算，计算公式为：

$$P_K = \frac{x_K}{K_T} = \left(\frac{rK}{1 - e^{-r\partial}} + rK_w \right) / K_T \qquad (3-5)$$

其中，x_K 为资本投入量，K_T 为总资产。K 为固定资产，代表企业的资本存量。K_W 为净流动资产，r 为一年定期存款基准利率，∂ 为固定资产折旧年限，取值为 10 年。国外 2000 年之前文献一般取 20 年，近年电信技术发展迅速，技术换代较快，折旧也随之加快。对此国有运营商年报中也有明确说明（中国电信集团有限公司 2018 年年报）：房屋及装修 8—30 年，通信网络厂房及设备 5—10 年，家具、装置、车辆及其他设备 5—10 年。本文综合考虑折旧年限取了 10 年。

对于资本价格的计算，研究者们也持不同看法。Jorgenson（1963）提出的资本价格计算式使用了当年折旧除以固定资产存量，赵旭（2011）则使用固定资产占总资产比重，由于两者没有考虑机会成本，即资本利息，不能准确反映资本价格。Jara-Diaz 等（2004）所用的资本价格计算式为：$w_k =$（Dep+所有者权益 $* r$）/K，其中 Dep 为折旧，r 是贷款利息，K 为总资产。陈林和刘小玄（2014）在计算重工业 x_K 时在（3-5）式中加入了当年折旧和存货。本文考虑到电信行业产出特性，没有加入存货，同时由年金公式推导过程可知，$\frac{rK}{1-e^{rd}}$ 已经包括了折旧及其机会成本，故理论上再额外加入此项可能会影响计算的准确度。

此外，考虑到资本价格应剔除通货膨胀因素，以 2006 年为基期、采用《中国统计年鉴》中的固定资产投资价格指数对固定资产（K）进行了平减。其他现金流变量的平减则采用《中国统计年鉴》中的通胀指数。

三、可竞争性检验

接下来也分两步介绍如何测定可竞争性对不同垄断属性行业开放的效率影响。先讨论可竞争度和企业全要素生产率（TFP）衡量指标的计算，然后构建估计可竞争性影响的差分模型（Difference in Difference）。

（一）关键指标的计算

（1）可竞争指数

借鉴鲍莫尔理论关于沉没成本对可竞争性具有决定作用的观点（详见第二

章第一节），可通过测算企业进入市场需要付出的沉没成本率，推断一个行业或业务环节可竞争性的高低，即：可竞争指数 = 1-沉没成本指数。沉没成本指数越高，可竞争指数越低。本文主要参考 Kesside（1990）的方法，使用融资租赁资产比例、二手市场资产比例与资产折旧率作为沉没成本衡量指标，可以通过租赁方式获得设备与固定资产的比例越高，资产折旧或贬值非常迅速的的行业，沉没成本所占比例业往往越低，而发达的二手市场通过提高固定成本的回收率有效降低沉没成本。具体算式为：

$$\pi = (1 - \Psi)(1 - d)(1 - \varpi) \tag{3-6}$$

其中 π 表示沉没成本率，Ψ 为租赁比例，d 为折旧比例，ϖ 表示二手市场设备使用比例。租赁比例 Ψ=租赁费用／（租赁费用+固定资产*r），其中 r 为贷款利率，固定资产*r 表示固定资产投入的机会成本，租赁费用 = 融资租赁费用 + 铁塔租赁费用 ① + 经营租赁费用 +房屋租赁费用。折旧比例 d=当年折旧额/固定资产。二手市场比例 ϖ =（固定资产本期报废额-本期折旧报废额-本期减值准备）／（固定资产本期报废额-本期折旧报废额）。因此 π 的取值域为 [0，1]，可竞争指数（cont）计算式为：

$$cont = 1 - \pi \tag{3-7}$$

根据式（3-6）、（3-7）和企业财报数据，可算得我国三大电信运营商固定电话、宽带和移动通信业务以及固网通信（固定电话+宽带）业务的沉没成本率和可竞争指数（表3-1）。

表3-1　三大国有运营商沉没成本率和可竞争指数

公司	时间	沉没成本率				可竞争指数			
		固话	宽带	移动通信	固网通信	固定电话	宽带	移动通信	固网通信
电信	2009	0.3552	0.4303	0.3073	0.3912	0.6448	0.5697	0.6927	0.6088
电信	2010	0.3608	0.4284	0.3069	0.3963	0.6392	0.5716	0.6931	0.6037
电信	2011	0.3671	0.4326	0.3234	0.4046	0.6329	0.5674	0.6766	0.5954

---

① 其中铁塔租赁费用属于移动通信独有的租赁费用。如引言所说，2014 年成立中国铁塔股份有限公司，实现了移动通信业务的网运分离。

续表

公司	时间	— 固话	沉没成本率			可竞争指数			
			宽带	移动通信	固网通信	固定电话	宽带	移动通信	固网通信
电信	2012	0.3724	0.4170	0.3368	0.4008	0.6276	0.5830	0.6632	0.5992
电信	2013	0.2665	0.3184	0.2522	0.3016	0.7335	0.6816	0.7478	0.6984
电信	2014	0.2525	0.3115	0.2676	0.2949	0.7475	0.6885	0.7324	0.7051
电信	2015	0.2815	0.3406	0.2665	0.3218	0.7185	0.6594	0.7335	0.6782
电信	2016	0.1912	0.2337	0.1439	0.2212	0.8088	0.7663	0.8561	0.7788
电信	2017	0.1818	0.2215	0.1252	0.2097	0.8182	0.7785	0.8748	0.7903
电信	2018	0.1814	0.2242	0.1232	0.2144	0.8186	0.7758	0.8768	0.7856
均值		0.2810	0.3358	0.2453	0.3157	0.7190	0.6642	0.7547	0.6844
移动	2009	0.2956	0.3317	0.2828	0.3132	0.7044	0.6683	0.7172	0.6868
移动	2010	0.2946	0.3190	0.2768	0.3067	0.7054	0.6810	0.7232	0.6933
移动	2011	0.2777	0.2967	0.2588	0.2879	0.7223	0.7033	0.7412	0.7121
移动	2012	0.2456	0.2543	0.2277	0.2503	0.7544	0.7457	0.7723	0.7497
移动	2013	0.2172	0.2226	0.2022	0.2205	0.7828	0.7774	0.7978	0.7795
移动	2014	0.2502	0.2461	0.2327	0.2477	0.7498	0.7539	0.7673	0.7523
移动	2015	0.1512	0.1405	0.1250	0.1446	0.8488	0.8595	0.8750	0.8554
移动	2016	0.1706	0.1474	0.1013	0.1533	0.8294	0.8526	0.8987	0.8467
移动	2017	0.1555	0.1307	0.0924	0.1344	0.8445	0.8693	0.9076	0.8656
移动	2018	0.1375	0.1152	0.0933	0.1170	0.8625	0.8848	0.9067	0.8830
均值		0.2196	0.2204	0.1893	0.2176	0.7804	0.7796	0.8107	0.7824

续表

公司	时间	—— 固话	沉没成本率 宽带	移动通信	固网通信	可竞争指数 固定电话	宽带	移动通信	固网通信
联通	2009	0.1904	0.2242	0.2030	0.2073	0.8096	0.7758	0.7970	0.7927
联通	2010	0.1850	0.2221	0.1991	0.2059	0.8150	0.7779	0.8009	0.7941
联通	2011	0.1913	0.2246	0.1996	0.2112	0.8087	0.7754	0.8004	0.7888
联通	2012	0.2236	0.2573	0.2287	0.2448	0.7764	0.7427	0.7713	0.7552
联通	2013	0.1454	0.1681	0.1439	0.1601	0.8546	0.8319	0.8561	0.8399
联通	2014	0.1497	0.1735	0.1465	0.1656	0.8503	0.8265	0.8535	0.8344
联通	2015	0.1604	0.1875	0.1376	0.1792	0.8396	0.8125	0.8624	0.8208
联通	2016	0.1585	0.1922	0.0967	0.1834	0.8415	0.8078	0.9033	0.8166
联通	2017	0.1511	0.1910	0.0902	0.1827	0.8489	0.8090	0.9098	0.8173
联通	2018	0.1386	0.1885	0.0877	0.1809	0.8614	0.8115	0.9123	0.8191
均值		0.1694	0.2029	0.1533	0.1921	0.8306	0.7971	0.8467	0.8079
三家公司均值		0.2233	0.2530	0.1960	0.2418	0.7767	0.7470	0.8040	0.7582

来源：笔者根据企业年报数据综合计算。

（2）企业全要素生产率（TFP）

根据学术界广泛采用的"索洛余值法"（Solow，1957），将全要素生产率理解为扣除要素贡献后的"剩余"生产率水平，也就是技术进步及制度改良等非生产性投入对产出增长的贡献。最常用的计算模型是 Cobb-Douglas 生产函数（C-D 生产函数），基本形式为：

$$Y_{it} = A_{it} L^{\alpha}_{it} K^{\beta}_{it} \tag{3-8}$$

Y_{it} 记为 i 企业在 t 时间的产出，L_{it} 为劳动要素的投入，K_{it} 代表资本要素投入，A_{it} 代表技术与效率。对上述方程两边同时取对数可得线性方程：

$$y_{it} = \alpha l_{it} + \beta k_{it} + \varepsilon_{it} \tag{3-9}$$

对方程式（3-9）进行 OLS 估计可获得全要素生产率（TFP）的估计值 ε_{it}，

即扣除要素贡献后的"剩余"。但后来的学者认为该估计方法存在同时性偏差（Simultaneity bias）和样本选择性偏差（selectivity and attrition bias）问题。尤其是当期可以观察到的企业效率对要素调整的影响所产生的内生性。对此，已有研究主要采用固定效应方法、Olley-Pakes 方法（OP 法）以及 Levinsohn-Petrin 方法（LP 法）加以改进。第一，固定效应方法通过引入截面虚拟变量，剔除由于企业特点影响当期要素选择的因素，解决了内生性或同时性偏差问题。第二，Olley 和 Pakes（1996）提出了基于一致半参数估计值方法，克服了固定效应方法的缺陷，解决了同时性偏差问题，但无法估计代理变量"投资"为零的样本。第三，Levinsohn 和 Petrin（2003）针对这一问题，在 TFP 的计算过程中，以企业中间品投入指标将残差项 ε_{it} 分为两个部分。以上方法各有优劣。鲁晓东、连玉君（2012）的研究表明，与传统的最小二乘法相比较，固定效应方法的系数估计结果差异不大。本章更注重 TFP 的变化趋势，因此采用 OLS 法拟合出企业全要素生产率（黄贤环和王瑶，2020）。该方法数据要求相对简约，满足线性、无偏，并可以使拟合值与实际数据之间误差最小。计算结果见本章附录 3-1。

（二）差分模型（Difference in Differences，简称 DID）

差分法常用于随机实验或自然实验[①]，通过被解释变量实验前后的变化以及实验组与对照组之间的不同来判断效果，适用于本章对开放成效的检验。已有改革效果评价文献中一般只纳入时间差分变量（盛丹霞和刘灿雷，2016；余桂明，2016）。本章则采用了差分指标与沉没成本率交叉变量的形式，以考察可竞争性的变化对开放效果的影响。我国三大基础电信业务中既有自然与非自然垄断之分，也有开放（固网宽带和移动通信）和仍未开放的（固定电话）。相对应地，本节讨论两种情况下的模型设定。重点考虑对可竞争性影响的辨别。根据我国实际情况，以是否有民营企业进入基础电信行业或某项基础业务定义开放指标。

（1）自然与非自然垄断

以自然垄断业务环节为实验组，非自然垄断环节为对照组，构建了一个简单的三重差分模型（等式 3-10）。按照上文定义两组均已开放，主要考察自然

---

① 见本章附录 3-2"双重差分方法简介"。

垄断性环节开放效果是否与可竞争度（沉没成本）密切相关，并对比两组的效果差异。按照第二章提出的概念框架（表2-1），只要沉没成本足够低，自然垄断性业务也是可竞争的，开放将有助于促进企业效率显著提升。

$$TIP_{it} = \alpha_0 + \alpha_1 \cdot nat_i \cdot cont_{it} + \alpha_2 time_{it} + \alpha_3 nat_i \cdot time_{it} \cdot cont_{it}$$

$$+ \alpha_4 nat_{it} \cdot time_{it} + \gamma_i + \gamma_t + \gamma_{ind} + \varepsilon_{it} \tag{3-10}$$

模型（3-10）中的 TFP_{it} 表示企业 i 在时间 t 的全要素生产率；$cont_{it}$ 记为可竞争指数，定义为 1 减去沉没成本率；nat_i 为虚拟变量，自然垄断取 1，非自然垄断取 0；γ_i、γ_i 和 γ_{ind} 分别表示时间固定效应、个体固定效应和行业（业务）固定效应；$time_{it}$ 表示开放时间，开放前取 0，之后取 1。需要说明的是，2015 年 6 月首批 4 家民营企业正式获准进入宽带接入业务试点，而 2014 年移动转售业务民营企业刚成立不久，尚难以产生实质性影响。为了避免异方差等计量问题的影响，两项业务开放时间统一设置为 2015 年。两个关键变量系数 α_3 和 α_4 符号预期应分别为大于 0 和小于 0，即随着自然垄断环节可竞争程度的提高，民营企业开放将有利于通过竞争效应促进企业效率提升，反之则由于资源错配而降低效率。表 3-2 展示了根据差分模型原理对方程（3-10）系数的比照结果及其政策意义。横向（行与行）比对自然垄断与非自然垄断的差异，纵向（列与列）比对开放前后的变化。譬如第一行对比了自然垄断环节开放前后的变化，用开放后减开放前可得第四列 $\alpha_2 + \alpha_3 cont + \alpha_4$，如显著为正说明自然垄断环节开放可有效促进企业效率；而第四列纵向各行对照了自然垄断与非自然垄断环节开放效果差异（列 3 减去列 2），如若第四行 $\alpha_3 cont + \alpha_4$ 为负值，则表明非自然垄断环节开放效果优于自然垄断行业。不难看出，实验组开放前后以及与对照组开放效果的差异，不仅与 α_2、α_3 和 α_4 密切相关，同时还取决于可竞争程度的变化。

表 3-2　模型 3-10 系数理论分析

1. 序号	2. 开放前	3. 开放后	4. 开放后的变化	5. 政策意义
2. 实验组（自然垄断）	$\alpha_0 + \alpha_1 cont$	$\alpha_0 + \alpha_1 cont + \alpha_2 + \alpha_3 cont + \alpha_4$	$\alpha_2 + \alpha_3 cont + \alpha_4$	自然垄断性业务开放前后的变化

1. 序号	2. 开放前	3. 开放后	4. 开放后的变化	5. 政策意义
3. 对照组（非自然垄断）	α_0	$\alpha_0 + \alpha_2$	α_2	非自然垄断性业务开放前后的变化
4. 自然与非自然垄断的差异	$\alpha_1 cont$	$\alpha_1 + \alpha_3$	$\alpha_3 cont + \alpha_4$	自然垄断和非自然垄断业务开放后的差别

（2）开放与未开放

在对比了沉没成本对自然与非自然垄断环节开放效果的影响之后，接下来以对民营企业开放的业务环节为实验组（移动通信和固网宽带）、未开放的环节为对照组（固定电话）设定差分模型，主要考察非自然垄断性业务的开放效果是否也受到可竞争度的影响。基础电信业是典型的传统自然垄断行业，时至今日仍是技术、资本密集型行业，具有较强的规模经济性，无论是否具自然垄断成本特征，其主要业务市场的开放效果均可能受到可竞争程度（沉没成本率）的影响。为此设定以下模型：

$$TFP_{it} = \alpha_0 + \alpha_1 \cdot time_{it} \cdot cont_{it} + \alpha_2 open_i time_{it}$$
$$+ \alpha_3 \cdot open_i \cdot time_{it} \cdot cont_{it} + \gamma_i + \gamma_t + \gamma_{ind} + \varepsilon_{it} \quad (3-11)$$

其中，$open_i$ 与 $time_{it}$ 不同，没有下标 t，定义为如果一个行业或业务环节在样本期间已对民营企业开放取值为 1，未开放为 0。其他变量符号定义与式（3-10）相同。关键变量系数预期符号分别为 $\alpha_2 < 0$、$\alpha_3 > 0$。

第二节 结果与分析

一、自然垄断检验

对成本函数（3-1）和要素份额方程（3-2）进行似不相关回归（SUR），且各变量系数受条件式（3-3）约束，然后利用回归结果计算 Sub 值，以分别检验固定电话、宽带、固网通信和移动通信业务的自然垄断属性。以下主要介绍 Sub 值计算过程和结果，相关数据统计特征和 SUR 回归结果可见本章附录3。

将回归系数和样本数据代入等式（3-4）可算得 Sub 值。根据上一节描述的方法，将份额参数（φ 和 ω）分配的所有结果考虑在内，即以 0.1 的间隔，分成 0.1/0.9、0.2/0.8、0.3/0.7、0.4/0.6、0.5/0.5。在计算 Sub 值之前，还应考虑单调性以及边际成本大于零等正则性条件，剔除不满足经济学意义的点。表 3-4、3-5、3-6 和 3-7 分别展示了考虑到所有分配结果固话、宽带、固网和移动通信的 Sub 值及描述性统计。为了说明考虑所有分配结果的必要性，作者也曾尝试在固话市场 Sub 值的计算中分别采用 0.5 和 0.1 的产出份额（表3-3），即行业总产出各分 50% 给两家企业生产（Sub5），或按照 10% 和 90% 分配（Sub1）。发现按照一种比例分配很可能带来结果的偏差。比如从表 3-3 中可以看到，一方面中国联通和中国移动的 Sub1 值大部分不满足正则性，如果直接使用 Sub1 分析而不考虑其他条件，必然带来结果偏差，并且中国电信的 Sub1 与 Sub5 值相差较大，甚至某些年份的符号相反；另一方面，如果舍弃大部分不满足正则性条件的 Sub1 而只讨论 Sub5，又与我国的现实不符。比如在固话市场中，中国移动的市场份额最小，其次是中国联通，中国电信份额最大，中国移动的本地通话次数不足中国电信的十分之一，只使用份额平均的 $Sub5$ 进行分析难免会得出难以反映实际的结论。因此，应将所有分配方式考虑在内进行综合分析。

固话市场采用本地通话次数（Y_{G1}）和长途通话时长（Y_{G2}）双产出。表 3-4 最后一行显示，在 2006—2018 年间满足分配条件的 434 个点中，共有 391 个点的 Sub>0，支持自然垄断的点数占比高达 90.09%，Sub * 100 的均值为 31.63，且除 2006 年外所有年份 Sub 均值都显著大于 0。根据等式（3-4）的定义，固话市场在样本区间具有明显的自然垄断属性，并呈现出逐年递增的趋势。在固话用户达到顶峰的 2006 年，满足成本次可加的点数有 56%，在 2010 年这一比例达到百分之百。虽然 2013 年满足自然垄断的点占比有些回跳，但仍占近 58%，且 2014 年之后又回到百分之百。固定电话环节在 2006—2018 十三年间成本次可加指数不断加大，反映了自然垄断属性逐年增强的趋势。这一结果也与固话需求的变化相吻合。无论是中国还是其他国家，固定电话用户主要集中在政府和企事业机构以及部分老年人群体，家庭用户对固话的需求呈现逐渐减弱的趋势。

中国固定电话用户数自2006年达到顶峰之后，一直呈不断下降趋势。工信部官方网站公布的数据显示，截止到2018年底，全国固定电话用户为1.82亿户，且下降趋势明显。原因也很明显：一是随着智能手机的普及，移动电话依托其方便、多元等功能优势迅速占领了个人和家庭电话市场；二是固话市场至今仍未开放扼制了竞争，使得企业缺乏创造需求的动力与激励。

表3-3 份额分别取0.5和0.1时Sub值的缺陷（固话）

	电信		联通		移动	
	Sub5	Sub1	Sub5	Sub1	Sub5	Sub1
2006H	−34.60	−18.86	/	/	+/	/
2006	−32.87	−13.77	/	/	/	/
2007H	−23.29	−6.93	/	/	/	/
2007	−21.14	−1.37	/	/	/	/
2008H	−15.97	1.56	/	/	/	/
2008	−8.53	6.95	24.26	不满足分配准则	/	/
2009H	−12.27	4.48	14.48	25.82	73.46	不满足MC>0
2009	−9.92	5.82	5.42	15.40	59.96	不满足MC>0
2010H	−1.68	10.92	24.67	不满足MC>0	不满足其他正则性	
2010	−7.60	7.03	5.28	不满足MC>0	不满足其他正则性	
2011H	−1.00	11.06	23.69	不满足MC>0	不满足MC>0	
2011	不满足其他正则性		21.69	不满足MC>0	不满足MC>0	
2012H	1.74	13.00	21.88	不满足MC>0	不满足MC>0	
2012	不满足其他正则性		30.15	不满足MC>0	不满足MC>0	
2013H	不满足其他正则性		29.06	不满足MC>0	/	/
2013	不满足其他正则性		36.80	不满足MC>0	/	/

续表

	电信		联通		移动	
2014H	不满足其他正则性	48.52	不满足 MC>0	/		/
2014	34.81	不满足 MC>0	51.42	不满足 MC>0	/	/
2015H	51.43	不满足 MC>0	77.20	不满足 MC>0	/	/
2015	72.23	不满足 MC>0	64.88	不满足 MC>0	/	/

来源：笔者根据表3-5系数和样本数据计算。

表3-4 固定电话业务 Sub 值及统计特征

	参与分配	成本次可加（Sub>0）		Sub＊100			
年份	总个数	个数	百分比	最小值	最大值	均值	标准差
2006	25	14	56.00%	−12.98	5.71	−0.11	4.78
2007	21	15	71.43%	−9.47	6.09	0.95	3.88
2008	23	18	78.26%	−4.88	75.52	7.52	15.71
2009	37	29	78.38%	−7.73	58.90	28.69	22.93
2010	36	36	100.00%	5.63	64.75	29.15	20.44
2011	54	54	100.00%	0.82	90.65	40.63	29.03
2012	70	68	97.14%	−2.96	63.94	31.63	20.21
2013	26	15	57.69%	−11.58	56.20	24.75	30.62
2014	32	32	100.00%	2.55	26.17	14.77	7.25
2015	22	22	100.00%	3.57	27.09	15.12	7.91
2016	29	29	100.00%	35.45	61.22	42.84	6.33
2017	28	28	100.00%	54.92	82.55	61.77	6.81
2018	31	31	100.00%	74.58	103.58	83.80	6.64
2006—2018	434	391	90.09%	−12.98	103.58	31.63	27.85

宽带市场以用户数（Y_R）衡量产出，样本区间满足分配条件的 627 个点（表 3-5 最后一行）全部满足成本超可加假设（Sub 值小于 0），Sub $*$ 100 的均值为 -9.5，非自然垄断属性显著。从变化看与固话相反，宽带业务成本超可加属性呈现逐年递增的趋势，除 2014 年有少许波动外，2013 年之后 Sub $*$ 100 均值的绝对值都在逐年增加。宽带市场在样本期间始终呈现了成本超可加，反映了非自然垄断属性逐年增强的趋势。这在现实需求变化中也同样得到了印证。根据我国宽带发展联盟发布的第十一期《中国宽带普及状况报告》（2018 年第四季度），截至 2018 年第四季度，我国固定宽带家庭用户数累计达到 39376.5 万户，普及率达到 86.1%，同比 2017 年底年度提升 11.7%。2018 年，在我国宽带用户基数较大的情况下，仍取得 10 个百分点以上的增长。这与近年政府推进"提速降费"密不可分。"供给"能力日益增强，资费不断下降，必然会促使越来越多的人使用宽带网络，说明国家提高信息化创新驱动力的战略取得显著成效。根据经济学理论，随着需求和技术的不断发展，企业生产的规模经济性通常会不断弱化，非自然垄断性不断加强，使得同样数量质量的产品由垄断企业生产的成本高于多家竞争。

表 3-5　宽带业务 Sub 值及统计特征

年份	参与分配 总个数	成本超可加（非自然垄断，Sub<0） 个数	百分比	Sub $*$ 100 最小值	最大值	均值	标准差
2007	11	11	100.00%	-4.98	-2.02	-3.79	1.10
2008	33	33	100.00%	-7.68	-2.81	-5.23	1.34
2009	44	44	100.00%	-12.48	19.39	0.27	11.14
2010	44	44	100.00%	-12.54	4.31	-4.08	5.29
2011	55	55	100.00%	-11.37	5.04	-4.01	5.11
2012	66	66	100.00%	-28.09	3.20	-9.26	7.84
2013	66	66	100.00%	-25.95	-2.55	-12.70	6.61
2014	66	66	100.00%	-20.45	15.44	-6.31	10.25

续表

	参与分配	成本超可加（非自然垄断，Sub<0）			Sub * 100			
2015	66	66	100.00%	-26.76	13.13	-12.08	11.66
2016	66	66	100.00%	-30.82	24.06	-12.35	13.49
2017	66	66	100.00%	-35.37	25.00	-16.37	13.56
2018	44	44	100.00%	-36.38	9.56	-18.15	13.20
2007—2018	627	627	100.00%	-36.38	25.00	-9.50	11.21

移动通信产出采用了移动语音（Y_{M1}）+ 移动互联网收入（Y_{M2}）。由于 2010 年之前的点不满足正则性等限制条件，Sub 值分析从 2010 年开始。其中符合分配条件的 657 个点中（表 3-6 最后一行），所有年份都显示了成本超可加特征，而且平均值呈现逐年增强的趋势。表明移动通信业务非自然垄断属性显著且该特征在样本期间逐渐增强。根据工业和信息化部无线电管理局（国家无线电办公室）发布的《中国无线电管理年度报告（2018 年）》显示，2018 年我国移动电话总数达到 15.7 亿，比上年净增 1.49 亿，移动电话用户普及率达到 112.2 部/百人，比 2017 年末提高 10.2 部/百人。全国已有 24 个省市的移动电话普及率超过 100 部/百人。与此同时，移动互联网流量消费也大幅增长。2018 年，移动互联网接入流量消费达 711 亿 GB，比上年增长 189.1%，增速较上年提高 26.9 个百分点。全年移动互联网接入月户均流量达 4.42GB/月/户，是 2017 年的 2.6 倍。其中，手机上网流量达到 702 亿 GB，比 2017 年增长 198.7%，在总流量中占 98.7%。可以预测对移动通信的需求将进一步扩大，其非自然垄断属性越来越强也就不难理解了。由此，假说 1 得证。

表 3-6　移动通信业务 Sub 值及统计特征

	参与分配		成本超可加（非自然垄断，Sub<0）			Sub * 100		
年份	总个数	个数	百分比	最小值	最大值	均值	标准差
2010	120	120	100.00%	-12.51	-1.90	-9.18	2.67

	参与分配	成本超可加（非自然垄断，Sub<0）		Sub*100			
2011	59	59	100.00%	−11.77	−5.59	−10.47	1.45
2013	57	57	100.00%	−14.33	−8.79	−12.79	1.25
2014	112	112	100.00%	−23.33	−8.57	−17.10	4.70
2015	107	107	100.00%	−27.00	−22.14	−25.50	0.95
2016	95	95	100.00%	−27.76	−21.65	−25.82	1.50
2017	75	75	100.00%	−28.04	−18.00	−23.92	3.38
2018	32	32	100.00%	−29.86	−21.31	−25.25	3.57
2010—2018	657	657	100.00%	−29.86	−1.90	−18.75	7.34

与移动通信的双产出类似，固网通信环节的产出包括了固话用户数（Y_{F1}）和宽带用户数（Y_{F2}），两者之间具有较强的范围经济性。从表3-7（最后一行）可以看到，在2008—2018年间符合分配条件的共2821个点，显示成本次可加的2390个，占85%。纵向看，固定通信业务的次可加性在2013年之后大致呈现逐年递减的趋势，Sub*100的均值逐渐降低。固网通信市场在样本期间总体呈现自然垄断属性，主要原因是其中的固话产出逐年下降，而宽带业务成本超可加性的增强导致固网通信作为整体的自然垄断属性逐渐弱化。可以理解为宽带业务的扩张在固网通信中逐渐发挥了主导作用。总体看固网通信市场仍呈现自然垄断属性。假说2得证。

表3-7　固网通信业务 Sub 值及统计特征

	参与分配	成本次可加（代表自然垄断，Sub>0）		Sub*100			
年份	总个数	个数	百分比	最小值	最大值	均值	标准差
2008	98	98	100.00%	0.31	16.73	10.42	6.01
2009	95	11	11.58%	−5.73	2.02	−2.03	1.67

续表

	参与分配	成本次可加（代表自然垄断，Sub>0）		Sub * 100			
2010	229	203	88.65%	-1.98	10.47	3.15	2.65
2011	302	236	78.15%	-1.33	11.03	5.68	3.96
2012	314	307	97.77%	-0.31	11.24	6.54	3.58
2013	259	259	100.00%	3.17	11.49	8.60	1.77
2014	380	379	99.74%	-0.68	20.64	13.01	4.27
2015	383	365	95.30%	-6.03	14.53	7.50	4.36
2016	253	214	84.58%	-9.93	16.21	7.41	6.45
2017	254	179	70.47%	-13.79	15.92	4.87	7.18
2018	254	139	54.72%	-18.28	10.71	-0.57	6.89
2008—2018	2,821	2390	84.72%	-18.28	20.64	6.50	6.16

二、可竞争性的影响

以上测定结果显示，固话环节以及综合考虑固话和宽带的固网通信均具有自然垄断成本特征，而移动通信和宽带业务为非自然垄断环节。先通过估计方程3-10对比均已开放固网通信（自然垄断）和移动通信（非自然垄断），以验证自然垄断性环节开放效果是否与可竞争度（沉没成本）密切相关，并比较两组的效果差异。然后估计方程3-11，以开放的业务环节为实验组（非自然垄断的移动通信和固网宽带）、未开放环节为对照组（固定电话），检验非自然垄断性业务的开放效果是否也受到可竞争度的影响。

表3-8报告了对方程3-10估计的结果。被解释变量分别为TFP及其对数形式LNTFP。一般情况下，差分模型中的固定效应之间往往会出现共线性，故只保留时间效应。两个关键变量的系数符合理论预期：nat_ time_ cont 系数显著为正说明可竞争性对自然垄断环节开放与企业 TFP 增长率之间具有正向调节效应，即可竞争度的提高有助于加强开放对企业 TFP 的提升作用，变量 nat_ time

系数为负但统计不显著则说明在可竞争性较低情况下开放自然垄断环节有可能会降低企业效率。该结果意味着在沉没成本足够低的情况下，自然垄断性环节开放所带来的综合效应将有助于提升企业效率，也就是说不考虑是否具备可竞争性成本特征（沉没成本）而盲目开放则有可能无法达成提升企业生产率的初衷。LNTFP 为因变量的模型估计结果基本一致（表 3-9 模型 2），表明结果稳健。上述估计均符合模型设定预期。变量 time 系数为负但不显著，意味着即使对非自然垄断的移动通信来说，在沉没成本较高（可竞争性较低）的情况下开放，也难以对企业效率的提升产生显著影响。

根据表 3-2 第二行第四列，自然垄断环节开放对企业 TFP 的影响为-0.0373+2.8506 * 0.7582-2.0698＝0.054，其中的 0.7582 为三家公司可竞争指数均值（表 3-1"固网通信"一列最后一行）。符号为正说明只要可竞争程度足够高，自然垄断环节开放同样有助于促进企业 TFP 的显著提升。因此，假说 3 得证。此外，固网和移动通信开放效果比较显示前者优于后者（2.8506 * 0.7582-2.0698＝0.091）[1]，证实了第二章讨论两项业务开放模式不同时提到的观点，由于宽带接入业务企业可以建设和经营部分网络设施，其创新空间和竞争力高于移动转售企业。

表 3-8　方程 3-10 估计结果（固网和移动）

模型	（1）	（2）	（3）	（4）
被解释变量	TFP	LNTFP	TFP（PSM）	TFP（RI）
nat_ cont	-0.5814** (0.2252)	-0.2867** (0.1097)	-0.5164（0.2252）	-0.5814*** (p＝0.000)
time	-0.0373 (0.1357)	-0.0158 (0.0641)	0.0124 (0.1366)	-0.0373 (p＝0.540)
nat_ time_ cont	2.8506* (1.3195)	1.4338* (0.6751)	5.2824** (1.9511)	2.8506*** (p＝0.000)
nat_ time	-2.0698 (1.1310)	-1.0499 (0.5842)	-4.1510* (1.6831)	-2.0698*** (p＝0.000)

[1]　根据表 3-2 第四行第四列计算。

续表

模型	(1)	(2)	(3)	(4)
Constant	0.1415 (0.1489)	0.7535*** (0.0693)	0.1587 (0.1577)	
时间固定效应	Y	Y	Y	Y
Observations	60	60	55	60
R-squared	0.5793	0.5810	0.6056	
Robust standard errors or p-value in parentheses *** p<0.01， ** p<0.05， * p<0.1				

对方程 3-11 的估计结果见表 3-9。从前文讨论可知，三大基础业务中只有固定电话业务由于多方面原因仍处于封闭状态。因此将固网通信的两部分分开，以固话、宽带、移动通信三种业务为样本，主要验证在可竞争度足够高（沉没成本足够低）的情形下开放与不开放的差异以及可竞争度对开放效果的影响。被解释变量仍分别为 TFP 以及对数形式 LNTFP。两个关键变量的系数估计也与预期相符。开放时间、开放行业与可竞争指数三者交互项 open_ time_ cont 系数为正且统计显著（9.0743），说明即使对于非自然垄断的移动和宽带业务来说，沉没成本的降低（可竞争性提高）也有利于促进开放对企业效率的提升作用；而交互项 open_ time 系数显著为负（-7.5498），表明当进入市场的沉没成本较高时（可竞争性较低），开放反而会由于过度竞争和重复建设等资源错配而降低企业效率。故假说 4 得证。

表 3-9　方程 3-11 估计结果（移动、宽带、固话）

模型	(5)	(6)	(7)	(8)
被解释变量	TFP	LNTFP	TFP（PSM）	TFP（RI）
time_ cont	-5.3369** (2.2117)	-3.50 (1.88)	-5.3814** (2.2125)	-5.3369*** (p=0.000)***
open_ time	-7.5498*** (1.53)	-4.46*** (1.20)	-7.9387*** (2.3182)	-7.5498 (p=0.000)***

模型	(5)	(6)	(7)	(8)
open_ time_ cont	9.0743 ***	5.41 ***	9.5258 ***	9.0743 ***
	(1.97)	(1.55)	(2.8132)	(p=0.000)
Constant	0.016	0.65 ***	0.1505	
	(0.19)	(0.12)	(0.1564)	
时间固定效应	Y	Y		Y
Observations	90	90	84	90
R-squared	0.1246	0.1218	0.1737	
Robust standard errors in parentheses *** p<0.01, ** p<0.05, * p<0.1				

三、可竞争指数的临界值

为了进一步确认各项业务在样本期间的可竞争性,借鉴 Li 和 Xu 2018 年提出的方法①测算沉没成本率临界值,以推断获得可竞争成本特征的年份。基于一阶条件和系数估值的计算结果见表 3-10。因 RI 处理后仅改变了统计显著度,表中所列为根据模型 1—3 和 5—7 计算的结果(对 PSM 和 RI 模型的讨论详见下面'稳定性检验')。譬如根据模型(1)算出的临界值为 0.73 (= 2.0698/2.8506)。两业务样本的模型考虑了宽带与固话的范围经济这一实际存在,可竞争指数临界值区间为 0.73—0.79,三业务样本模的计算区间为 0.82—0.83。该结果符合经济学基本逻辑。第一,按照范围经济进行经营,企业的投入和产出比或成本效率肯定高于单独产品经营(三业务),相应地对沉没成本及其风险的承受力也相对高。故不难理解其临界值低于三业务模型。第二,两组模型内及之间差异不大,也说明了临界值的客观存在与合理性。

对照本文估计的区间(0.73—0.83)和表 3-1 所列指数,可以看出样本期间各业务所有或近期多数年份均已经具备了可竞争成本特征:

①　LI ZG, XU H T. High-speed railroads and economic geography: Evidence from Japan [J]. Journal of Regional Science, 2018, 58: 705-727.

（1）移动通信。中国电信 2016—2018 年、中国移动 2015—2018 年、中国联通 2013—2018 年移动通信业务的可竞争指数均已超过临界值上限的 0.83。因此可以认为移动通信的主体业务已经具备了可竞争性，而不仅仅是已向民资开放的转售业务环节。

（2）固网宽带。中国电信 2016—2018、中国移动 2011—2018、中国联通 2009—2018 可竞争指数均达 0.74 以上，中国移动 2015—2018 年超过 0.85、中国联通 2013 年以后超过 0.8 。宽带可竞争指数总体看低于移动通信，可能的主要原因：一是宽带网络设施建设投入相对较大，二是中国铁塔公司的建立提高了移动通信基础设施租赁比例。

（3）固定电话。中国电信 2017—2018 年、中国移动 2015—2018 年、中国联通 2013—2018 年的可竞争指数均超越临界值 0.82。

（4）固网通信（宽带+固话）。中国移动 2015 年和中国联通 2013 年以后可竞争指数都达到了 0.8 以上，中国移动最高，2018 年达到 0.88，中国电信业基本达到 0.8。

以上表明，基础电信主要业务——无论是自然垄断还是非自然垄断——均已具备了可竞争性，与差分估计中所得出的民营资本进入有利于促进企业 TFP 增长的结果一致。

表 3-10　可竞争指数临界值

根据两业务模型估计系数（表 3-9）			根据三业务模型估计系数（表 3-10）		
模型（1）	模型（2）	模型（3）	模型（5）	模型（6）	模型（7）
0.73	0.73	0.79	0.83	0.82	0.83

四、稳健性检验

（1）倾向评分匹配处理（Propensity Score Matching—PSM）

PSM 是一种基于反事实推断法则的统计学方法，最早由 Paul Rosenbaum 和 Donald Rubin 在 1983 年提出，用于处理观察性研究的数据。比如对于处在实验组的观测点来说，反事实就是处在对照组的潜在结果（potential outcome）。在经济学和公共卫生等领域中获取随机对照实验数据在多数情况下不现实，只能通过观察性数据进行研究，而这类数据往往存在有偏差和混杂变量较多等缺陷。本章采用 PSM 方法对模型重新估计，以降低可能存在的系统性偏差，对实验组和对照组进行更为合理的比较。结果分别见模型 3（表 3-8）和模型 7（表 3-9）。可以看到，匹配过程剔除了一些观察点，但基本结果没有变化，主要变量的系数显著度进一步提高。

（2）差分模型小样本问题处理（Randomization Inference—RI）

当样本量较少时，常规的差分模型估计容易导致结果有偏（MacKinnon and Webb，2016；Young，2016）。虽然目前从统计学角度没有严格的样本量要求，但一般 N（横截面）不应小于 50（Bertrand and Mullainathan，2004）。RI 方法已在医学和实验科学等其他学科得到广泛应用，能有效解决小样本估计有偏的问题。基本原理是通过随机方式模拟扩大样本，再通过 DID 模型检验实验组的变化或改革是否真正产生了效果。对基础电信业的实证研究经常会面临小样本问题，比如 Ford（2018）在对美国电信业的研究中其实验组 N 值为 1，对照组为 5，也使用了 RI 的方法处理标准误。本章由于前文提到的数据可获得性问题，只获得了三家电信运营商总公司层面的财报数据，两个模型样本量 N 值（截面）分别为 3×2＝6、3×3＝9，对差分估计来说样本明显较小，因此也利用 Heß（2017）提供的 Stata RI 序包对模型 3-10 和 3-11 重新估计，结果见模型 4（表 3-8）和模型 8（表 3-9）。调整后系数未变，而统计显著度更高。表明所选样本估计结果合理。

第三节　本章小结

本章首先对固定电话、固网宽带、移动通信以及固网通信（固话+宽带）是否具有自然垄断成本特征进行测定，然后通过对两个差分模型的估计推断各环节的可竞争性及其对开放成效的影响。方法上，严格按照 Evans 和 Heckman（1984）提出的成本次可加规范和边际成本非负、总成本非负、要素价格均匀、单调、凹性等正则性要求（Roller，1990）。对沉没成本影响的测量采用多重差分估计（自然垄断与非自然垄断、开放与未开放），并通过 PSM 与 RI 方法处理观察结果的稳健性。

主要结果可以归纳为四点：（1）移动通信已明显具备非自然垄断成本属性，固网通信则仍为自然垄断环节，但已呈现弱化趋势。（2）随着市场进入沉没成本的下降，仍为自然垄断环节的固网通信开放对国有三大运营商 TFP 有显著提升作用。（3）移动通信等非自然垄断环节开放效果也受到沉没成本的影响，沉没成本越低，开放成效越显著。（4）根据对可竞争指数临界值的测算，固话、固网宽带和移动通信三项主要基础业务均已具备可竞争成本特征。以上结果说明，沉没成本率可作为判断可竞争性的合理指标，包括自然垄断环节。

附录3-1　三大国有运营商 TFP 计算结果

附表3-1 显示了中国移动、中国联通和中国电信三家公司的三项业务的 TFP 计算结果。第2、4、6列分别为公司和业务名称，第3、5、7列为对应的 TFP 测算值。从分业务角度来看，移动通信业务的 TFP 的均值为 0.31，明显大于宽带业务的 TPF 值-0.31，固话业务 TFP 接近 0，居于两者之间。这与现实情况比较吻合，因为移动通信业务对各公司的利润贡献最大。从三家公司的角度来看，中国移动的 TFP 的均值最大为 0.1399，中国联通的 TFP 均值居中为-0.0664，中国电信的 TFP 均值最小为-0.0735，也与现实情况比较吻合，因为中国移动相比中国联通和中国电信，效益最好。

附表3-1　固话、宽带和移动通信业务 TFP 计算结果

年份	公司/宽带	TFP	公司/移动	TFP	公司/固话	TFP
2009	电信宽带	-1.05	电信移动	0.26	电信固话	0.04
2010	电信宽带	-0.91	电信移动	0.38	电信固话	0.04
2011	电信宽带	-0.74	电信移动	0.46	电信固话	0.08
2012	电信宽带	-0.83	电信移动	0.41	电信固话	-0.12
2013	电信宽带	-0.75	电信移动	0.34	电信固话	-0.01
2014	电信宽带	-0.67	电信移动	0.17	电信固话	0.13
2015	电信宽带	-0.64	电信移动	0.13	电信固话	0.24

续表

年份	公司/宽带	TFP	公司/移动	TFP	公司/固话	TFP
2016	电信宽带	-0.57	电信移动	0.14	电信固话	0.38
2017	电信宽带	-0.55	电信移动	0.24	电信固话	0.54
2018	电信宽带	-0.53	电信移动	0.43	电信固话	0.78
2009	移动宽带	-0.09	移动移动	0.59	移动固话	0.67
2010	移动宽带	0.02	移动移动	0.60	移动固话	0.79
2011	移动宽带	0.16	移动移动	0.65	移动固话	0.39
2012	移动宽带	0.30	移动移动	0.68	移动固话	-0.11
2013	移动宽带	0.32	移动移动	0.65	移动固话	-0.45
2014	移动宽带	0.39	移动移动	0.52	移动固话	-1.03
2015	移动宽带	0.26	移动移动	0.23	移动固话	-1.40
2016	移动宽带	0.23	移动移动	0.01	移动固话	-0.71
2017	移动宽带	0.30	移动移动	-0.11	移动固话	-0.22
2018	移动宽带	0.39	移动移动	-0.17	移动固话	0.33
2009	联通宽带	-0.62	联通移动	0.01	联通固话	0.33
2010	联通宽带	-0.52	联通移动	0.09	联通固话	0.19
2011	联通宽带	-0.44	联通移动	0.20	联通固话	0.05
2012	联通宽带	-0.41	联通移动	0.28	联通固话	-0.13
2013	联通宽带	-0.44	联通移动	0.41	联通固话	-0.19
2014	联通宽带	-0.43	联通移动	0.43	联通固话	-0.25
2015	联通宽带	-0.38	联通移动	0.39	联通固话	-0.19

续表

年份	公司/宽带	TFP	公司/移动	TFP	公司/固话	TFP
2016	联通宽带	-0.38	联通移动	0.28	联通固话	-0.15
2017	联通宽带	-0.41	联通移动	0.33	联通固话	-0.06
2018	联通宽带	-0.42	联通移动	0.40	联通固话	0.04

来源：笔者根据企业年报数据综合计算所得。

附录 3-2 双重差分方法简介

在做随机实验或自然实验时，通常可以通过被解释变量实验前后的变化来判断实验的效果。在经济学研究中，双重差分模型，或 Difference in Differences（DID）通常用于评估政策效果。双重差分模型通模拟自然科学领域中的实验组与对照组，对比实验组数据与对照组数据随时间变化的平均值，计算出实验组的因变量与对照组的差异，从而得到某一具体政策的实施效果。与只使用时间序列估计随时间变化的实验效果或只使用截面数据对比实验组和对照组之间的差异的定量研究方法不同，双重差分模型使用面板数据测量实验组和对照组之间随时间变化的因变量的差异，因此使用面板数据是双重差分模型的前提之一。为此，考虑以下面板数据模型：

$$y_{it} = \beta_0 + \beta_1 G_i * D_t + \beta_2 G_i + \gamma D_t + \varepsilon_{it}$$

其中 G_i 为实验组虚拟变量（$G_i = 1$，如果个体 i 属于实验组；$G_i = 0$，如果个体 i 属于控制组）。D_t 为实验期虚拟变量（$D_t = 1$，如果时间 t 在实验之后；$D_t = 0$，如果时间 t 在实验之前）。对以上方程进行 OLS 估计，得到的 $\hat{\beta_1}$（交互项系数）就是双重差分估计量。

$$\hat{\beta_1} = \triangle \bar{y}_{treat} - \triangle \bar{y}_{tontrol} = (\bar{y}_{treat,2} - \bar{y}_{treat,1}) - (\bar{y}_{tontrol,2} - \bar{y}_{tontrol,1})$$

其中 $\bar{y}_{treat,2}$ 表示实验之后的实验组的被解释变量均值，$\bar{y}_{treat,1}$ 表示实验之前的实验组的被解释变量均值；$\bar{y}_{tontrol,2}$ 表示实验之后的控制组的被解释变量均值，$\bar{y}_{tontrol,1}$ 表示实验之前的控制组的被解释变量均值。

双重差分估计量 DD 的推导过程如下：

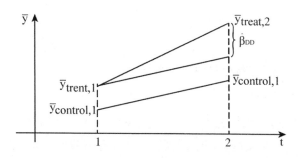

附图3-1 双重差分估计量示意图

$$E(y_{treat,\,2} \mid G_i = 1,\ D_t = 1) = \beta_0 + \beta_1 + \beta_2 + \gamma \tag{2}$$

$$E(y_{treat,\,1} \mid G_i = 1,\ D_t = 0) = \beta_0 + \beta_2 \tag{3}$$

$$E(y_{control,\,2} \mid G_i = 0,\ D_t = 1) = \beta_0 + \gamma \tag{4}$$

$$E(y_{control,\,1} \mid G_i = 0,\ D_t = 0) = \beta_0 \tag{5}$$

$$DD = \left[E(y_{treat,\,2} \mid G_i = 1,\ D_t = 1) - E(y_{treat,\,1} \mid G_i = 1,\ D_t = 0) \right] - \left[E(y_{control,\,2} \mid G_i = 0,\ D_t = 1) - E(y_{control,\,1} \mid G_i = 0,\ D_t = 0) \right] = \left[(\beta_0 + \beta_1 + \beta_2 + \gamma) - (\beta_0 + \beta_2) \right] - \left[(\beta_0 + \gamma) - \beta_0 \right] = (\beta_1 + \gamma) - \gamma = \beta_1 \tag{6}$$

下表详细展示了各参数的含义。参数 $\beta_1 + \gamma$ 体现了实验组实验前后的差别，参数 γ 体现了控制组实验前后的差别。β_2 体现了实验组和控制组实验之前固有的差别，$\beta_1 + \beta_2$ 体现了 实验组 和控制组实验之后的差别。β_1 体现了实验的净效果。

附表3-2 双重差分系数解释

	实验前	实验后	D
实验组	$G_i = 1,\ D_t = 0$ $\beta_0 + \beta_2$	$G_i = 1,\ D_t = 1$ $\beta_0 + \beta_1 + \beta_2 + \gamma$	$\beta_1 + \gamma$（实验组实验前后的差别）
控制组	$G_i = 0,\ D_t = 0$ β_0	$G_i = 0,\ D_t = 1)$ $\beta_0 + \gamma$	γ（控制组实验前后的差别）
DD	β_2	$\beta_1 + \beta_2$	β_1（表示实验组和控制组的净差别）

如附图3-1所示，双重差分模型基于一个反事实框架来评估存在政策冲击和不存在政策冲击这两种情况下被解释变量 y 的变化，隐含的假设是，即使没有政策变量，控制组与实验组的时间趋势也一样，在方程（1）中变为共同的时

间趋势 γD_t。

附录 3-3 自然垄断检验中成本函数的估计

（1）数据描述统计

附表 3-3 分别列出固定电话（G）、宽带（R）、固网（F）和移动通信（M）四大基础业务环节的数据统计描述。可以看出劳动、资本以及其他要素价格的标准差均较小，比如固话分别为 0.1、0.01、0.26，说明数据稳定性较好，符合统计规律。另外，本节以研发投入作为技术进步（T）的代理变量，其他变量解释见上文"变量说明"。

附表 3-3　数据描述统计

Variable（变量）	Obs.	Mean	Std. Dev.	Min	Max
固话模型					
C_G（总成本，百万元）	72	12440.28	9566.16	569.95	38484.00
Y_{G1}（本地通话，亿次）	72	621.28	574.88	17.82	2139.85
Y_{G2}（长途电话，亿分钟）	72	153.62	146.25	3.19	544.74
P_{GL}（劳动要素价格，百万元）	72	0.13	0.17	0.04	1.32
P_{GK}（资本价格，百万元）	72	0.05	0.01	0.03	0.09
P_{GO}（其他要素价格，百万元）	72	0.10	0.26	-0.01	1.75
T_G（研发投入，万元）	72	1073.61	1121.20	62.01	4401.00
宽带模型（单位：Y_R为万户，其他同固话）					
C_R	72	21111.83	14822.85	2310.00	54372.73
Y_R	72	6185.71	3967.01	79.50	15700.00
P_{RL}	72	0.07	0.03	0.02	0.17
P_{RK}	72	0.05	0.01	0.02	0.09
P_{RO}	72	0.06	0.08	-0.03	0.44

Variable（变量）	Obs.	Mean	Std. Dev.	Min	Max
T_R	72	5005.71	3465.07	170.92	12162.46
固网通信模型（单位：Y_{F1} 和 Y_{F2} 均为万户，其他同固话）					
C_F	73	34462.99	17971.12	5814.00	60247.01
Y_{F1}	73	9703.84	6611.79	987.10	22449.00
Y_{F2}	73	6639.65	3730.58	750.00	15700.00
P_{FL}	73	0.08	0.03	0.04	0.17
P_{FK}	73	0.05	0.01	0.02	0.09
P_{FO}	73	0.04	0.02	-0.03	0.08
T_F	73	6446.81	3931.21	466.25	13308.19
移动通信模型（单位：Y_{M1} 和 Y_{M2} 均为百万元，其他同固话）					
C_M	73	101943.60	92385.00	3924.00	336362.20
Y_{M1}	73	604.31	516.13	39.72	1668.00
Y_{M2}	73	385.64	470.27	2.80	2059.00
P_{ML}	73	0.08	0.02	0.03	0.12
P_{MK}	73	0.05	0.01	0.03	0.08
P_{MO}	73	0.14	0.05	-0.03	0.20
T_M	73	27490.10	26499.75	1125.20	80692.29

（2）SUR 回归结果

附表3-4、3-5、3-6、3-7分别列出了固定电话、宽带、固网和移动通信四个业务环节成本函数 SUR 的回归结果，其中劳动力价格、资本价格、其他要素价格等主要变量系数均为正且显著，表明要素价格越高，成本越高，符合预期。研发投入系数为负，但除移动通信环节外均不显著。

模型中加入了 OPEN 变量，以反映移动通信和宽带转售业务对民营企业的开放。从附表 3-5 可以看出其系数为负且显著，表明宽带市场开放发挥了竞争效应，促进了三大运营商效率的提高，在固网通信模型中，开放变量系数虽为负但不显著（附表 3-6），原因可能是由于其中的固话业务没有开放。而移动通信模型中开放变量的系数为正且显著（附表 3-7），表明移动通信转售业务开放后三大运营商的成本未降反增，主要原因有两个：一是开放之初三大运营商为了争取更多的客户，投入了更多人力物力，但由于并未对民营企业放开任何核心网络资源，影响了竞争效应的发挥，因此这些投入并未产生应有的效率；二是叠加了移动通信网业分离的成本效应 ①。反观宽带接入业务的开放，民营企业可以建设"最后一公里"接入网，显著提高了创新空间和改革的竞争效应。

附表 3-4　固定电话环节 SUR 回归结果

因变量：$\ln C_G$（总成本）				因变量：S_{LG}（劳动份额）		因变量：S_{KG}（资本份额）
自变量	系数	自变量	系数	自变量	系数	系数
$\ln P_{GL}$	0.2541 *** (0.0127)	$\ln P_{GL}\ln P_{GO}$	−0.0260 ** (0.0118)	$\ln P_{GL}$	0.1006 *** (0.0146)	−0.0747 *** (0.0127)
$\ln P_{GK}$	0.3477 *** (0.0117)	$\ln P_{GL}\ln Y_{G1}$	0.1113 (0.1423)	$\ln P_{GK}$	−0.0747 *** (0.0127)	0.1714 *** (0.0123)
$\ln P_{GO}$	0.3982 *** (0.0219)	$\ln P_{GL}\ln Y_{G2}$	−0.0522 (0.1279)	$\ln P_{GO}$	−0.0260 ** (0.0118)	−0.0968 *** (0.0101)
$\ln Y_{G1}$	0.7553 *** (0.0808)	$\ln P_{GL}\ln T_G$	0.0198 (0.0144)	$\ln Y_{G1}$	0.1113 (0.1423)	0.2359 * (0.1241)
$\ln T_G$	−0.1269 (0.0971)	$\ln P_{GK}\ln P_{GO}$	−0.0968 *** (0.0101)	$\ln T_G$	0.0198 (0.0144)	0.0330 ** (0.0131)
$Ln P_{GL}\ln P_{GL}$	0.1006 *** (0.0146)	$\ln P_{GK}\ln Y_{G1}$	0.2359 * (0.1241)	$\ln Y_{G2}$	−0.0522 (0.1279)	−0.2459 ** (0.1112)
$Ln P_{GK}\ln P_{GK}$	0.1714 *** (0.0123)	$\ln P_{GK}\ln Y_{G2}$	−0.2459 ** (0.1112)			

---

① 2014 年中国铁塔股份有限公司成立，对移动通信实行网业分离。详细讨论见第四章。

续表

	因变量：lnC_G（总成本）			因变量：S_{LG}（劳动份额）	因变量：S_{KG}（资本份额）
LnP_{GO} lnP_{GO}	0.1227*** (0.0200)	$lnP_{GK}lnT_G$	0.0330** (0.0131)		
lnY_{G1} lnY_{G1}	−0.5346* (0.3004)	$lnP_{GO}lnY_{G1}$	−0.3471 (0.2402)		
lnY_{G2} lnY_{G2}	0.5870** (0.2300)	$lnP_{GO}lnY_{G2}$	0.2980 (0.2175)		
lnT_G lnT_G	−0.2075* (0.1160)	$lnP_{GO}lnT_G$	−0.0527** (0.0251)		
lnP_{GL} lnP_{GK}	−0.0747*** (0.0127)				
Cons.	0.1902*** (0.0461)			0.2541*** (0.0127)	0.3477*** (0.0117)
Obs.	59			59	59
R−squared	0.9373			−0.3726	0.8727
Standard errors in parentheses					
*** p<0.01，** p<0.05，* p<0.1					

附表 3-5 宽带业务 SUR 回归结果

	因变量：lnC_R（总成本）			因变量：S_{RL}（劳动份额）	因变量：S_{RK}（资本份额）
自变量	系数	自变量	系数	系数	系数
				自变量	系数	系数
$OPEN_R$	−0.0947* (0.0549)	$lnP_{RL}lnP_{RK}$	−0.2210*** (0.0282)	lnP_{RL}	0.3053*** (0.0300)	−0.2210*** (0.0282)

	因变量: $\ln C_R$（总成本）				因变量: S_{RL}（劳动份额）	因变量: S_{RK}（资本份额）
$\ln P_{RL}$	0.6207*** (0.0523)	$\ln P_{RL}\ln P_{RO}$	−0.0843*** (0.0127)	$\ln P_{RK}$	−0.2210*** (0.0282)	0.3033*** (0.0308)
$\ln P_{RK}$	0.1317*** (0.0502)	$\ln P_{RL}\ln Y_R$	0.1676*** (0.0215)	$\ln P_{RO}$	−0.0843*** (0.0127)	−0.0823*** (0.0100)
$\ln P_{RO}$	0.2475*** (0.0285)	$\ln P_{RL}\ln T_R$	−0.0309*** (0.0119)	$\ln Y_R$	0.1676*** (0.0215)	−0.0896*** (0.0185)
$\ln Y_R$	1.2832*** (0.0455)	$\ln P_{RL}T_R$	−0.0249*** (0.0032)	$\ln T_R$	−0.0309*** (0.0119)	0.0214** (0.0095)
$\ln T_R$	−0.0038 (0.0179)	$\ln P_{RK}\ln P_{RO}$	−0.0823*** (0.0100)	t_R	−0.0249*** (0.0032)	0.0150*** (0.0031)
t_R	−0.1867*** (0.0129)	$\ln P_{RK}\ln Y_R$	−0.0896*** (0.0185)			
$\ln P_{RL}\ln P_{RL}$	0.3053*** (0.0300)	$\ln P_{RK}\ln T_R$	0.0214** (0.0095)			
$\ln P_{RK}\ln P_{RK}$	0.3033*** (0.0308)	$\ln P_{RK}t_R$	0.0150*** (0.0031)			
$\ln P_{RO}\ln P_{RO}$	0.1666*** (0.0100)	$\ln P_{RO}\ln Y_R$	−0.0780*** (0.0144)			
$\ln Y_R\ln Y_R$	0.1682*** (0.0478)	$\ln P_{RO}\ln T_R$	0.0095 (0.0085)			
$t_R t_R$	0.0110*** (0.0009)	$\ln P_{RO}t_R$	0.0099*** (0.0017)			
Cons.	1.4058*** (0.0958)				0.6207*** (0.0523)	0.1317*** (0.0502)
Obs.	62				62	62
R-squared	0.9795				0.7275	0.8325

续表

因变量：$\ln C_R$（总成本）		因变量：S_{RL}（劳动份额）	因变量：S_{RK}（资本份额）
Standard errors in parentheses			
*** p<0.01, ** p<0.05, * p<0.1			

附表3-6 固网通信 SUR 回归结果

因变量：$\ln C_F$（总成本）				因变量：S_{FL}（劳动份额）	因变量：S_{FK}（资本份额）
自变量	系数	自变量	系数	自变量	系数	系数

自变量	系数	自变量	系数	自变量	系数	系数
$OPEN_R$	−0.0528 (0.0333)	$LnP_{FL}lnP_{FK}$	−0.2210*** (0.0282)	lnP_{FL}	0.1018*** (0.0240)	−0.0165 (0.0248)
lnP_{FL}	0.5130*** (0.0429)	$LnP_{FL}lnP_{FO}$	−0.0843*** (0.0127)	lnP_{FK}	−0.0165 (0.0248)	0.1142*** (0.0284)
lnP_{FK}	0.3112*** (0.0457)	$LnP_{FL}lnY_{F1}$	0.1676*** (0.0215)	lnP_{FO}	−0.0852*** (0.0090)	−0.0977*** (0.0085)
lnP_{FO}	0.1757*** (0.0245)	$LnP_{FL}lnT_F$	−0.0309*** (0.0119)	lnY_{F1}	−0.1038*** (0.0118)	0.0670*** (0.0098)
lnY_{F1}	0.6633*** (0.0727)	$LnP_{FL}t_F$	−0.0249*** (0.0032)	lnY_{F2}	0.2277*** (0.0182)	−0.1261*** (0.0164)
lnY_{F2}	0.2240* (0.1187)	$LnP_{FK}lnP_{FO}$	−0.0823*** (0.0100)	t_F	−0.0182*** (0.0028)	0.0055* (0.0029)
lnT_F	−0.0417 (0.0352)	$LnP_{FK}lnY_{F1}$	−0.0896*** (0.0185)			
t_F	−0.0167 (0.0259)	$LnP_{FK}lnT_F$	0.0214** (0.0095)			
lnP_{FL} lnP_{FL}	0.1018*** (0.0240)	lnP_{FK} t_F	0.0150*** (0.0031)			
lnP_{FK} lnP_{FK}	0.1142*** (0.0284)	$LnP_{FO}lnY_{F1}$	−0.0780*** (0.0144)			

	因变量：$\ln C_F$（总成本）			因变量：S_{FL}（劳动份额）	因变量：S_{FK}（资本份额）
$\ln P_{FO}$ $\ln P_{FO}$	0.1829*** (0.0073)	$\text{Ln} P_{FO} \ln T_F$	0.0095 (0.0085)		
$\ln Y_{F1} Y_{F1}$	0.2180*** (0.0581)	$\ln P_{FO} t_F$	0.0099*** (0.0017)		
$\ln Y_{F2} Y_{F2}$	0.0348 (0.0657)				
$t_F t_F$	−0.0494 (0.0315)				
Cons.	−0.1575 (0.2496)			0.5130*** (0.0429)	0.3112*** (0.0457)
Obs.	65			65	65
R−squared	0.9919			0.8596	0.9248
Standard errors in parentheses					
*** p<0.01，** p<0.05，* p<0.1					

附表 3-7 移动通信 SUR 回归结果

	因变量：$\ln C_M$（总成本）			因变量：S_{ML}（劳动份额）	因变量：S_{MK}（资本份额）
自变量	系数	自变量	系数	系数	系数
				自变量 系数	系数
$OPEN_M$	0.0898** (0.0353)	$\ln P_{ML} \ln Y_{M2}$	−0.0321 (0.0201)	$\ln P_{ML}$ 0.1195*** (0.0293)	−0.0205 (0.0170)
$\ln P_{ML}$	0.0661 (0.0665)	$\ln P_{ML} \ln T_M$	−0.0075 (0.0140)	$\ln P_{MK}$ −0.0205 (0.0170)	0.1435*** (0.0191)

续表

	因变量: lnC_M（总成本）			因变量: S_ML（劳动份额）		因变量: S_MK（资本份额）
$\ln P_{MK}$	0.2648 *** (0.0312)	$\ln P_{ML} t_M$	0.0037 (0.0039)	$\ln P_{MO}$	−0.0990 *** (0.0213)	−0.1231 *** (0.0082)
$\ln P_{MO}$	0.6690 *** (0.0518)	$\ln P_{MK} \ln P_{MO}$	−0.1231 *** (0.0082)	$\ln Y_{M1}$	−0.0424 ** (0.0207)	−0.0000 (0.0083)
$\ln Y_{M1}$	0.5798 *** (0.0241)	$\ln P_{MK} \ln Y_{M1}$	−0.0000 (0.0083)	$\ln Y_{M2}$	−0.0321 (0.0201)	0.0173 ** (0.0074)
$\ln Y_{M2}$	0.5276 *** (0.0213)	$\ln P_{MK} \ln Y_{M2}$	0.0173 ** (0.0074)	$\ln T_M$	−0.0075 (0.0140)	0.0041 (0.0046)
$\ln T_M$	−0.1618 *** (0.0372)	$\ln P_{MK} \ln T_M$	0.0041 (0.0046)	t_M	0.0037 (0.0039)	−0.0034 * (0.0019)
$\ln P_{ML}$ $\ln P_{ML}$	0.1195 *** (0.0293)	$\ln P_{MK} t_M$	−0.0034 * (0.0019)			
$\ln P_{MK}$ $\ln P_{MK}$	0.1435 *** (0.0191)	$\ln P_{MO} \ln Y_{M1}$	0.0424 ** (0.0167)			
$\ln P_{MO}$ $\ln P_{MO}$	0.2221 *** (0.0177)	$\ln P_{MO} \ln Y_{M2}$	0.0148 (0.0162)			
$\ln Y_{M1}$ $\ln Y_{M1}$	0.2223 *** (0.0454)	$\ln P_{MO} \ln T_M$	0.0035 (0.0114)			
$\ln Y_{M2}$ $\ln Y_{M2}$	0.2428 *** (0.0157)	$\ln P_{MO} t_M$	−0.0003 (0.0030)			
$\ln P_{ML}$ $\ln P_{MK}$	−0.0205 (0.0170)	$\ln Y_{M1} \ln Y_{M2}$	−0.2263 *** (0.0153)			
$\ln P_{ML}$ $\ln P_{MO}$	−0.0990 *** (0.0213)	t_M	0.0114 *** (0.0022)			
$\ln P_{ML}$ $\ln Y_{M1}$	−0.0424 ** (0.0207)					
Constant	−0.0818 *** (0.0261)				0.0037 (0.0039)	−0.0034 * (0.0019)

续表

	因变量：$\ln C_M$（总成本）			因变量：S_{ML}（劳动份额）	因变量：S_{MK}（资本份额）
Obs.	65			65	65
Standard errors in parentheses					
*** $p<0.01$，** $p<0.05$，* $p<0.1$					

第四章

行业混改与产能利用率

第三章衡量了我国基础电信服务业三大主要业务可竞争程度的变化，以及民营企业进入移动通信转售和宽带接入业务两项改革对三大运营商全要素生产率（TFP）的影响。本章通过三组样本随机前沿模型估计结果的互相印证，进一步测定民营企业的进入对其产能利用率的影响，以验证假说 5 和假说 6。

H5：在目前的市场环境和网络资源等制度的安排下，移动通信转售业务开放难以有效提高市场竞争层次，促进国有运营商产能利用率优化。

H6：相对于虚拟运营商，宽带民营企业拥有参与部分网络设施建设的权限，有助于改善竞争效应，但仍不足以促进国有运营商产能利用率的整体优化。

第一节　实证设计

一、方法与样本选择和数据来源

产能利用率作为衡量企业生产要素是否有效利用的指标，其测算方法可分为调查统计法和经济分析法。经济分析法按是否需要设定具体参数形式又可分为参数法和非参数法，前者包括峰值法、函数法、协整法以及随机前沿分析法，后者有数据包络分析等。不同方法各有优劣。根据对政策因素及其他经济变量系数估计的需要和数据可获得性，本章采用随机前沿分析法（Stochastic Frontier

Approach，简称 SFA）。样本分中国和多国，共选了三个，以便多角度互相印证，前者包括移动和固网通信两大类基础业务。由于随机前沿分析法对非效率产能的估计依赖于对最优产出的随机前沿，加入多国样本可以提高对前沿面估计的准确性，其范围涵盖了欧洲、美洲、大洋洲、亚洲、非洲 44 个发达与非发达国家 ①，由于数据限制等原因选了 2008—2016 年度行业数据。国内业务样本来自国有三大运营商企业层面，时间跨度均为 2006 年—2018 年，均来自全球移动通信系统协会数据库（Global System of Mobile Communication Association，简称 GS-MA）和世界银行服务贸易限制指数数据库（World Bank Services Trade Restrictions Database，简称 World Bank STRD）。

二、变量选择与说明

（一）中国样本

通常电信业生产函数的产出指标选择主要有两个：一个是以营业收入衡量的财务产出，一个是以用户数、通话次数或者通话时间表示的服务产出。投入指标一般选人力和资本，前者多采用行业员工数，后者分为物质资本和财务资本，其中物质资本包括主线数、交换机容量以及长途光缆线路长度，财务资本包括资本存量以及固定资产投资。也有研究加入了人力和资本以外的其他投入。在政策变量选取方面，已有文献多以改革时点为界设置虚拟变量：如郑世林（2011）分别以 1998 年邮电分家、2000 年《中华人民共和国电信条例》颁布以及 2001 年中国加入 WTO 为时间虚拟变量，测定管制政策的行业影响；常硕（2011）以 2006 年价格上限政策施行为时点，研究该政策对电信业生产效率的影响；郑加梅、夏大慰（2014）则同时以 2006 年价格上限政策和 2009 年三大运营商获颁 3G 牌照为时点，探测政策变化对行业生产率的影响。本章分设移动和固网通信业务两个国内样本模型。产出指标分别为营业收入（移动）和用户数（固网）。两大业务的劳动和资本投入均分别采用年底就业人数和固定资产投资，其他投入用运营成本衡量，并加入时间 T 以反映技术随时间的变化。以货币为单位的指标均以 2000 年不变单价进行通胀平减。对于改革指标（D），移动

---

① 详见本章附录。

通信以 2014 年首批民营企业获得试点牌照为时点设虚拟变量，年份≥2014，D=1，其他则 D=0；同理，2015 年首批民营企业获得宽带接入业务试点牌照，因此当年份≥2015 时，固网通信改革变量 D=1。描述性统计见表 4-1 和 4-2（均为变量的对数）。

表 4-1　中国移动通信数据描述性统计

变量名称	变量符号	单位	平均值	最大值	最小值
移动通信业务收入	$\ln(Y_{it})$	亿元	7.209	8.602	3.750
固定资产投资	$\ln(K_{it})$	百万元	13.284	14.982	10.336
就业人数	$\ln(L_{it})$	人	12.513	14.562	10.356
其他投入	$\ln(O_{it})$	百万元	8.962	10.091	7.262

表 4-2　中国固网通信数据描述性统计

变量名称	变量符号	单位	平均值	最大值	最小值
固网用户数	$\ln(Y_{it})$	亿元	9.046	10.282	5.153
固定资产投资	$\ln(K_{it})$	百万元	12.451	13.967	9.640
就业人数	$\ln(L_{it})$	人	11.527	12.875	8.146
其他投入	$\ln(O_{it})$	百万元	8.751	9.496	7.321

（二）多国样本

国与国之间基础电信业对外开放程度差异较大，直接影响 SFA 模型中的非效率产能的程度，进而影响生产前沿面的估计。为此，借鉴多数研究者采用的方法以间接影响因素形式将对外开放政策纳入随机前沿生产模型（李豫新和郑李昂，2019；何枫和陈荣，2004；朱承亮，2009），具体衡量指标选取了样本国家移动通信市场 FDI 壁垒指数（Warren，2000；Mattoo et al.，2006）。产出指标选择与中国样本一样，采用样本国家移动通信业务收入，劳动、资本和其他要素投入也分别采用了样本国家移动通信环节年底就业人数、固定资产投资和运营成本。仍以时间变量 T 代表技术随时间的变化，各国 2000 年不变单价对货币单位进行通胀平减。对外开放度用外国商业存在壁垒指数衡量，数据来自世界银行服务贸易限制指数数据库。

表 4-3　多国移动通信数据描述性统计

变量名称	单位	变量符号	平均值	最大值	最小值
营业收入	美元	$\ln(Y_{jt})$	20.801	24.862	17.237
固定资产投资	美元	$\ln(K_{jt})$	20.377	24.527	16.984
就业人数	人	$\ln(L_{jt})$.	9.314	13.791	5.994
其他投入	美元	$\ln(O_{jt})$	21.538	25.792	17.361
移动通信 FDI 壁垒指数	%	TESTRI	18.656	75.000	0.000

三、模型与方法

（一）随机前沿生产函数

Aigner 和 Lovell（1977）最早将随机前沿模型用于最优产出研究 ①，核心思想是影响产出偏离最优状态（随机生产前沿/边界）的不仅包括随机噪声，还包括未观测到的非效率因素，故模型残差为复合项。假设企业 i 的生产函数一般形式为：

$$Y_i = f(X_i, \beta)\exp(\varepsilon_i) \qquad (4-1)$$
$$\varepsilon_i = v_i - u_i$$

其中 Y_i 代表企业 i 的实际产出，X_i 和 β 分别为要素投入与影响参数向量，v_i 表示分布为 N（0, σ_v^2）的对称性扰动项，u_i 表示非效率项，代表企业 i 实际产出和潜在产出之间的差距，服从半正态或截尾分布，独立于 v_i，即 COV（v_i, u_i）= 0，满足 $u_i \geq 0$，分布为 $u_i \sim$ N（μ, σ_v^2），故等式 4-2 可写为：

$$Y_i = f(X_i, \beta)\exp(v_i - u_i) \text{ 或 } Y_i = f(X_i, \beta)\exp(v_i)\exp(-u_i) \qquad (4-2)$$

而既定投入下的潜在或前沿产出表达式为：

---

① AIGNER D, LOVELL C A K, SCHMIDT P. Formulation and Estimation of Stochastic Frontier Production Function Models [J]. Journal of Econometrics, 1977, 6 (1): 21-37.

$$Y_i * = f(X_i, \beta) \exp(v_i) \tag{4-3}$$

企业 i 的产能利用率 CU_i 由实际产出（式 4-2）与潜在产出（式 4-3）之比表示：

$$CU_i = Y_i/Y*_i = \exp(-u_i) \tag{4-4}$$

等式（4-1）取对数，并根据上文讨论的变量选择展开，可得本章基础模型：

$$\ln(Y_{it}) = \beta_0 + \beta_1 \ln(K_{it}) + \beta_2 \ln(L_{it}) + \beta_3 \ln(O_{it}) + \beta_4 T + \beta_5 D_{it} + \varepsilon_{it} \tag{4-5}$$

$$\varepsilon_{it} = v_{it} - u_{it}$$

因此，方程（4-5）的最大似然估计模型由正态 + 截尾或半正态混合分布密度函数构成。

（二）模型适用性检验方法

在使用随机前沿分析方法估计之前，一般应先检验是否存在非效率项。通常利用 Battese 和 Coelli（1992）提出的变差系数单边似然比进行检验：

$$\gamma = \sigma_u^2/(\sigma_v^2 + \sigma_u^2) \tag{4-6}$$

σ_v^2 和 σ_u^2 分别为式（4-5）复合干扰项中 v_i 和 u_i 的方差，γ 是介于 0 到 1 之间的一个系数，越接近 0 说明实际产出和潜在产出之间的偏差更多地由随机误差项 v_i 所解释，越接近 1 则说明实际值和潜力值之间的偏差主要反映在非效率项 u_i 上。因此，如果变差系数 $\gamma = 0$ 的原假设成立，说明不存在非效率产能。该检验值通过单边似然比 $LR = -2[\ln(H_0) - \ln(H_1)] - x^2(J)$ 计算得出，J 为约束条件个数，H_0、H_1 分别代表原假设与备择假设，前者一般为不存在非效率（即 $\sigma_u^2 = 0$），其似然值 $L(H_0)$ 和 $L(H_1)$ 可分别通过对柯布道格拉斯生产函数①和等式（4-5）的估计得出。

另一项检验是看非效率项是否随时间 t 发生变化。在实际中当时间跨度较长时，外界环境和技术有可能随时间发生变化，并对非效率项产生影响。该检验采用 Battese 和 Coelli 在同一篇文献中提出的时变模型（Time - varying Model），

---

① 柯布道格拉斯生产函数的对数形式为：

$$lnY_{it} = alnL_{it} + blnK_{it} + cln(O_{it}) + dA + e_{it}$$

a、b、c 分别代表劳动、资本和其他要素投入变量系数，e_{it} 为随机误差项。

其中 u_{it} 的表达式为：

$$u_{it} = \exp\left(-\eta\left(t - T''\right)\right) u_i \qquad (4-7)$$

η 为待估系数，$\eta > 0$、$\eta < 0$ 和 $\eta = 0$ 分别表示非效率项 u_{it} 随时间变化而降低、增加和不变，T'' 为样本总时长。对时变性的检验值也可采用单边似然比计算获得。

最后，如前文所说，对于产能利用非效率项 u_{it} 的间接影响因素的系数估计方法分为三种：混合法、两步法和一步法。混合法将间接影响因素——外生变量与要素投入一起作为生产函数模型变量估计，因而无法分析这些因素对非效率的影响程度。两步法顾名思义分两步估计：第一步估计得出非效率项 u_{it}，然后以此为因变量对间接的外生变量二次估计。两步法要求间接因素与要素投入变量不相关，否则导致系数估计有偏。一步法估计结合了混合法和两步法估计的优点，将生产函数模型与技术效率模型以混合分布形式一起进行估计，既能避免要素投入与外生变量的相关性问题，又能方便准确快捷地估计外生因素对非效率的影响程度（Battese and Coelli，1995）。本章采用"一步法"进行估计。

第二节　结果与分析

一、对两个中国样本的估计

（一）模型适用性检验

如上文方法介绍所说，在估算产能利用率之前，先进行以下三项检验：（1）技术非效率项是否存在性；（2）非效率项是否有时变性；（3）改革是否有显著影响。对应提出三个原假设：1. 不存在非效率项；2. 非效率项没有时变性，原3. 改革没有显著影响，模型不宜加入改革变量（D）。结果见表4-4。模型（1）和（2）似然值对数（LogL）比较是为了检验技术非效率项是否存在：模型（1）为柯布道格拉斯生产函数，模型（2）为本章基本模型（4-5），且 $\gamma \neq 0$（式4-6），$\eta \neq 0$（式4-7）。模型（2）和（3）的比较是检验非效率项是否存在时变性，后者假设 $\gamma \neq 0$，$\eta = 0$。模型（2）和（4）的对比检验是否应加入改革虚拟变量，后者不包含改革变量，且 $\gamma \neq 0$，$\eta \neq 0$。

表4-4中移动和固网通信两项业务的 LR 统计量均大于5%水平的临界值，拒绝了三个原假设，说明在两个样本的分析中采用包含改革变量的随机前沿时变模型是合理的。其系数估计结果列在表4-5。

表4-4 中国样本随机前沿模型适用性检验

业务模式	原假设	约束模型（原假设）	非约束模型	LR 统计量	5%临界值	结果
移动通信业务	1	模型（1）LogL= 6.61	模型（2）LogL= 14.41	15.60	7.05	拒绝
	2	模型（3）LogL= 7.58	模型（2）LogL= 14.41	13.66	7.05	拒绝
	3	模型（4）LogL= 7.69	模型（2）LogL= 14.41	13.46	7.05	拒绝
固网通信业务	1	模型（1）LogL= 20.03	模型（2）LogL= 40.76	41.46	7.05	拒绝
	2	模型（3）LogL= 18.29	模型（2）LogL= 40.76	44.90	7.05	拒绝
	3	模型（4）LogL= 36.86	模型（2）LogL= 40.76	7.80	7.05	拒绝

数据来源：企业年报。

表4-5 中国移动和固网通信样本系数估计

	移动通信	固网通信
被解释变量	移动通信业务收入	固网用户数
解释变量	系数（t 值）	系数（t 值）
常数项	-5.668 *** （-5.961）	-1.111 （-1.123）
lnK_{it}	0.760 *** （4.500）	0.361 *** （2.845）
lnl_{it}	0.170 ** （2.023）	0.444 *** （7.339）
lnO_{it}	0.065 （0.393）	0.116 ** （2.155）

	移动通信	固网通信
T	0. 011（0. 626）	0. 011（1. 421）
D	−0. 217*（−1. 832）	−0. 108**（−2. 116）
sigma-squared	1. 771***（2. 525）	0. 036***（3. 847）
gamma（γ）	0. 892***（92. 030）	0. 890***（10. 25）
Mu（μ）	0. 010***（3. 162）	0. 045***（6. 901）
Eta（η）	−0. 062**（−2. 773）	−0. 272***（−3. 169）
Log likelihood	14. 418	40. 757
No. of observations	37	34①

注：***、**、*分别代表1%、5%、10%统计水平显著。

（二）中国移动通信业务

结果显示（表4-5），改革变量（D）的系数为负（−0. 217），且10%水平统计显著，说明民营企业的进入分走了部分市场份额，从平均效应看使得国有三大运营商产出下降。固定资产投资、员工人数影响系数均在10%以上水平统计显著。利用等式（4-4）计算中国移动、中国电信和中国联通三大国有运营商的产能利用率（CU），并按固定资产加权平均可得2006—2018年间各年度行业平均产能利用率（表4-6）。从该指标变化看可大致分成以下几个节点：

（1）2006—2008年：经过2002年重组市场由6家基础电信企业构成——中国电信、中国网通、中国移动、中国联通、中国卫通和中国铁通，竞争者虽增加，但同时产能的提高和市场需求相对不足也导致了产能利用率由88. 5%降至83. 1%。

（2）2009—2013年：2008年新一轮行业重组后，形成中国电信、中国联通、中国移动三足鼎立格局。从市场结构看，虽然三家运营商之间存在一定的

---

① 数据点共34个，少于移动业务，原因是2006—2007年只有中国电信经营固网业务，2008年只有中国电信和中国联通。

竞争，但仍有各自的主导领域。以 2011 年为例，中国移动在移动通信市场占绝
对优势（份额 68.02%，6.17 亿用户）①。在缺乏实际竞争的情况下，行业产能
利用率总体维持在较低的水平（81%—84%）。

（3）2013—2014 年：在工信部 2013 年发布《移动通信转售业务试点方
案》、民营企业即将进入的背景下，三大运营商面临竞争的压力积极扩大市场占
有份额，产能利用率出现大幅上升，2014 年达到 90%。

（4）2015—2018 年：到了 2014 年获得试点牌照的民营企业正式推出服务产
品后，所带来的直接变化是 2015 年三大运营商年产能利用率开始下降，到 2018
年降至 70%，出现了明显的产能利用不足。主要原因可能来自两方面：一是民
营企业拿走了部分增量市场份额，如前文所说，样本期间的 2018 年国内移动转
售企业的用户总规模已经突破 7600 万；二是由于民营企业在网络和码号等资源
利用方面受到限制，比如无权接入核心网等，极大地束缚了与三大运营商的公
平竞争②，使得后者开发市场需求等竞争意识和动力与激励逐渐弱化。图 4-1
更清楚地展示了上述变化。表明在目前市场环境和网络资源等制度条件下，移
动通信转售业务开放难以有效提高市场竞争层次、促进国有运营商产能利用率
优化。假说 5 得证。

需要说明的是，关于产能利用率的正常水平应该是多少，以及产能过剩的
标准是什么，目前尚无统一的界定。由于企业在生产的时候经常需要考虑市场
需求、资源限制、设备磨损等多方面因素，不能实现投入要素的完全利用，所
以往往会出现实际产出小于潜在产出的情况，既 CU<1。比如一些中国制造业研
究文献根据欧美标准提出利用率 79% 以下为产能过剩、90% 以上为产能不足
（汪进，2010；韩国高等，2011；江源，2012），但电信作为服务业与制造业有
较大区别，市场需求相对稳定，资源限制和设备磨损等也不明显，加之三大运
营商在样本期间成本持续大于收入的实际情况（表 4-7），综合表明实际产能利
用率比较低。之后对多国移动通信行业产能利用率的对比也印证了这一点。

---

① 来源：中国经济信息网。

② 第六章将专门讨论竞争壁垒。

表 4-6 国有运营商移动和固网通信平均产能利用率

年份	移动通信业务	固网通信业务
2006	0.885	0.549
2007	0.837	0.461
2008	0.831	0.634
2009	0.849	0.809
2010	0.859	0.838
2011	0.863	0.874
2012	0.821	0.905
2013	0.810	0.860
2014	0.902	0.869
2015	0.770	0.943
2016	0.775	0.889
2017	0.757	0.823
2018	0.703	0.773

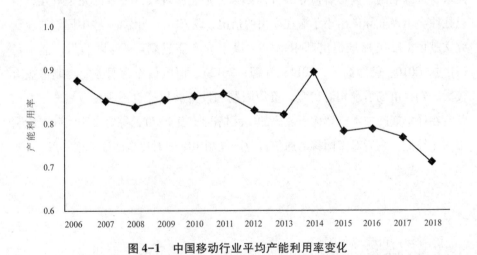

图 4-1 中国移动行业平均产能利用率变化

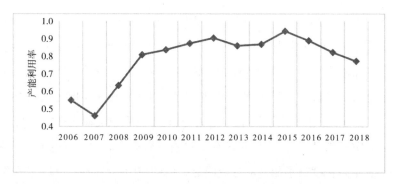

图 4-2　中国固网行业平均产能利用率变化势

表 4-7　三大国有运营商移动通信营业总收入与总成本（单位：亿元）

	2009	2010	2011	2012	2013	2014	2015	2016
营业收入	228.2	255.1	295.8	339.9	378.3	357.9	334.6	369.4
总成本	454.5	383.4	401.2	472.7	584.9	640.9	666.8	449.8
利润	-226.3	-128.3	-105.4	-132.8	-206.6	-283	-332.2	-80.4

来源：企业年报。

（三）中国固网通信业务

宽带接入业务开放是否对固网通信市场产生了类似的影响呢？从系数估计结果看（表 4-5），改革变量（D）的系数也显著为负（-0.118），表明民营企业进入宽带市场也降低了三大运营商的平均产出。固定资产投资、员工人数系数均在 1% 以上水平统计显著，说明模型的选择与系数估计合理。从产能利用率的变化看（表 4-6），也可以分成几个时间段：

（1）2006—2008 年：当时中国六个基础运营商中只有中国电信公司经营固网业务，市场实际处于一家垄断，所以呈现了严重的产能过剩，2006 年只有55% 的利用率。

（2）2009—2012 年：2008 年电信业重组后，中国移动和中国联通加入固网业务市场，竞争程度的提高推动产能利用率快速上升，2012 年达到了 91%。

（3）2012—2014 年：由于移动通信迅速发展的替代效应等原因，对固网通信服务的市场需求受到影响，导致产能利用率下降。

（4）2014—2015年：2014年工信部发布了《宽带接入网业务开放试点方案》，目的是鼓励和引导民间资本进入基础电信领域并参与网络设施建设和业务运营，促进市场竞争、提升创新能力和服务水平。与上文中移动通信业务市场的反应类似，三大国有运营商加大力度占领市场份额，CU值也出现跳跃式上升，2015年产能利用率一度达到了95%，出现了近乎超负荷运行的情况。

（5）2016—2018年：到了2016年，国有运营商产能利用率也出现了逐渐回降的趋势，下降程度虽不如移动行业明显，但到2018年也降至77%。可能的原因与移动通信的变化类似：一是民营企业开始分走了部分增量，二是改革政策发布之初的确给国有运营商带来了竞争的压力，而政策实施之后并未出现有效竞争，动力也自然随之弱化。但民营宽带企业对网络资源的依赖程度低于移动民企，故而保留了一定的竞争力度，国有运营商产能利用率下降程度相对较低。这一点从图4-1和图4-2的趋势线对比看也比较清楚。说明宽带民营企业虽拥有参与部分网络设施建设的权限，有助于改善竞争效应，但仍不足以促进国有运营商产能利用率的整体优化。假说6得证。

（四）市场竞争与产能利用率

从以上分析不难看出，中国移动与固网通信产能利用率的变化总体看与市场竞争程度密切正相关。而无论是从改革变量系数符号还是产能利用率的变化趋势看，民营企业的进入都降低了三大运营商的产能利用率，一定程度上表明市场机制的健全和完善直接关系到能否有效提高竞争层次和实现改革目标。由于无法接入核心网资源和缺乏公平竞争体制机制保障等原因束缚了服务创新与竞争力的发挥，民营企业进入并未触及国有运营商原有市场存量。需要说明的是，移动通信产出模型中改革变量系数绝对值明显高于固网通信模型中的改革系数，可能叠加了2014年"网业分离"影响（第五章），并与第三章成本函数中改革变量系数为正的估计结果相呼应（附表3-7）。

二、多国移动通信样本的估计

为进一步准确估计生产前沿面，验证上述中国样本分析结果，接下来采用包括中国在内的44个国家移动通信的行业数据测算产能利用率。与中国样本的分析步骤相同，先对模型（4-5）进行随机前沿估计，然后依据等式（4-4）计算产能利用比例。如前文所说，借鉴 Battese 和 Coelli（1995）提出的一步法模型进行最大似然估计，在非效率项密度方程中纳入 FDI 壁垒指数。

由于一步法模型放宽了对技术非效率项均值为 μ 的假设（表4-5），只需检验非效率项是否存在和是否应纳入 FDI 壁垒指数（TESTRI）来确定模型的适用性。为此有两个原假设：1. 不存在非效率项；2. 对外开放度对非效率没有影响。检验结果见表4-8，其中模型（1）和模型（2）形式分别为加入 TESTRI 指标的 C-D 生产函数和随机前沿生产函数，LR 统计值大于混合的卡方分布临界值 $\chi^2_{1-5\%}(3)$，表示非效率项存在，应使用随机前沿产出模型。模型（3）中未加入 TESTRI 指标的随机前沿函数，与模型（2）对比是在检验对外开放度对非效率是否有显著影响，LR 统计值也明显大于临界值，说明采用包括 TESTRI 变量的随机前沿模型是合理的。系数估计见表4-9。直接影响因素中，资本投入、劳动投入以及其他投入的变量系数都为正且统计显著。从间接影响因素来看，FDI 壁垒指数的边际影响系数为正且统计显著（$\delta_1 = 0.034$），即扩大了非效率程度，符合预期，表明行业对外开放壁垒阻碍了先进技术与管理模式的引进，也不利于市场竞争，从而导致企业产能利用率下降。

表4-8　多国移动业务模型适用性检验

原假设	约束模型（原假设）	非约束模型	LR 统计量	5%临界值	结果
假设 1	模型（1）LogL=-33.03	模型（2）LogL=-15.25	35.54	7.05	拒绝
假设 2	模型（3）LogL=-19.14	模型（2）LogL=-15.25	7.78	7.05	拒绝

表4-9　多国移动业务随机前沿生产函数一步法估计结果

解释变量	估计参数	系数（t 值）
直接影响因素		
常数项	β_0	1.546*** （7.023）

续表

解释变量	估计参数	系数（t 值）
$\ln K_{jt}$	β_1	0.390 *** （14.109）
$\ln L_{jt}$	β_2	0.028 * （1.685）
$\ln O_{jt}$	β_3	0.522 *** （20.124）
T	β_4	−0.017 *** （−3.027）
间接影响因素		
常数项	δ_0	−2.951 * （−2.108）
TESTRI	δ_1	0.034 ** （2.116）
sigma-squared	—	0.463 *** （2.770）
gamma	—	0.888 *** （26.250）
Log likelihood	—	−15.253
LR	—	35.554

注：共计 331 个样本；*** 代表 1% 统计水平显著；** 代表 5% 统计水平显著；* 代表 10% 统计水平显著。

表 4-10 列出的是样本国家移动通信业在样本期间的产能利用率。总体看，各国产能利用率呈现平稳趋势。为便于比较，以资产占比为权重分别对中国以外的所有国家（整体）和发达国家的产能利用率加权平均，再与中国产能利用率进行对比（表 4-11，图 4-3）。不难看出，样本早期的 2008—2009 年中国移动通信产能利用率明显低于发达国家，也低于整个样本的平均值，反映了我国产能利用率不足，后面几年逐渐与发达国家接近，到 2014 年则明显高于发达国家，之后与发达国家出现了相反的下降趋势，到 2016 年明显低于后者，也低于整个样本的平均值。基本印证了前文对中国样本的估计与分析结果（表 4-6，图 4-1）。

表 4-10 样本国家移动通信业产能利用率

	2008	2009	2010	2011	2012	2013	2014	2015	2016
Albania	0.940	0.908	0.890	0.907	0.932	0.946	0.938	0.945	0.926
Algeria	0.912	0.896	0.917	–	0.935	0.920	0.900	0.885	–
Argentina	0.915	0.920	0.928	0.885	–	–	–	–	0.889
Australia	0.930	0.923	0.925	0.923	0.913	–	0.921	0.923	0.926
Austria	0.918	0.893	0.813	0.786	0.804	–	0.801	0.820	0.825
Belarus	–	0.297	0.321	0.874	0.857	0.843	0.875	0.885	0.897
Brazil	0.852	0.904	0.912	0.904	0.905	0.904	–	–	0.876
Bulgaria	0.903	0.892	0.905	0.900	0.863	0.855	0.766	0.811	0.818
China	0.881	0.875	0.905	0.911	0.902	0.893	0.914	0.893	0.882
Czech Republic	0.955	0.955	0.933	0.931	0.926	0.924	0.881	0.887	0.899
Denmark	0.926	0.917	0.913	0.918	0.919	0.926	0.923	0.924	0.930
Finland	0.896	0.924	–	–	–	0.911	0.895	0.888	0.905
Germany	–	–	–	0.927	0.924	0.917	0.907	0.913	0.922
Hungary	0.918	0.926	0.937	0.934	0.829	0.773	0.809	0.843	–
India	0.805	0.775	0.850	0.903	0.897	0.906	0.893	0.877	0.860
Ireland	0.866	0.895	0.898	0.877	0.835	0.866	0.854	0.918	0.935
Italy	0.958	0.945	0.932	0.919	0.922	0.916	0.912	0.915	0.926
Japan	0.906	0.915	0.918	0.919	0.909	0.911	0.911	0.925	0.929
Jordan	–	0.911	0.894	0.910	–	0.843	0.879	0.895	0.893
Kazakhstan	0.929	0.928	0.898	0.906	0.850	0.869	0.887	–	–
Lithuania	0.908	0.889	0.898	0.876	0.894	0.896	0.916	0.933	0.950

续表

	2008	2009	2010	2011	2012	2013	2014	2015	2016
Mali	0.925	0.930	0.900	0.894	0.903	0.930	0.928	0.909	0.950
Mexico	0.908	0.936	0.933	0.902	0.879	0.878	0.889	0.899	0.866
Namibia	0.827	0.821	0.813	0.879	0.872	0.860	0.872	–	–
Netherlands	–	0.879	0.900	0.911	0.894	–	0.904	0.881	–
New Zealand	0.914	0.917	0.930	0.931	0.925	0.922	0.934	0.937	0.962
Oman	–	–	–	0.910	0.883	0.857	–	0.858	0.889
Paraguay	–	–	–	–	0.970	0.914	0.911	0.920	0.911
Peru	0.862	0.826	0.874	0.837	0.853	0.854	–	–	0.729
Philippines	0.900	0.861	0.857	0.882	0.863	0.863	0.870	0.855	0.816
Poland	0.902	0.893	0.911	0.911	0.900	0.909	–	–	–
Portugal	0.884	0.904	0.903	0.891	0.911	0.910	0.903	0.903	0.925
Russian Federation	0.886	0.889	0.865	0.840	0.859	0.876	0.866	0.860	0.870
Senegal	–	–	0.806	0.809	0.827	0.805	0.830	0.799	0.915
South Africa	0.902	0.899	0.912	0.909	0.909	0.908	–	–	–
Spain	0.924	0.926	0.939	0.936	0.932	0.913	0.902	0.882	0.889
Sweden	0.885	0.910	0.899	0.899	0.902	0.915	0.938	0.944	0.944
Thailand	0.874	0.910	0.935	0.923	–	–	–	0.845	–
Turkey	0.882	–	0.881	0.870	0.903	0.893	0.895	–	0.902
Ukraine	–	0.803	0.827	0.874	0.878	0.861	0.868	–	0.857
United Kingdom	0.924	0.913	–	0.900	0.916	0.908	0.908	0.912	0.913
United States of America	0.938	0.916	0.920	0.925	0.925	0.926	0.929	0.931	0.936

	2008	2009	2010	2011	2012	2013	2014	2015	2016
Uzbekistan	0.816	0.772	–	0.675	–	0.836	0.898	0.924	0.941
样本均值	0.899	0.879	0.881	0.890	0.893	0.888	0.890	0.892	0.897

表4-11 中外移动通信业产能利用率比较

	2008	2009	2010	2011	2012	2013	2014	2015	2016
中国	0.881	0.875	0.905	0.911	0.902	0.893	0.914	0.893	0.882
其他国家（发达国家）	0.920	0.923	0.912	0.907	0.907	0.915	0.897	0.899	0.911
整体样本	0.899	0.879	0.881	0.890	0.893	0.888	0.890	0.892	0.897

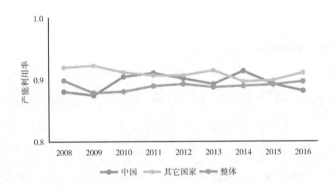

图4-3 中外移动通信业产能利用率趋势对比

第三节 本章小结

本章通过对我国移动、固网通信业以及多国移动通信行业三个样本的随机前沿生产函数分析，测定民营企业进入前后中国国有运营商产能利用率的变化，得出了基本一致的结果：国有运营商产能利用率先增后降。改革政策发布初期给国有运营商带来了一定的竞争压力，促其积极扩大市场占有份额，产能利用率迅速提高，但随后出现了持续下降。总体来看，民营企业的进入在样本期间进一步加剧了国有运营商的产能过剩。可能的原因有两个：一是民营企业获取了部分业务的增量，占有了一定市场份额；二是改革政策发布之初给国有运营商带来了竞争的压力，而"靴子落地"后并未实质性触及国有运营商原有市场存量和垄断地位，其开拓潜在市场需求的动力也自然随之弱化。这一结果证实了作者最初的猜想和推测，即在缺乏不平等网络接入条件等公平竞争机制的条件下，大量小型民营转售企业的进入很难与大型国有运营商形成实质性竞争，进而可能会进一步扩大行业的产能过剩。宽带转售企业至少可以进行最后一公里的网络建设，对网络资源的依赖程度低于移动转售企业，故而仍对国有运营商保留了一定的竞争力，后者产能利用率下降程度相对较低，也从一个侧面证实了网络资源平等接入的重要性。本章分析的另一个发现是，在 2006—2018 年整个样本期间，我国移动与固网通信产能利用率的变化总体看与市场竞争程度正相关，说明有效竞争是实现改革目标的关键。

附录 4-1　样本国家

欧洲

瑞典（Sweden）、立陶宛（Lithuania）、荷兰（Netherlands）、意大利（Italy）、爱尔兰（Ireland）、丹麦（Denmark）、德国（Germany）、葡萄牙（Portugal）、英国（United Kingdom）、芬兰（Finland）、波兰（Poland、Spain）、俄罗斯（Russian Federation）、捷克（Czech Republic）、白俄罗斯（Belarus）、匈牙利（Hungary）、乌克兰（Ukraine）、阿尔巴尼亚（Albania）、奥地利（Austria）、保加利亚（Bulgaria）；

美洲

美国（United States of America）、乌拉圭（Paraguay）、阿根廷（Argentina）、巴西（Brazil）、墨西哥（Mexico）、秘鲁（Peru）；

大洋洲

新西兰（New Zealand）、澳大利亚（Australia）；

亚洲

日本（Japan）、中国（China）、乌兹别克斯坦（Uzbekistan）、印度

（India）、泰国（Thailand）、土耳其（Turkey）、阿曼（Oman）、约旦（Jordan）、哈萨克斯坦（Kazakhstan）、菲律宾（Philippines）；

非洲

南非（South Africa）、马里（Mali）、阿尔及利亚（Algeria）、塞内加尔（Senegal）、纳米比亚（Namibia）。

第五章

可竞争性与网业分离

本章验证关于我国基础电信业网运分离改革的三个假说。首先检验铁塔环节是否具有自然垄断成本特征，然后建立差分模型测定铁塔环节的垄断经营对运营商市场绩效的影响，最后运用静态和动态面板模型分析固定通信网业一体化经营的影响。如果假说7—9得证，可以说明两点：1. 对非自然垄断性的铁塔环节实行垄断经营的效率明显低于竞争性的市场结构。2. 对于固网通信来说，多家网运合一企业竞争的效率低于网运分离下的多家网络企业竞争的市场结构。

H7：在技术和需求双重发展下，移动通信铁塔环节也已不具有自然垄断成本属性。

H8：对非自然垄断性的铁塔环节实行独家经营将不利于下游运营商市场绩效提升。

H9：固网通信业务网运分离有利于促进企业效率的提升。

第一节　实证设计

一、铁塔环节成本特征检验：样本与数据

成本次可加检验方法的介绍详见第三章第一节，此处不再赘述。关于样本和数据选取，2008 年中国基础电信业进行重组后，才形成中国移动、中国联通和中国电信三足鼎立局面，样本为 2008—2018 年三大运营商半年度数据。主要

来源于运营商年报、半年报、上市后对香港证监会披露的 F20 等财务报表以及 GSMA 数据库。中国铁塔公司 2014 年成立，因此 2015 年前选取运营商移动网络建设部分的成本支出等数据。中国电信在 2008 年后才开展移动业务，故从 2008 年开始取样，中国移动与中国联通数据则从 2006 年开始。由于投资支出具有一定的滞后效应，运营商年报中显示中国铁塔成立一年后运营商才完全停止对移动铁塔建设的支出，故 2006 年至 2015 年数据来自运营商。而中国铁塔公司的年报披露始于 2017 年，2014 年下半年成立后并未公开 2014、2015、2016 年年报，只能从样本中删去 2016 年。2017 年和 2018 年使用中国铁塔公司年报中网络基础设施建设与维护成本、产出、劳动及资本价格等数据。产出为铁塔公司的收入，即运营商支付的铁塔租赁和使用费用，铁塔公司成立前，这部分数据在运营商年报中反映为移动铁塔等网络设施的运营支出。劳动价格为平均工资支出，从铁塔公司及运营商年报中获取。资本价格为平均每一用户的资本支出，其中资本支出的计算方法与第三章相同，使用永续盘存法（式 3-5）。表 5-1 列出了以上数据的描述性统计。

表 5-1 铁塔成本模型数据描述性统计

变量	数据量	均值	标准差	最小值	最大值
成本（万元）	55	16365.09	9934.765	1191	42533
产出（万元）	55	32790.2	22824.79	1504	102480
劳动价格（万元）	55	0.0920495	0.0412726	0.0334264	0.1707387
资本价格（万元）	55	0.0000393	0.0000158	0.0000198	0.0000825
劳动份额	55	0.1489255	0.0957861	0.0584049	0.4114169
资本份额	55	0.8510745	0.0957861	0.5885831	0.9415951

二、铁塔环节垄断的影响：模型与数据

（一）差分模型及变量选取

对假说 8 的验证采用差分模型分析的方法。2014 年改革作为外生政策冲击，只影响了中国运营商（实验组）[①]，其他国家铁塔环节在样本期间均为市场化竞争（对照组）。为进一步控制不同国家间宏观与行业环境差异，除了按 DID 模型的常规做法设置个体和时间固定效应外，还借鉴了 Wallsten（2001）和 Gasmi 等（2013）对电信业研究的模型思路，增加了三组控制变量。

第一组主要影响通信服务供应与需求。包括人均 GDP（gdp）、人口密度（pop）、城市化水平（urban）、青壮年人口比例（popage）、固定电话普及度（fixdensity）。为捕捉新技术的影响，分别设立虚拟变量 3g 和 4g，在推出该项服务当年及之后取值 1，之前取 0。第二组衡量国家风险，包括政治（politrisk）、经济（econrisk）和金融（finrisk）三项国家风险指数。Gasmi 等（2013）在分析经合组织国家电信业私有化效果时发现，社会与经济稳定（风险）对电信业发展有显著影响。此外，独立监管机构的设立一定程度可反映监管强度与体系的完善，对改革的市场绩效有重要影响，故加入第三组的两项指标：一是虚拟变量 INreg，从独立监管机构成立当年开始取值 1，之前取 0；二是实名制（verif）和实名制期限（verif2）两个虚拟变量。例如我国规定 2016 年未完成实名制认证的号码将停机，故 verif2 从 2016 年开始取值 1，之前取 0。综合以上，绩效检验的基准模型如下：

$$lnZ_{it} = \alpha_0 + \alpha_1 DID + \psi_1 \, lngdp_{it} + \psi_2 \, lnpop_{it} + \psi_3 \, lnurban_{it} + \psi_4 \, lnpopage_{it} + \psi_5$$
$$lnfixdensity_{it} + \psi_6 \, 3g_{it} + \psi_7 \, 4g_{it} + \psi_8 \, lnpolitrisk_{it} + \psi_9 \, lneconrisk_{it} + \psi_{10} \, lnfinrisk_{it} + \psi_{11}$$
$$INreg_{it} + \psi_{12} \, verif_{it} + \psi_{13} \, verif2_{it} + \gamma_i + \delta_t + \in_{it} \tag{5-1}$$

Z_{it} 为企业 i 在时间 t 期间的绩效指标，α_0 为截距项，差分变量 $DID = Treat * Post$，其中 $Treat$ 项对实验组企业取值 1，对照组取值 0，$Post$ 项在政策冲击开始当年（2014 年）及之后取 1，之前取 0。$\in_{it}$ 是随机扰动项。根据表 5-2 中对差分变量系数的分解，α_1 表示实验组与对照组 2014 年改革后的变化差异

[①]　2014 年之前为三家相互竞争的网运一体运营商。

（表 5-2 第 4 行第 4 列），与实验组自身 2014 年后的变化相同（第 2 行第 4 列）。如果该系数为负且统计显著，则说明改革后运营商的市场绩效指标显著下降，反之为上升。

表 5-2 差分变量 DID 系数分解（等式 5-1）

	2014 前	2014 及之后	2014 后变化
实验组（中国三大运营商）	α_0	$\alpha_0 + \alpha_1$	α_1
对照组（国外运营商）	α_0	$\alpha_0 + \alpha_1$	α_1
实验组与对照组系数差异（第 2 行减第 3 行）		α_1	α_1

（二）样本与数据

如第三章所说，2008 年电信业重组后我国移动通信业才形成中国移动，中国联通，中国电信三家运营商三足鼎立的局面，故样本从 2008—2018 年规模排世界前 50 的运营商中选取。根据数据可获得性以及 DID 模型本身的数据要求，不同绩效指标模型对照组样本稍有差异，具体详见第二章的表 2-2。数据主要来源于 GSMA Intelligence 数据库、国际电信联盟（ITU）和世界银行。为避免各国间汇率以及通胀等可能带来的偏差，统一使用美元，并对价格、投资和成本等根据 2010 年 CPI 进行了通胀调整。

表 5-3 移动通信绩效模型变量统计特征（货币单位：美元）

变量	观察值	均值	标准差	最小值	最大值
普及率	120	29.967	17.514	0.207	68.11
服务价格	240	23.7997	12.9449	2.18336	51.4096
人均 GDP	333	32751	12278.6	8044.97	54225.4
城市化水平	333	78.1034	10.56	47.88	94.316
人口密度	333	145.089	147.942	2.82359	527.967
青壮年人口比例	333	67.094	3.10981	60.0646	73.7515
固定电话密度	333	39.2352	14.8608	4.01997	66.3245

续表

变量	观察值	均值	标准差	最小值	最大值
3G 应用	315	0.03367	0.18068	0	1
4G 应用	315	0.11111	0.31477	0	1
实名制	333	0.07207	0.259	0	1
实名制期限	333	0.00901	0.09463	0	1
规制体系完善度	333	0.70871	0.45504	0	1
政治风险	333	73.9362	10.0166	54.7917	87.7917
金融风险	333	37.107	3.85251	30.6667	48
经济风险	333	40.1645	2.529	28.1667	43.5

三、固定通信网运合一的影响：模型与数据

（一）面板模型的构建

与移动通信不同，我国固定通信业仍为网运合一。已实行网运分离的国家改革时间点比较分散，例如英国和墨西哥改革时间分别为 2005 和 2017 年，采用差分法容易导致异方差和序列自相关等问题。也有不少电信业研究以虚拟变量形式将改革指标纳入面板模型。譬如，Li 和 Xu（2004）把电信行业私有化改革和引入竞争设为虚拟变量，用多国面板数据估计是否对行业绩效产生了积极影响。Gasmi（2013）同样把私有化设为虚拟变量，测算对固定电话产出的影响。Wallsten（2001）则针对拉丁美洲和非洲国家，把私有化、竞争和设立独立监管机构三项改革设为虚拟变量，衡量对电信业产出的影响。本章分别以虚拟变量和分离程度为改革指标，测定其对固网宽带普及率和服务价格等绩效指标的影响，并采用静态面板模型和 GMM 两种计量模型以相互印证。分离程度的衡量则根据数据可获得性和 Cave（2007）所提出的标准评分，详见表 5-4。

表 5-4 网业分离程度评分及评分标准

评分	评分标准	对应国家
1	分离并成立独立的上游网络供应商,同时履行公平接入义务,但仍拥有共同的董事会。	意大利,澳大利亚,瑞典,捷克共和国
2	成立独立的董事会,对上游网络供应商进行监督	英国
3	上下游之间进行法律意义上的分离,所有权和股份由不同的股东持有	新西兰

(1) 静态面板模型

通常采用豪斯曼(Durbin-Wu-Hausman)检验区分固定效应模型和随机效应模型。根据网业分离的研究主题,设计以下模型:

$$Y_{it} = \beta' X_{it}' + \theta \text{separation} + \delta_i + T + \varepsilon_{it} \tag{5-2}$$

$$Y_{it} = \beta' X_{it}' + \mu \text{Intensity} + \delta_i + T + \varepsilon_{it} \tag{5-3}$$

i 代表国家,t 代表年份。Y_{it} 为衡量宽带企业绩效的被解释变量。X_{it} 为控制变量,β' 是对应的系数,δ_i 为国家固定效应,T 为时间固定效应,ε_{it} 为随机误差项。本文使用了稳健性标准误控制异方差。等式(5-2)中的 *separation* 是网业分离虚拟变量,如果所对应国家及年份实行网业分离,则取值 1,其他取 0。而式(5-3)中的 *Intensity* 衡量网业分离程度,其他与式 5-2 同。Hoffler 和 Kranz (2011)认为,随着网业分离程度加深和市场需求提高,上游网络服务供应商也会为了利润最大化增加产能、降低成本,最终使末端消费者所支付的价格下降。Avenali、Matteucci 和 Reverberi(2014)也认同以上观点,当网业分离程度不同时,运营商的动机和投资意愿会受到影响,从而造成价格以及社会总福利的变化。因此网业分离程度也是影响网业分离绩效的关键因素之一。

(2) 动态面板模型

为了控制因变量前一期对当期的影响和避免内生性,采用了 Arellano 和 Bond (1991)与 Arellano 和 Bove(1995)提出的系统 GMM 模型。例如在价格模型中加入上期价格指标,以反映定价时可能存在的价格粘性因素。模型的一般形式为:

$$Y_{it} = f(Y_{i(t-1)}, \beta' X_{it}', \theta separation) \tag{5-4}$$

$Y_{i(t-1)}$ 为 Y_{it} 的滞后一期。其他变量与等式（5-2）同。

（二）样本与数据

样本选取了含中国在内的金砖四国（BRIC）和 OECD 成员共 37 个国家 2003—2017 年的数据（表5-5），以便从经济体量和电信业发达程度方面降低异质性。表5-6 列出了模型变量和数据来源。主要使用来自国际电信联盟（ITU），世界银行（World Bank）以及 ICRG 国家风险评分的数据。所有以货币衡量的指标均为美元，并按 2010 年 CPI 进行通胀调整。

被解释变量选择与移动通信稍有不同，除投资和产出以外，选用了两个价格指标，以提高国家间的可比性，第一个是宽带月平均资费，第二个是宽带月资费占国民收入的百分比。以上两个价格指标均广泛应用在国际电信联盟的报告中，能较直接地体现各国宽带资费水平。解释变量选择思路与移动通信模型基本相同，也分为三类：第一类影响宽带供给与需求，包括人均 GDP、总人口、城市化水平、中青年人口数量和移动电话持有量（与宽带间存在替代效应）；第二类同样采用了政治、经济和金融风险指数反映各国之间的差异；第三类是衡量电信业规制水平。方差膨胀因子 VIF 值均小于 10，说明不存在多重共线性问题。与移动通信模型同理，估计时除虚拟变量对所有其他变量进行了对数转换。

表5-5　固定通信（宽带）模型样本国家

网业分离	澳大利亚、意大利、新西兰、瑞典、英国、捷克共和国
网业合一	奥地利、比利时、巴西、加拿大、智利、中国、丹麦、爱沙尼亚、芬兰、法国、德国、希腊、匈牙利、冰岛、印度、爱尔兰、以色列、日本、韩国、拉脱维亚、卢森堡、荷兰、挪威、波兰、葡萄牙、俄罗斯联邦、斯洛文尼亚、西班牙、瑞士、土耳其、美国

表5-6　固网宽带模型变量与数据来源

	变量	变量描述	数据来源
被解释变量：行业绩效	price	固定宽带月平均资费（美元，已进行 CPI 调整）	ITU

续表

	变量	变量描述	数据来源
被解释变量：行业绩效	priceGNI	固定宽带月平均资费占国民收入（GNI）的比例（GNI 已经购买力平价指数调整）	ITU, World Bank
	penetration	固定宽带渗透率：每百人固定宽带订阅量	ITU
	investment	人均投资（美元，已进行 CPI 调整）	ITU
解释变量：影响宽带供需的变量	gdppercap	经购买力平价指数调整的人均 GDP	World Bank
	pop	总人口	World Bank
	urban	城市化水平	World Bank
	popage	中青年 15—60 岁人口数量	World Bank
	mobile	每百人移动电话持有量	ITU
解释变量：国家差异	politicalrisk	政治风险指数	ICRG
	econrisk	经济风险指数	ICRG
	financialrisk	金融风险指数	ICRG
解释变量：电信业规制水平	regulator	电信业独立监管机构	ITU

表 5-7　固网宽带模型数据特征

变量	数据量	均值	标准差	最小值	最大值
price	409	28.4953	13.0011	2.0384	94.4567
priceGNI	409	0.0009	0.0005	0.0001	0.0044
penetration	531	21.2014	11.6074	0.0127	44.9136
investment	452	137.8798	94.7797	3.1288	714.7183
gdppercap	570	34550	15901	2783	97864

续表

变量	数据量	均值	标准差	最小值	最大值
pop	570	109000000	284000000	289521	1390000000
urban	570	75.684	13.492	28.572	97.961
popage	570	74000000	196000000	190244	996000000
mobile	570	106.053	27.722	3.041	172.179
politicalrisk	558	78.3	9.2	52.2	94.5
econrisk	570	38.7	4.1	19.9	48.4
financialrisk	570	38.1	4.8	20.4	49.0
regulator	567	0.884	0.321	0	1

第二节　结果与分析

一、铁塔独家经营的影响

（一）铁塔环节 Sub 值

根据第三章同样模型（第三章第一节）对铁塔成本数据（表 5-1）进行 SUR 回归，结果详见本章附录 1。根据表中所列系数估计结果和第三章第二节所描述的方法，可算得铁塔设施的 Sub 值，以判断是否仍具有自然垄断性。若 Sub 指数小于 0，则证明由两家企业共同生产的成本小于由一家企业单独生产的成本，该行业或环业不具有自然垄断成本特征。该指数大于 0 是判断自然垄断的充分必要条件。表 5-8 列出的计算结果中，H 代表上半年。为综合考虑不同市场份额配置的可能，分别取 0.1\0.9、0.2\0.8……可以看出，Sub 指数在样本期间逐年下降，且无论份额如何配置，均小于 0，表明两家及以上企业生产的成本低于一家。正如前文所说，技术进步加庞大的市场需求，由一家企业易导致规模不经济和 X-非效率。由此假说 7 得证。移动通信铁塔市场的垄断是非自然性的，故而属于可竞争环节（参见表 2-1）。同时，从横向看绝对值趋于增加，说明产出份额在两家企业之间的分配越接近，竞争效应越得以充分发挥。纵向的增加则意味着可竞争性的不断增强。

表 5-8 中国铁塔环节自然垄断指数

时间	0.1	0.2	0.3	0.4	0.5
2006H	-0.0598	-0.1005	-0.128	-0.144	-0.1493
2006	-0.062	-0.1041	-0.1325	-0.1491	-0.1545
2007H	-0.0645	-0.1083	-0.1379	-0.1551	-0.1608
2007	-0.0665	-0.1118	-0.1424	-0.1602	-0.166
2008H	-0.069	-0.1159	-0.1477	-0.1662	-0.1723
2008	-0.0696	-0.117	-0.1491	-0.1678	-0.1739
2009H	-0.073	-0.1227	-0.1564	-0.1761	-0.1825
2009	-0.0745	-0.1253	-0.1598	-0.1799	-0.1865
2010H	-0.0768	-0.1292	-0.1648	-0.1855	-0.1924
2010	-0.0787	-0.1326	-0.1691	-0.1904	-0.1975
2011H	-0.0804	-0.1356	-0.173	-0.1948	-0.202
2011	-0.0818	-0.138	-0.1762	-0.1984	-0.2058
2012H	-0.0838	-0.1414	-0.1805	-0.2034	-0.2109
2012	-0.0853	-0.144	-0.1839	-0.2073	-0.215
2013H	-0.0869	-0.1469	-0.1877	-0.2116	-0.2194
2013	-0.0883	-0.1492	-0.1907	-0.215	-0.223
2014H	-0.0897	-0.1518	-0.194	-0.2188	-0.2269
2014	-0.0912	-0.1544	-0.1974	-0.2227	-0.231

续表

时间	0.1	0.2	0.3	0.4	0.5
2015H	−0.0923	−0.1563	−0.1999	−0.2255	−0.2339
2015	−0.0934	−0.1583	−0.2025	−0.2284	−0.237

（二）垄断的影响

铁塔环节的可竞争性得到证实，有助于从理论上解释第二章所观察到的运营商市场绩效下降（图2-3）。为确保接下来的计量分析结果合理可信，需进一步避免差分模型估计中因样本较小可能出现的异质性和内生性。借鉴 Bertrand 和 Mullainathan（2004）与 MacKinnon 和 Webb（2016）提出的随机推断估计法（Randomization Inference，RI）扩大样本的截面个体数量（N），以降低差分变量标准误的估计偏差。常规 DID 模型所使用的 robust-cluster 标准误在小样本中容易被高估，而对电信服务业的实证研究经常面临小样本问题（Ford，2018）[①]。利用 Heß（2017）提供的 Stata RI 程序包估计方程（5-1），表5-9 分别列出了常规方法（结果1）和 RI 方法（结果2）的估计值，后者统计显著度明显提高，说明方法有效。结果2将作为结果讨论的主要依据，其中的差分变量 DID 系数 α_1 是关键。

固定资产投资模型中 DID 系数不显著，换用滞后项后显著为负（−0.836）。投资与其他绩效指标不同，有滞后性特点。根据运营商年报资料可以看出，财务报表当年支付的投资支出中有很大一部分并非用于当年开始的项目。运营商建设项目通常都需提前一到两年签订合同，铁塔建设也需要经过选址、环境评估等环节，因此年报中的投资支出存在一定的滞后性。由此可见，中国铁塔公司的成立的确省了运营商的设施投资支出，减少了重复建设。普及率模型中 DID 系数为负（−4.86）且在5%统计水平上显著，表明2014年后实验组企业市场绩效增长率在原有基础上下降了4.86%。价格模型中 DID 系数统计不显著。理论上，如果网络租赁成本的上升无法靠提价弥补，企业只能选择减少产出。

---

① 例如 Ford 对美国电信业规制的影响分析中实验组和对照组样本 N 值分别为1和5，故采用 RI 估计法进行调整。

以上 DID 系数估计均印证了第二章中图 2-2、2-3 和 2-4 的初步观察。其他主要控制变量系数符号也基本符合理论预期。因此，在铁塔为非自然垄断性环节情况下，政府选择独家经营的市场管制政策不利于下游企业产出绩效提升。假说 8 得证。

表 5-9　移动通信绩效模型估计结果

变量	结果 1（robust-cluster 标准误）			结果 2（RI 标准误）		
	固定资产投资	普及率	价格	固定资产投资	普及率	价格
DID		−4.860*	−0.0208		−4.860**	−0.0208
DID 滞后项	−0.836**			−0.836***		
3G 应用	−0.125	−1.418	0.0139	−0.125	−1.418	0.0139
4G 应用	−0.0743	−0.0573	0.00886	−0.0743	−0.0573	0.00886
实名制	−0.423	−0.474	−0.163**	−0.423***	−0.474	−0.163***
实名制期限	0.363**	−0.629	0.00788	0.363**	−0.629	0.00788
人均 GDP	0.662	25.42	0.263	0.662*	25.42***	0.263***
人口密度	−5.580	0.586	0.857	−5.580***	0.586*	0.857***
城市化水平	−0.0151	−1.833	0.0303*	−0.0151***	−1.833***	0.0303***
青壮年人口	−0.136	4.515***	0.0109	−0.136***	4.515***	0.0109***
固定电话密度	−0.0152	0.732**	0.00196	−0.0152***	0.732***	0.00196***
独立监管机构	0.195	−6.072***	−0.0610*	0.195***	−6.072***	−0.0610***
政治风险	0.0132	−0.216	0.00699*	0.0132***	−0.216***	0.00699***
金融风险	0.0185	0.439	−0.00757	0.0185	0.439***	−0.00757
经济风险	0.00473	−0.968**	4.15e−05	0.00473	−0.968***	0.0000415
截距项	28.91	−329.3	−7.578	28.91	−329.3*	−7.578
个体固定效应	是	是	是	是	是	是

续表

变量	结果 1 （robust-cluster 标准误）			结果 2 （RI 标准误）		
时间固定效应	是	是	是	是	是	是
观测值	143	120	240	143	120	240
R-squared	0.951	0.959	0.995	0.951	0.959	0.995

注：$*$、$**$、$***$ 分别表示 10%、5%、1% 水平上显著。

（三）稳健性检验

（1）平行趋势的计量估计（Parallel Trend Test）

虽然视觉观察是检验平行趋势的常用方法（图 2-2、2-3、2-4），但随着样本个体数量和时间跨度的增加，仅凭视觉往往难以准确判断。为避免可能的误判，作者借鉴 Autor（2003）、Angrist 和 Pischke（2008）等提出的计量方法进行验证。具体而言，在等式（5-1）中对改革之前的每年生成一个差分变量 D_{ij}，使用原数据重新回归后若存在统计显著的超前项，就表明改革前两组之间的趋势分化已经发生，否则说明基准模型回归结果可信。假设对于企业 i 来说，改革时间点为 0，改革超前项 j = -1，…，-m，以 $\sum_{j=-1}^{-m} \alpha_j D_{ij}$ 取代等式（5-1）第二项（$\alpha_1 DID$），即构成 Autor-Angrist-Pischke 检验的计量模型。仍以 RI 方法调整标准误。结果显示（表 5-10 第 2、3 列），无论在渗透率还是价格模型中，差分项系数 D_{ij} 均不显著，说明基准模型结果稳健（表 5-9）。

表 5-10　稳健性检验

差分项	平行趋势检验		混合行业样本检验
	渗透率模型	价格模型	产出增长率模型（式 5-4）
	系数	系数	系数
D_{i2009}	-1.284	-0.0328	-
D_{i2010}	-1.011	-0.162	-
D_{i2011}	-1.943	-0.253	-

	平行趋势检验		混合行业样本检验
	渗透率模型	价格模型	产出增长率模型（式5-4）
D_{i2012}	-1.063	-0.292	-
D_{i2013}	-1.179	-0.327	-
DID^H			-0.09271***

（2）多行业混合样本分析

再从横向对比考察结果是否稳健。以我国移动通信业为实验组，和国内四个尚未网运分离的传统自然垄断行业进行对比（石油、天然气、供水和铁路运输）。建立以下双重差分模型：

$$G_{it} = g_0 + g_1 DID^H + \phi_i + h_t + e_{it} \qquad (5\text{-}5)$$

由于不同行业产出口径不同（表5-11），绩效指标 G_{it} 改为行业 i 在 t 时间的产出增长率。移动电信业产出指标也换成年末用户数，以增加说服力。g_0 为截距项，DID^H 项定义与式（5-1）中的 DID 相同，g_1 为 DID^H 系数。考虑到国内各行业宏观环境基本相同，模型仅纳入了行业与时间固定效应（ ϕ_i，h_t ）。e_{it} 为随机扰动项。样本选取 2004 年至 2018 年度行业数据，来自相应各期《中国统计年鉴》。结果如表5-10第4列所示，DID^H 项系数显著为负，说明相比其他传统垄断行业，2014 年后移动通信运营商产出增长率显著下降。也与表5-9结果吻合。

表5-11 混合行业样本的增长率指标及统计特征

行业	增长率	观测值	均值	标准差	最小值	最大值
石油	石油消费总量（万吨标准煤）	14	0.05	0.04	0.01	0.15
天然气	天然气消费总量（万吨标准煤）	14	0.14	0.05	0.04	0.21
供水	供水总量（亿立方米）	13	0.01	0.01	-0.01	0.03
铁路客运	铁路客运量（万人）	14	0.08	0.03	0.02	0.14

续表

行业	增长率	观测值	均值	标准差	最小值	最大值
移动电信	移动电话年末用户（万户）	14	0.12	0.06	-0.01	0.22
加总		69	0.08	0.06	-0.01	0.22

二、固定宽带网运合一的影响

对方程 5-2 和 5-3 的个体固定和时间固定效应检验结果均在 5% 以上水平显著（p<0.05）[①]，说明采用双向固定效应方法更有效。表 5-12 和 5-13 分别列出两个方程的静态面板模型回归结果，前者的网业分离指标为时间虚拟变量，后者为网业分离程度。在前者情况下，无论在价格还是可比价格为因变量的模型中，虚拟变量系数估计值均为负值且统计显著（-0.375，-0.335），说明实行网业分离国家的宽带服务价格因此而得到了有效的降低。网业分离对固定宽带服务产出（渗透率）没有显著影响，可能的原因是存在一定程度的刚性需求。对投资的影响也不显著则可能是由于实行网业分离的国家中以程度最低的水平 1 最多（见表 5-12），与下游业务运营部门仍保持密切联系不利于决策者从上游规模效益角度扩大设施投资。而以分离程度为指标的模型估计结果显示（表 5-13）投资影响显著为正（0.185），说明分离程度越深上下游电信运营商之间越独立，上游网络设施企业为了实现利润最大化，会更倾向于增加网络建设的投资，与 Avenali、Matteucci 和 Reverberi（2014）的推论相符。价格指标系数为负且统计显著（-0.329，-0.289），也说明分离程度越深，规模效应越显著，对宽带服务成本和价格的降低更有利。表 5-14 是加入因变量滞后一期的 GMM 模型（式 5-4）的估计结果，在考虑了滞后项影响以及可能存在内生性和序列相关问题后，网业分离对宽带价格的影响系数依然为负并统计显著。对宽带服务产出和投资的影响也仍不显著。说明结果稳健。

上述分析表明，固定通信网业分离显著降低了宽带服务价格，而且分离程度越深，对价格的降低作用越明显，符合理论预期。网业分离程度还对投资有

---

① 见本章附录 2。

明显的正效应，上下游之间分离程度加深可有效促进行业投资的增长。假说 9
得证。由于对照组的国外运营商的网络市场均为多家竞争，该假说得证意味着：
固网通信多家网运合一经营的效率低于网运分离下多家网络企业竞争的市场
结构。

表 5-12　静态面板模型回归结果：等式 5-2

	固定宽带月平均资费（价格）	固定宽带月平均资费占国民收入比例（可比价格）	固定宽带渗透率	人均投资
网业分离	−0.375 *	−0.335 *	0.0648	0.0838
独立监管机构	0.0934	0.0785	0.380	−0.183
人均 GDP	−0.771	−1.361 ***	0.865	0.760 *
人口	12.44 ***	10.07 ***	−8.334 *	3.281
城市化水平	3.648 *	3.697 **	0.568	−0.246
中青年人口	−8.919 ***	−6.569 **	5.910	−2.126
移动电话密度	−0.00346	−0.00429	0.00661 *	0.00310
政治风险	2.925 **	2.597 **	−2.086 **	0.544
经济风险	0.339	−0.0266	−0.292	1.049 **
金融风险	0.120	0.104	−0.207	−0.251
个体固定效应	Yes	Yes	Yes	Yes
时间固定效应	Yes	Yes	Yes	Yes
观测值	399	399	517	440
R-squared	0.7936	0.7212	0.9133	0.8844
Robust standard errors in parentheses				
*** p<0.01, ** p<0.05, * p<0.1				

表 5-13 静态面板模型回归结果：等式 5-3

	固定宽带月平均资费（价格）	月平均资费占国民收入比例（可比价格）	固定宽带渗透率	人均投资
网业分离程度	-0.329**	-0.289**	0.0878	0.185*
独立监管机构	0.0915	0.0777	0.385	-0.171
人均 GDP	-0.751	-1.343***	0.853	0.709*
人口	12.25***	9.881***	-8.520*	2.447
城市化水平	3.590	3.646**	0.679	0.0742
中青年人口	-8.747***	-6.402**	6.062	-1.479
移动电话密度	-0.00359	-0.00441	0.00669*	0.00324
政治风险	2.911**	2.583**	-2.097**	0.468
经济风险	0.328	-0.0362	-0.257	1.125**
金融风险	0.126	0.110	-0.276	-0.433
个体固定效应	Yes	Yes	Yes	Yes
时间固定效应	Yes	Yes	Yes	Yes
观测值	399	399	517	440
R-squared	0.7941	0.7215	0.9139	0.8867
Robust standard errors in parentheses				
*** $p<0.01$, ** $p<0.05$, * $p<0.1$				

表 5-14 GMM 模型回归结果

	固定宽带月平均资费	固定宽带月平均资费占国民收入比例	固定宽带渗透率	人均投资
网业分离	-0.313***	-0.327**	-0.0682	-0.152
因变量滞后一期	0.326***	0.302**	0.691***	0.381***

续表

	固定宽带月平均资费	固定宽带月平均资费占国民收入比例	固定宽带渗透率	人均投资
独立监管机构	−0.175	−0.124	0.208	0.211
人均GDP	−0.119	−0.528	0.617***	0.524
人口	2.212	4.558	0.183	−7.309***
城市化水平	−1.523	−0.565	0.347	−2.191**
中青年人口	−0.578	−1.604	−0.0305	4.205**
移动电话密度	−0.00271	−0.00416	−0.00155	0.00617***
政治风险	1.321**	1.224*	−0.0375	0.0354
经济风险	−0.282	−0.245	−0.0441	0.605**
金融风险	0.658**	0.325	−0.0664	0.124
个体固定效应	Yes	Yes	Yes	Yes
时间固定效应	Yes	Yes	Yes	Yes
观测值	301	301	440	344
Robust standard errors in parentheses				
*** $p<0.01$, ** $p<0.05$, * $p<0.1$				

第三节　本章小结

本章试图验证我国电信业市场结构选择对企业效率的影响：一是对于非自然垄断性铁塔环节实行独家经营，二是对固网通信采取多家网运合一企业的市场模式。结果表明，我国目前的铁塔独家垄断和固网通信一体化经营模式均不利于企业市场绩效提升。具体而言，对于非自然垄断性铁塔环节实行独家垄断不利于企业效率提升，而对固定通信来说，网运分离下多家网络企业竞争的行业增长率高于多家网运合一市场结构，且分离程度越深其专业化和规模化效应对企业市场绩效提升作用越显著。

附录 5-1 铁塔环节 SUR 回归结果

采用半年度数据对成本函数（C）和要素份额方程（sl 为劳动份额方程）SUR 回归，结果显示了较好的模型拟合度（附表 5-1），说明超越对数成本函数对移动网络设施成本函数估计是适用的。pl 为劳动要素价格，pk 为资本要素价格，y 为产出，t 为反映技术进步的时间趋势，其余为成本函数中对应的平方项以及交互项。主要变量（pl、pk、y、t）的系数均符合预期，且统计显著度较高，说明采用 SUR 方法有利于提高回归效率。其余大多数平方项以及交互项都基本显著，与 Shin 和 Ying（1992）与 Wilson 和 Zhou（2001）对美国电信运营商数据的回归结果类似。

附表 5-1 铁塔设施成本模型 SUR 模型回归结果

变量	系数	标准误	Z 值	P 值	95% 置信区间	
pl	0.4232	0.2240	1.8900	0.0590	−0.0158	0.8622
pk	0.5768	0.2240	2.5700	0.0100	0.1378	1.0158
y	4.4485	1.2854	3.4600	0.0010	1.9291	6.9679
t	−0.3389	0.1556	−2.1800	0.0290	−0.6439	−0.0338
plpl	0.0640	0.0146	4.4000	0.0000	0.0355	0.0925
pkpk	0.0640	0.0146	4.4000	0.0000	0.0355	0.0925
yy	−0.1794	0.0701	−2.560	0.0110	−0.3169	−0.0420
tt	−0.0029	0.0019	−1.560	0.1190	−0.0065	0.0007
ypl	−0.0748	0.0207	−3.620	0.0000	−0.1153	−0.0344
ypk	0.0748	0.0207	3.6200	0.0000	0.0344	0.1153
ty	0.0401	0.0164	2.4500	0.0140	0.0080	0.0722
tpl	0.0001	0.0031	0.0300	0.9740	−0.0059	0.0061

续表

变量	系数	标准误	Z 值	P 值	95%置信区间	
tpk	−0.0001	0.0031	−0.0300	0.9740	−0.0061	0.0059
plpk	−0.0640	0.0146	−4.4000	0.0000	−0.0925	−0.0355
_ cons	−10.0746	5.8352	−1.7300	0.0840	−21.5114	1.3623
Equation	Obs	parameters	RMSE	"R−sq"	chi2	P
C	55	9	0.3246	0.7817	3581.29	0.000
sl	55	3	0.0549	0.6659	36.17	0.000

附录5-2　面板模型选择检验

附表5-2　个体固定效应

	模型1	模型2	模型3	模型4
	固定宽带月平均资费	固定宽带月平均资费占国民收入比例	固定宽带渗透率	人均投资
方程（5-2）Prob>chi2 =	0.0011	0.0029	0.0000	0.0041
方程（5-3）Prob>chi2 =	0.0264	0.0134	0.0000	0.0118

附表5-3　时间固定效应

	模型1	模型2	模型3	模型4
	固定宽带月平均资费	固定宽带月平均资费占国民收入比例	固定宽带渗透率	人均投资
模型（5-2）Prob> F =	0.0005	0.0005	0.0000	0.0000
模型（5-3）Prob> F =	0.0004	0.0004	0.0000	0.0000

附录5-3 固网设施自然垄断检验

本章通过检验还发现固网宽带设施具有自然垄断成本特征，因数据所限，未能计算其沉没成本率（可竞争性）。如果读者有兴趣，可以此进一步验证表2-1提出的框架。此处仅将自然垄断检验结果列出，以飨读者。

（1）样本选取和数据来源

与移动通信一样，样本为2006—2018年的半年度数据，不同的是固网没有实行网业分离，所以数据年份是完整的。主要来源也是运营商年报、半年报、上市后对香港证监会披露的F20等财务报表。其中，中国移动在2009年后才开展固话与宽带业务，中国联通数据从2009年开始，中国电信数据从2006年开始。成本数据为运营商的固定通信网络建设和维护总成本，产出为固定宽带用户数和固定电话用户数，其他变量处理方法与移动通信相同（见第五章第一节）：劳动价格为工资支出，资本价格为平均每用户的资本支出，劳动份额为劳动支出占总成本的百分比，资本份额为资本支出占总成本的百分比。附表5-4为数据描述性统计。为了方便参数估计并降低数据可能存在的异方差问题，也对除份额变量外的所有其他连续变量进行了对数转换。

附表5-4 固定通信成本数据描述性统计

变量	数据量	均值	标准差	最小值	最大值
总成本（百万元）	67	25411.94	12140.67	5232.6	44456.07
固定电话用户数（万户）	67	9703.843	6611.785	987.1	22449
固定宽带用户数（万户）	67	6639.646	3730.579	750	15700
劳动价格（百万元）	67	0.066657	0.021827	0.03562	0.139559
资本价格（百万元/万户）	67	1.083068	0.2496625	0.7129545	1.755521
研发投入（百万元）	67	0.006447	0.003931	0.000466	0.013308
劳动份额	63	0.239363	0.083914	0.110844	0.462413

（2）固定网络设施自然垄断检验

对以上数据的 SUR 回归得到附表 5-5 所列系数结果。主要变量 pl（劳动要素价格）、pk（资本要素价格）、y（产出）、T（研发支出）的系数均符合预期。多数平方项和交互项也基本显著。

与上文移动设施检验的第二步计算同理，根据系数估计结果和数据可计算得 Sub 指数（附表 5-6），早期个别情况外，该值均大于 0 且呈现提高趋势，意味着其自然垄断成本特征逐渐强化。纵向来看，Sub 值虽有一定波动，但总体攀升。可能的原因有三个方面：一是我国近十年来不断要求运营商提速降费，并通过"村村通"工程强制运营商在边远地区修建固定通信网络，导致运营商成本上升，但盈利却没有同比增长；二是近年来移动通信业务发展迅速带来的较强的替代效应，固定通信用户增长缓慢，导致营收与成本不成正比；三是与移动通信比较，固定通信技术发展相对滞缓。横向看，当 θ 取值越大，即把产量更平均地分配给两家企业时，如果 Sub 值越大，说明当市场上存在两家势均力敌的固定宽带网络企业时，效率最低，反映了固定网络的规模经济性，其成本效率随企业规模扩大而提高，符合成本次可加逻辑。说明我国固定通信网络设施与移动通信铁塔环节不同，具有较强的自然垄断成本特征。

附表 5-5　固定网络设施成本函数 SUR 回归结果

变量	系数	标准误	Z 值	P 值	95%置信区间	
Pl	0.3890	0.1895	2.05	0.0400	0.0176	0.7604
Pk	0.6110	0.1895	3.22	0.0010	0.2396	0.9824
Y1	2.5103	0.1684	14.90	0.0000	2.1802	2.8404
Y2	2.6820	0.1640	16.36	0.0000	2.3606	3.0034
T	0.0858	0.0147	5.85	0.0000	0.0571	0.1145
Plpl	0.0654	0.0207	3.16	0.0020	0.0248	0.1059
Pkpk	0.0654	0.0207	3.16	0.0020	0.0248	0.1059
Y1y2	−0.2442	0.0181	−13.47	0.0000	−0.2797	−0.2087

变量	系数	标准误	Z 值	P 值	95%置信区间	
Y1l	−0.0290	0.0103	−2.82	0.0050	−0.0491	−0.0088
Y1k	0.0290	0.0103	2.82	0.0050	0.0088	0.0491
Y2l	0.0663	0.0157	4.21	0.0000	0.0354	0.0971
Y2k	−0.0663	0.0157	−4.21	0.0000	−0.0971	−0.0354
Pkpl	−0.0654	0.0207	−3.16	0.0020	−0.1059	−0.0248
cons	−14.8746	1.5668	−9.49	0.0000	−17.9455	−11.8036
	Obs	parameters	RMSE	" R−sq"	chi2	P
	67	8	0.091387	0.9769	5965.42	0.0000

附表 5-6　固定网络设施 的 Sub 值计算结果

时间	0.1	0.2	0.3	0.4	0.5
2006H	−0.0248	0.0049	0.0406	0.0658	0.0747
2006	−0.0175	0.0203	0.0615	0.0899	0.0998
2007H	−0.0093	0.0373	0.0845	0.1162	0.1272
2007	−0.0034	0.0492	0.1006	0.1346	0.1463
2008H	0.0011	0.0584	0.1128	0.1486	0.1608
2008	0.0671	0.186	0.2785	0.3343	0.3528
2009H	0.0987	0.2432	0.3497	0.4124	0.433
2009	0.1025	0.2499	0.3579	0.4214	0.4422
2010H	0.1115	0.2655	0.377	0.4421	0.4634
2010	0.1175	0.276	0.3898	0.4559	0.4776

时间	0.1	0.2	0.3	0.4	0.5
2011H	0.1265	0.2913	0.4083	0.4759	0.4979
2011	0.1335	0.3033	0.4227	0.4914	0.5138
2012H	0.1429	0.319	0.4415	0.5116	0.5343
2012	0.1504	0.3316	0.4565	0.5276	0.5507
2013H	0.1519	0.3339	0.4593	0.5306	0.5537
2013	0.1566	0.3419	0.4686	0.5406	0.5638
2014H	0.1582	0.3444	0.4716	0.5438	0.5671
2014	0.1613	0.3496	0.4777	0.5503	0.5737
2015H	0.1622	0.351	0.4794	0.5521	0.5755
2015	0.1643	0.3544	0.4834	0.5563	0.5798
2016H	0.1622	0.351	0.4794	0.5521	0.5756
2016	0.1648	0.3552	0.4844	0.5574	0.5809
2017H	0.1673	0.3592	0.489	0.5623	0.5859
2017	0.1766	0.3742	0.5066	0.581	0.6049
2018H	0.1816	0.3824	0.5161	0.591	0.6151
2018	0.1918	0.3985	0.5348	0.6108	0.6351

第六章

民营转售企业竞争壁垒

第三、四两章都提到了民营企业缺乏竞争力和竞争障碍问题，本章通过验证假说 H10—H14，系统梳理民营电信企业所面临的主要竞争壁垒。分析重点围绕三方面展开：一是波特六壁垒分析框架对本章主题的适用性和壁垒间强度差异，二是壁垒之间强度的相互影响，三是与外商合资的影响和主要障碍。后两点是根据中国实际对波特框架的扩展。

> H10：在位者成本优势、产品差异化、资本需求、潜在客户的转换成本、分销渠道的获得难度和政府监管六类因素，构成了中国移动转售企业公平竞争的市场壁垒。
>
> H11：上述竞争壁垒对转售业务商公平竞争的影响程度不同。
>
> H12：政府监管和资本需求对其他壁垒的强度有影响。
>
> H13：与外商合资有助于企业化解上述壁垒的影响。
>
> H14：与外商合资主要障碍不同于民营企业。

第一节　实证设计

对市场进入壁垒的筛选与强度分析通常采用问卷形式收集质化数据（Karakaya and Stahl，1989）。由于问卷信息可能存在的主观性等特点，如何平衡质与量是关键。作者和课题组曾尝试"以量求质"，直接向国内每个移动通信转售企业高管和相关职能部门直接发放问卷，但从初步反应中发现存在答卷意愿不强及可能由此导致的样本质量问题。最终采用 Yin 提出的案例分析法 ①，选取三家有代表性的典型企业，以深入访谈作为指标筛选和强度测量的主要信息获取方式，通过科学严谨的访谈设计和过程确保数据质量。

一、预调研

主要目的。按照该方法的要求 ②，为增强分析效度先对一家虚拟运营商进行预调研，主要目的有两个，一是确认访谈框架，确认除波特提及的六方面壁垒来源外（表 2-3）是否还面临其他重要竞争障碍；二是为后续正式调研形成清晰的访谈思路，包括访谈形式、访谈过程中课题组成员之间的分工、访谈内容记录方式等。

案例选择。对预调研公司的选择从进入行业时间和综合实力两方面考虑。理由是进入行业时间较长、综合实力较强的企业有更多机会与三大运营商和其他转售企业竞争，对市场环境和竞争壁垒有更多切身体验和认识。但考虑到五批次共 42 家移动转售企业试点牌照的发放时间较为密集，故在实际选择时主要从用户量、净利润和利润率等综合实力排名以及企业是否有意在该业务领域深耕两方面考虑，确定深圳市中兴视通科技有限公司（以下简称"中兴视通"）为预调研对象。该公司成立于 2013 年 6 月，母公司为中兴通讯，注册资本 6,555 万元，已获颁国家移动通信转售业务试点、呼叫中心、数据中心、多方通信等经营牌照，并打造了移动转售业务品牌 COOL，且在历年中国通信产业榜的评选中均名列前茅。

访谈对象选择。课题组为预调研访谈对象也设定了标准：（1）在移动通信领域工作较长，对研究主题相关信息有相对全面的了解；（2）工作内容与移动通信转售业务高度相关；（3）借鉴三角测量法理念③，选择 3 位受访者：1 位高层管理人员，2 位核心部门负责人。最终确定的人选分别为公司首席运营官、产品经理和渠道经理。

---

① YIN R K. Case Study Research：Design and Methods（3rd edition）[M]. Thousand Daks：Sage Press, 2003.
② 指 Yin 2003 年提出的多案例分析法。下同。
③ MILES M B, HUBERMAN A M. Qualitative Data Analysis [M]. Thousand Daks：Sage Press, 1984.

访谈形式。现场面对面，每人 2 小时，同期录音。

访谈提纲设计。虽然访谈提纲以波特框架为基础，但为全面了解虚拟运营商的相关状况，访谈提纲还包括了公司发展状况和基础电信业对民营资本开放的现实情况（表6-1），并将公司发展分为三个阶段，经营试点业务前、经营试点业务后和未来发展计划，针对每个阶段设置若干问题，以了解公司前期对改革政策的预期、实际效果及对未来的预期。

表6-1　预调研访谈提纲

业务发展阶段	提纲要点（包括但不限于以下内容）
经营试点业务前	申请移动通信转售业务的初衷 如何看待工信部《试点方案》中的申请门槛设置
经营试点业务后的发展	一、业务情况 （一）市场定位和业务地位 　是否将其作为具有独立性的业务进行开展，或主要为其他主业服务 （二）资源的获取 　三大基础电信运营商对合作的积极程度以及主要门槛 　转售业务的具体方式（资源池模式或者套餐模式）、价格和转售内容如何确定，是否合理 （三）业务发展潜力 　对移动通信转售业务市场容量的估计及公司的行业发展优势与劣势等 （四）业务发展总体情况 二、外部竞争 （一）市场营销和产品推广 　三大运营商和其他虚拟运营商已经拥有的营销网络、品牌和声誉等对贵公司获取市场份额的影响，企业是否缺乏线上和线下的营销渠道，该情况对业务开展的影响 　三大运营商之间的产品差别、售后服务体系、广告等营销活动对业务发展的影响 　虚拟运营商之间的定价策略对产品推广和盈利能力的影响 （二）行业特性的影响 　三大运营商垄断了基础电信业务市场，是否对公司开展业务构成阻碍 　电信行业涉及国家信息安全，民营资本是否无法深耕基础电信业务市场，比如对业务开展范围的限制等

续表

业务发展阶段	提纲要点（包括但不限于以下内容）
	目前基础电信业用户规模接近饱和，主要依靠原有用户的重复购买，这一情况如何影响业务的开展 三、监管环境 业务开展城市是否有限制 工信部和三大基础电信运营商的相互独立性不够高，在监管时是否存在态度偏向，在审批相关申请时是否存在歧视性 是否存在虚拟运营商业务经营范围的限制
未来发展计划	对正式商用牌照申请条件的预测，希望在《试点方案》基础上增加、修改或删除那些条件 在决定是否申请正式牌照时，需要考虑哪些因素，以及就目前情况来看，是否打算在将来申请 对未来业务市场的定位，以及营销和产品推广方面的改进方向 宽带接入业务和联通混改等改革是否对贵公司当前业务及未来发展规划产生影响

访谈结果与分析。访谈采用类似授课的方式，受访者根据课题组提供的详细提纲逐一解答。为了充分消化和理解受访对象传递的信息，遵循 Eisenhardt 的建议 ①，研究小组对访谈全程录音，同时做详细笔记，访谈结束后 24 小时内将全部录音材料整理成文并保存，共得 5.5 万字文档资料。然后，根据多案例分析方法的要求从这些质性数据中筛选条目，以简明扼要的话语形式归纳保存，并采用 Strauss 提出的方法②渐进式编码 ③。结果如表 6-2 所示。为节省篇幅，文中对预调研仅列出部分典型条目，且并未发现其他壁垒因素，波特框架得到初步验证。其中认为监管体系不完善具有重要影响的条目数量最多，印证了已有转型研究所提出的观点（见第一章第三节）。

---

① EISENHARDT K M. Building theories from case study research [J]. The Academy of Management Review, 1989, 14：532-550.
② STRAUSS A L. Qualitative analysis for social scientists [M]. Cambridge：Cambridge University Press, 1987.
③ 即按照每个条目表达意思分主维度、子维度等层次进行分类。具体步骤见本章附录"正式访谈数据的渐进式编码"。为节省篇幅，略去预调研的详细编码过程与相关资料。

表6-2 数据编码与典型壁垒条目

市场竞争壁垒 （条目数）	典型条目
在位者的成本优势（18）①	1. 因为基础运营商的资费太便宜，我们比不过。现在语音服务卖出去一分钱都不赚，流量少量地赚钱，没有竞争力，三大运营商的产品还是便宜太多了 2. 苦就苦在成本太高，如果成本不高的话，我们做业务创新还是可行的
产品差异化（10）	我们还是要跟三大运营商谈，对产品再进行优化，因为我们现有的这个产品去参与市场竞争的话，难度确实很大，相对其他移动转售企业来说不算劣势，但相对基础电信运营商来说肯定是
资本需求（11）	1. 举例子，我能去公交站投广告吗？我能去机场、高铁站投广告吗？那个就贵死了 2. 我们现在主要还是没有做（广告投放）这一块，最主要的是成本问题
消费者的转换成本（7）	原来做设备的经验（中兴通讯股份有限公司），现在做电信运营基本用不上
分销渠道的获得难度（9）	1. 三大运营商有自己的外呼销售团队、自营网点以及其他社会渠道，但是对于我们来讲，因为目前成本已经比较大，所以无法再投放这么多人力物力去做 2. 像广东省，比较发达，基础运营商的投入产出比才合算，它们已经做到极致了，乡乡镇镇到处都已经覆盖了网点
政府监管（20）	1. 除了价格联动的指导意见，基础运营商根本不执行，其实工信部也没办法约束，因为这是企业行为，政府不能干预 2. 我们再去向移动申请码号，它不批了，因为它都没有资源了，没有号码了

二、正式调研

正式调研时选了三家公司，各3位受访者，对案例选择标准和访谈提纲在前期预调研基础上做了进一步充实和调整（表6-4），并加入了与外商合资等相

---

① 括号中数字为条目数量。

关问题，以呼应 2018 年《工业和信息化部关于移动通信转售业务正式商用的通告》中提出的允许"外商投资企业"申请经营移动通信转售业务的政策调整。相较于单案例研究，从包含两个或两个以上案例的多案例研究得到的结果更为客观、科学，更具普遍意义。① 此外，还通过公开的文档资料等不同来源信息互相印证。但由于媒体报道、公司网站信息及宣传刊物中关于竞争壁垒信息较少，经过渐进式编码得到的条目也较少。故研究所涉第一手数据多数来自对 9 位受访对象的深度访谈。为增强数据信度和效度，初步条目编码均经受访者确认。因内容繁杂冗长，故最终结果以附录形式列在章尾，主要目的是呈现渐进式编码的具体步骤和丰富的原始资料。

（一）案例公司与受访者选择

为了增强外在效度，根据预调研经验进一步明确了案例公司的选择标准：第一，综合实力排名靠前；第二，有与外商合资的意愿；第三，已获得或正在申请转售业务正式商用牌照。为了消除受访对象顾虑，深入挖掘更多可用信息，课题组承诺对案例公司和受访对象信息不公开，故文中只用 A、B、C 表示。制定标准的主要目的有三个：一是确保能获取适合研究主题的数据；二是具有代表性；三是便于利用"复制"原则，以避免多案例数据之间的异质性。

A 公司累计发展用户超过 1300 万，在网服务超过 650 万用户，拥有近 2000 万码号资源以及自有互联网平台优势，是中国用户规模、营收规模等综合效益领先的虚商，并已获得移动转售业务商用牌照。B 公司也是首批移动转售正式商用的企业，一直致力于通信与金融的融合创新，并已开始优化自有国际通信业务，尝试拓展国际通信产业链。C 公司背靠上市股东，2013 年第一批获得虚拟运营商试点牌照，与中国电信、中国移动和中国联通合作开展移动转售业务，综合实力靠前，也已获得商用牌照。具体受访者遴选标准和预调研相同。最终确定的受访对象如表 6-3 所示：

---

① EISENHARDT K M, GRAEBNER M E. Theory Building from Cases: Opportunities and Challenges [J]. Academy of Management Journal, 2007, 50 (1): 25-32.

表6-3 正式访谈对象

案例公司	受访对象	职位
A	A-1	总裁
	A-2	市场总监
	A-3	运营高级总监
B	B-1	董事长
	B-2	技术总监
	B-3	市场运营骨干
C	C-1	董事长
	C-2	总经理
	C-3	运营总监

以上受访者均拥有长期、丰富的通信从业经验，工作履历包括曾任三大国有运营商省级分公司高管、国外头部电信机构或国内通信系统开发行业等，对国内电信市场和移动转售业务有深入的理解和亲身体会。同时，各受访对象沟通和表达能力良好，能够基于研究主题准确阐述个人观点，为高质量数据信息的获取提供了保障。

（二）访谈过程

组成四人小组，包括作者、两位硕士研究生和一位博士研究生（笔者负责提问，其他三位记录），赴案例公司所在地现场访谈。为了尽可能获取有用、真实、全面的信息，研究小组提前将访谈提纲发给受访者，以便提前准备相关内容。访谈中每个受访对象根据问卷提纲，立足于个人观点和思考单独向研究小组进行授课式的问题解答（付咨询费），并多以举例方式具体说明所涉及的问题，平均每人时长2个小时。"听课"过程中，笔者把握时间节奏和话题的推进，其他3位成员进行详细的记录，并对有疑惑的问题重复提问。为防止信息遗漏，经受访对象允许，研究小组使用录音设备对授课内容全程录音。如访谈过程中发现受访对象对研究主题缺乏认识或者难以沟通与表达，研究小组将请求案例公司重新安排符合标准的其他受访对象，以保证每位有效受访者均能为后续的分析环节提供足够可靠的信息。访谈结束的 24 小时以内系统整理录音材料，并结合访谈笔记将所有资料整理成电子文档进行保存。对于整理过程中有疑问的，研究小组通过微信、电话等方式与受访对象进行沟通、确认、修改或补充。最终得到了 22.5 万余字的访谈资料，其中与 A、B 和 C 公司相关的调研资料分别为 7.3 万、7.3 万和 7.9 万字。

表6-4 正式调研访谈提纲

内容要点	以下问题是否存在及其影响程度
移动转售企业在成本方面的不利因素及原因	三大基商已经发展起来的规模所带来的较低单位成本 三大基商有意提高其控制的网络资源批发价 随着运营经验的增加，效率提高，成本降低 先进的技术导致成本降低 实名制 其他：＿＿＿＿＿＿＿＿＿＿ 与外商合资对于克服成本方面的不利因素有哪些帮助？
移动转售企业在产品（差异化）方面的不利因素及原因	广告投放导致的产品形象差异 售前和售后的顾客服务 产品套餐设计 潜在客户对三大基商的产品和服务体验良好，不愿变更运营商 三大基商的品牌信誉已经扎根消费者 "虚拟运营商"名称中的"虚拟"不利于树立品牌形象 其他：＿＿＿＿＿＿＿＿＿＿ 与外商合资对于克服产品（差异化）方面不利因素有哪些帮助？
移动转售企业在发展中的资本瓶颈	广告费用 研究与开发投入，如软件系统的开发 固定资产投资，如电信设备 为前期运营可能产生的亏损预留的资金 股权/债权/母公司融资渠道存在障碍 其他：＿＿＿＿＿＿＿＿＿＿ 与外商合资对于克服资本瓶颈有哪些帮助？

续表

内容要点	以下问题是否存在及其影响程度
客户转网的（一次性）成本	手机等设备终端对不同运营商的技术标准不兼容 客户熟悉新套餐内容或新服务导致的学习成本 契约转换成本，即转网导致原有的服务优惠失效 客户与新的业务运营商重新建立商业联系，或将新的联系方式告知朋友等造成的成本 其他：＿＿＿＿＿＿＿＿＿＿ 与外商合资对于克服转网成本高的问题有哪些帮助？
分销渠道的获得难度	产品的优质分销渠道已被三大基商或其他移动转售企业占有 新的公司必须通过压价、协同分担广告费用等方法促使分销渠道接受其产品 其他：＿＿＿＿＿＿＿＿＿＿ 与外商合资对于克服分销渠道不足有哪些帮助？
政府监管有待改善的方面	在国家层面，缺乏独立的电信业监管机构 缺乏电信立法 政企不分，导致政策偏向三大基商 缺乏移动转售企业的强制退出机制，不利于行业健康发展 价格联动机制未有效执行 其他：＿＿＿＿＿＿＿＿＿＿ 与外商合资对于改善政府监管环境是否有促进作用？
其他方面	贵司与外商合资在制度和政策上存在哪些障碍？ 核心网开放对移动转售企业发展的意义？ 互联网企业的社交软件对语音和数据业务需求的挤占？ 贵司目前发展遇到的最基本的问题？

（三）渐进式数据编码过程

上文提到，多案例分析法采用对原始质化信息编码的方式完成数据的处理与分析，最终得到相关指标及反映其强度和重要性的条目分布。因此这些信息应与主题高度相关，并以非常明确的一段（句）话形式出现在整理后的电子文档中。这段话即为"条目"，将每个条目按其表达的意思进行分类称为编码。按照 Strauss（1987）提出的方法，对 3 家公司所有访谈材料分别进行单独渐进式编码。该过程需遵循如下规则：第一，筛选的条目应语意明确，并与研究主题高度相关；第二，如果意思相同或相近的几段话中同时出现，合并计作 1 条；第三，如果某一受访对象存在意思相同或相近的表达，也合并计作 1 条；第四，只有 3 位成员同时筛选出来的条目才能进入条目库，否则，需要交由研究小组共同讨论是否将其纳入；第五，来源于文档资料和深度访谈的条目合并算作案例公司条目；第六，随着编码过程中 3 位成员认知的加深，如果中途发现已完成的编码有不妥，或者发现对编码结果有影响的新情况，由成员提出并经小组全体讨论之后，采取一定措施加以修正。

单个案例的数据处理为先从访谈资料中筛选出有效条目，然后分三步完成渐进编码。第一步，将相关条目分成 9 个类别：在位者的成本优势、产品差异化、资本需求、潜在客户的转换成本、分销渠道的获得难度、政府监管、壁垒间相互影响、与外商合资的影响以及与外商合资的壁垒。第二步，3 名研究小组成员先对所有条目分别进行编码，提出各自的子维度，经过讨论综合编码结果并达成一致意见，归纳出最终的子维度及对应的条目数，如表 6-5 中在位者成本优势一栏中的"批零倒挂""实名制信息验证"等；第三步，采取与第二步相似的先分别后综合方法，从子维度中提炼主维度，如表 6-5 中在位者成本优势项下"直接成本优势"和"间接成本优势"。具体过程详见本章附录表 6-1。按以上步骤分别完成对三个案例的独立编码，分别从公司 A、B、C 选出 193、235 和 248 个有效条目和相应的子维度和主维度（附表 6-2）。

第二节　结果与分析

研究小组对 3 个案例的编码数据进行叠加，如果某一子维度或主维度只出现在一家公司的案例中，说明不具备普遍性，出现在两家或以上案例公司则保留。最终结果列在表 6-5，作为验证假说 10—14 的主要依据。

表 6-5　三个案例的叠加结果及典型条目

竞争壁垒（条目数）	最终编码结果（380）	典型条目
政府监管（121）	1. 监管制度不健全（62） a. 独立监管机构缺失（29） b. 网络资源单独监管（13） c. 电信法（9） d. 不对称管制（8） e. 政企不分（3） 2. 政策限制（37） a. 核心网权限（14） b. 物联网号段（12） c. 自建核心网（11） 3. 对已有法规缺乏执行力（22） a. 价格联动机制（17） b. 强制退出机制（5）	1. 我们非常希望有一个规范的机构监管，不要把移动转售企业放到一个边缘化的位置 2. 目前我们拿码号的流程是，国家把一个亿的码号资源先分给三大运营商，三大运营商再分给我，我要向三大运营商去申请，在申请期间，基础运营商给我们设置了很多的条件 3. 从表面来看，基础运营商很积极，但政策执行并不到位，也没什么处罚手段，只是约谈，还是需要电信法来约束
在位者成本优势（72）	1. 直接成本优势（61） a. 批零倒挂（36） b. 实名制信息验证（15） c. 系统建设与维护（10） 2. 间接成本优势（11） a. 学习曲线效应（6） b. 规模经济效应（5）	1. 我们话音的基础结算价是一毛零五分，基础运营商总部认为这个价格在集团公司管控的层面是合适的，但是省分公司其实卖的价格远远低于一毛零五分 2. 我们实名验证用的是中移在线的，中移在线最早是 10086 独立出来的，专门为中国移动服务，对我们肯定收费就很高了
产品差异化（71）	1. 品牌差异（41） a. "虚拟"形象负面（18） b. 品牌宣传缺乏（10） c. 品牌定位趋同（9） d. 在位者品牌强势（4） 2. 套餐差异（24） a. 网络资源受限（16） b. 漫游优势抵消（4） c. 互联网套餐冲击（4） 3. 顾客服务差异（6） 售后服务不足（6）	1. "虚拟"这两个字对于行业来说，在中国文化语境中负面影响比较多一些 2. 广告投放这块，其实对于我们来说，现在投入是蛮少的，很多的时候只是依赖于母体的形象，去做一些不需要什么太大成本的宣传 3. 品牌方面没办法，我们这个品牌和中国联通的品牌没法比，大家都不知道我们这个公司的这个品牌

续表

竞争壁垒 （条目数）	最终编码结果 （380）	典型条目
资本需求 （45）	1. 资本需求大（32） a. 创新投入（12） b. 广告投入（10） c. 保证金（10） 2. 融资渠道限制（13） a. 股权融资限制（5） b. 银行贷款限制（4） c. 母公司融资限制（4）	1. 有了钱，我们可以更多地投入一些新的领域，有创新地去做一些事情，说不定就有一个爆发式的增长 2. 为什么转售企业不重视广告，主要是因为没钱
分销渠道的获得难度 （40）	1. 渠道布局困难（25） a. 渠道补贴成本（19） b. 自建网点缺乏（6） 2. 优质渠道缺乏（15） a. 在位者补贴多（8） b. 排他性协议（7）	1. 我们发展用户都是有成本的，肯定是天天补贴渠道才能给我发展客户，不然他不可能帮我们去发展客户 2. 任何一个公司只要给渠道套利的空间，用户数之类的就会直线上升，因为你把套利的空间让给了别人，那就意味着自己要亏损
潜在客户的转换成本 （31）	1. 弃号转网成本（23） a. 信息解绑成本—（13） b. 用户拓展成本（4） c. 人际维系成本（3） d. 契约转换成本（3） 2. 携号转网成本（8） 信息更新成本（8）	1. 你的电话号码要换掉，你要换掉很多改号码承载的业务，比如银行等其他账户，你自己都不知道 2. 你让用户换卡，我觉得很多时候他不愿意，因为原卡相当于他的个人名片和标签了，可物联网的结果就是标签越来越明显，你今后的SIM卡号码就是你的个人入口

一、波特框架及壁垒间的强度差异

从以上结果不难看出，虽然在访谈提纲中设置了有哪些"其他方面"障碍的选项（表6-4），但波特提出的六类障碍仍构成民营企业进入市场的主要壁垒和发展障碍。假说H10得证。

从影响程度看，关于政府监管的有121条，远远超过所有其他因素，可见其关注度最高，影响也最大。现实中，虽然移动转售企业属于基础电信运营商，但明显处于被边缘化状态，很难良性发展，这一点可从表6-5中关于"政府监管"的典型条目中明显看出。关于监管制度的不健全（主维度1）的条目最多（62），主要体现为独立监管机构缺失、网络资源单独监管、电信立法、不对称管制和政企不分。其中民营企业最为关注的是独立监管机构缺失，占该维度条目比例最高（表6-5）。工信部兼具行业发展和监管双重角色，从制度安排上必然导致监管弱势，构成了在现阶段行业发展的重要瓶颈。比如移动转售企业申请正式商用牌照的前提是和三大运营商签订合作协议，但并未对核心网开放等做出严格规定。这也从侧面证明了工信部很难有效兼顾行业发展与市场监管。目前转售企业运营所需的网络资源，如码号、话音和流量均由三大基础电信运营商完全掌握，因此后者既是前者的网络资源批发商，又是竞争者，拥有相互冲突的两种角色。换句话说，转售企业能否发展一定程度上取决于三大运营商的意愿。在这样的市场环境下很难实现"提高竞争层次、促进服务质量与创新水平提升"的改革初衷。再比如对网络资源实行单独监管和电信立法，是为了保证所有竞争者的网络接入平等，第五章对此有过讨论，这里得到进一步验证。从世界电信市场改革历史看，初期大都实行了不对称管制，基本思路是对新进者宽、在位者严，以便在较短时间内培育有效竞争机制。而我国新进转售企业尚未得到基本平等的地位，三大运营商行使了部分实质性监管权，而政企不分的最大弊端是无法形成真正有效的竞争。事实表明，这种"逆向"的不对称管制对于改革的破冰来说，虽然平稳，但如不及时推进体制机制调整的深化恐怕很难达到提高效率的目标。

政府颁布的政策及相关限制（主维度2）在我国往往具有一定的法规意义，如果出现不合理和不清楚的情况，必然导致对现实的扭曲或执行中的含混不清。比如，政策对核心网开放规定比较模糊，对物联网号段的开放限制、自建物联网的限制等，均对移动转售企业发展和创新空间构成极大阻碍。虽然政府并未明确限制包括HLR（Home Location Register，归属位置寄存器）在内的核心网权限开放，但在位垄断者往往不会主动向潜在竞争对手提供发展便利。此外，物联网是国内乃至全球虚拟运营商的一个重要发展方向，但相关号段只对三大运营商开放。虽然部分转售企业物联网业务用户规模可观，但只能做纯转售，自主创新空间很小。这也是改革成效不显著的关键原因之一。这一点已在第四章得到了部分验证：宽带和移动两项转售业务对民营企业开放效果相比较，前者对国有三大运营商产能利用率提升的正面影响比后者明显，主要原因之一是拥有一定的网络资源，至少是"最后一公里"的接入部分。对此也可以在第三章对宽带和移动通信成本函数的估计结果中找到证据：宽带接入业务开放显著促进了三大运营商成本效率提升（附表3-5），而移动转售业务则相反，进一步降低了行业成本效率（附表3-7），这与后者开放中所面临的网络资源限制应有密切联系。

政府监管问题的第三个主维度是"对已有法规缺乏执行力"，从市场结果角度反映了我国目前电信市场监管体系的执行力薄弱。其根源还是在于"监管体制不健全"。比如工信部在转售业务开放的试点通知和正式商用通告中都有明确规定，网络流量批发价格的联动调整应常态化，鼓励一年多调，保证转售企业批发成本不高于三大运营商同类型业务平均单价或者市场零售价。但在实际中并未得到有效的执行，批发价往往远高于零售价，导致民营转售企业成本高、盈利低，无竞争可言。此外，根据强制退出机制，亏损严重的企业在符合条件时应强制退出市场，以避免恶性竞争。但基于国内虚商均有母公司支撑的特殊背景，即使在自身难以为继的情况下仍可继续运营，甚至出现低价倾销或者企业成为失信被执行人后仍然恶意经营的现象，不仅扰乱市场秩序，对转售企业形象也造成负面影响，进一步恶化了营商环境。类似的有法不依现象进一步说明建立权威性的独立监管机构十分必要。立法后的司法意愿及权威性往往更具有决定性作用。

虚拟运营商最关注的第二大类竞争障碍（72条），是三大运营商的在位者成本优势。归纳了五个子维度、两个主维度。批零倒挂、实名制信息验证、系统建设与维护是三大运营商的直接成本优势，学习曲线效应和规模经济效应则间接作用于企业的成本结构。直接成本优势条目数61个，占该类别的84.72%（表6-7）。具体看，关于批零倒挂的条目占该主维度的59.02%，成为民营企业成本劣势的主要来源。虽然三大运营商会对转售企业提供报价优惠，但往往滞后，导致批发价始终高于三大运营商平均成本。另一方面，三大运营商的省级分公司往往刻意压低零售套餐价格，以满足用户拓展或提高收入等关键绩效指标考核要求（KPI），进一步加剧了批零倒挂。该现象也是上文所提价格联动政策执行不到位的直接后果。关于实名认证，其信息验证体系隶属于中国移动公司，对民营企业的平等收费很难保证（表6-5典型条目2）。相比之下，间接成本条目数占比较低，主要原因为转售企业的管理人员和核心骨干多数来自三大运营商，拥有丰富的通信从业经验。

从总条目数看，转售企业对"产品差异化"的关切程度与"在位者成本优势"相近，三个主维度中品牌差异劣势相对影响最大（条目数占比 57.75%），包括了业务称呼冠以"虚拟"产生的负面形象效应、品牌宣传缺乏、品牌定位趋同、在位者品牌强势四个子维度。其中"虚拟"形象负面、品牌宣传缺乏为影响相对较大的子维度。民营企业由于无法公平竞争难以盈利，更无法承受高昂的品牌宣传成本，加之"虚拟"运营商在中国文化语境中的负面印象等形成了明显的品牌劣势（见表 6-5 典型条目 1）。套餐差异条目数占比 33.80%，主要的表现形式为移动转售企业能够获取的网络资源受限，导致其受制于资源不足而无法对产品套餐和内容进行创新。比如 HLR 等核心网权限尚未对其开放、转售的物联网资源中单个资源包内容无法满足企业的个性化需求。除此之外，政府倡导电信提速降费之后，基础电信运营商取消通话漫游费导致移动转售企业的漫游优势被抵消，以及大王卡等互联网套餐的冲击等因素也对移动转售企业的市场竞争产生影响。售后服务不足所反映的顾客服务差异，原因也多与民营企业整体发展空间受限和营商环境密切相关。

资本需求大是基础电信行业的主要特征之一，对于转售业务民营企业来说可以从两个相互关联的角度看，一是进入市场的资本需求大，二是融资渠道受限。企业进入首先面临创新投入、广告投入、保证金等。在缺乏平等营商的环境下，满足这些巨大资本需求难度就更大。进一步地，虚商还必须面对股权融资限制、银行贷款限制、母公司融资限制等。

分销渠道获得难度主要表现在四方面（子维度），可归为两类（主维度）：一是渠道布局成本高，表现为渠道补贴成本高、自建网点缺乏，除了企业自身行为原因外，三大运营商对渠道的大量补贴以及与渠道商签订的排他性协议也导致了可获得的优质渠道缺乏，从客观上加大了民营企业的获得难度。

潜在客户的转换成本类别归纳了五个子维度。信息解绑成本、用户拓展成本、人际维系成本、契约转换成本都是潜在客户更换号码可能带来的额外成本，归为弃号转网成本的主维度。而携号转网的主要成本，是可能面临手机验证码无法接收等情况。比如办理银行业务时的验证码，需要先更新转网数据库信息才能准确发送，对民营企业吸引三大运营商客户转网带来困难。

以上从受访者关注度的不同可以看出，六类竞争壁垒的影响强度存在明显差异，假说 11 得证。条目数占比显示，虚拟运营商最为关切的是政府监管体系存在的问题，占总条目数（380）的 31.84%（表6-6），印证了已有文献关于经济转型阶段政府管制对国有垄断行业开放重要影响的观点（见第一章第三节）。其他五类按照条目数量占比的顺序分别为：在位者成本优势（18.95%）、产品差异化（18.6%）、资本需求（11.8%）、分销渠道的获得难度（10.5%）、潜在客户的转换成本（8.16%）。

表6-6 六类壁垒条目数及占比

市场竞争壁垒类别	条目数	占比	累计占比
政府监管	121	31.84%	31.84%
在位者成本优势	72	18.95%	50.79%
产品差异化	71	18.68%	69.47%
资本需求	45	11.84%	81.31%
分销渠道的获得难度	40	10.53%	91.84%
潜在客户的转换成本	31	8.16%	100.00%
总计	380	100.00%	100.00%

表6-7 主维度条目数占比

竞争壁垒类别	主维度	占该类别的比例
政府监管	监管制度不健全	51.24%
	政策限制	30.58%
	对已有法规缺乏执行力	18.18%
在位者成本优势	直接成本优势	84.72%
	间接成本优势	15.28%

续表

竞争壁垒类别	主维度	占该类别的比例
产品差异化	品牌差异	57.75%
	套餐差异	33.80%
	顾客服务差异	8.45%
资本需求	资本需求大	71.11%
	融资渠道限制	28.89%
分销渠道的获得难度	渠道布局困难	62.50%
	优质渠道缺乏	37.50%
潜在客户的转换成本	弃号转网成本	74.19%
	携号转网成本	25.81%

二、政府监管和资本需求对其他壁垒强度的影响

以上比较了六类市场壁垒的影响程度，另一个与政策制定和调整密切相关的重要问题为不同壁垒之间是否存在相互影响。第一章（第三节）也提到了部分与此有关的研究文献，主要观点是政府管制对其他壁垒有强化作用。本章经过对相关条目进一步归纳，共得到政府监管和资本需求分别与其他壁垒的四组结果（表6-8）。

第1组反映了监管制度对转售企业产品差异化劣势的影响。由于相关政策对接入相关网络资源的限制，虚商无法在套餐设计方面做更多差异化创新，进而加剧了差异化竞争的困难。第2组说明由于"对已有法规缺乏执行力"导致的批零倒挂问题难以解决，民营企业成本劣势进一步恶化。第3组反映融资渠道限制（资本障碍）对产品差异化的影响。根据子维度编码结果看，转售企业普遍规模较小，整体风格为轻资产，业务整体利润率较低，银行贷款、向母公司融资或者引入外部投资者均存在障碍，导致面向终端用户的广告投放等品牌宣传难以开展。该结果也同时印证了第七章的结论，即电信业企业规模与技术创新正相关。第4组则说明，融资渠道限制进一步削弱了转售企业以补贴或者

分利润模式拓展和巩固分销渠道的能力。由此，假说 H12 成立，壁垒之间有内在联系，政府监管制度的完善可有效减轻民营企业成本和产品差异化方面的劣势，而融资渠道的拓宽也可增加转售企业品牌推广与渠道开发的能力。

表 6-8 竞争壁垒交叉影响编码结果及典型条目

类别 （条目数）	编码结果 （条目数）	典型条目
壁垒的交叉影响（32）	政府监管与产品差异化的关系（11） ——自建核心网（网络资源受限）（4） ——网络资源单独监管（网络资源受限）（4） ——核心网权限（网络资源受限）（3）	我们的根基都得依赖三大运营商，因为运营商给你开放哪些，比如说物联网模组，比如说5G，只有他给你开放了这些，我们才会有这些相关的资源，否则他不给我，我没办法去做这个，所以从现在来看的话，我觉得是不是基础运营商能够更开放一些
	政府监管与在位者成本优势的关系（4） ——价格联动机制（批零倒挂）（4）	工信部有一个价格联动机制，如果基础运营商的资费下调，那么相当于给我们转售的成本价格也要下调，但是这个机制没有太多细则；我们的挑战在于基础运营商的套餐比较便民，会先行调整，后续我们才能感受到价格体系的变化，基础运营商具有先发优势
	资本需求与产品差异化的关系（9） ——银行贷款限制（品牌宣传缺乏）（3） ——母公司融资限制（品牌宣传缺乏）（3） ——股权融资限制（品牌宣传缺乏）（3）	很多虚商想打广告，又没这个钱，他们也想在品牌上再做一些更多细化的区隔和服务，但目前做不到，就受制于资本
	资本需求与分销渠道获得难度的关系（8） ——银行贷款限制（渠道补贴成本）（3） ——母公司融资限制（渠道补贴成本）（3） ——股权融资限制（渠道补贴成本）（2）	企业如果资金有限，我们肯定打到现在一个平衡，发展到这个点就不会再发展了。如果我们资本多了，就可以把池子放大，规模放大，拓展渠道

三、与外商合资的影响和主要障碍

最后，经过对相关条目重新梳理和编码，共提取对资本需求和政府监管等五个方面的影响（主维度）和具体表现形式（子维度），详见表6-9。从条目数看，转售企业最感兴趣的是与外商合资有助于摆脱资金瓶颈，其中对渠道及其补贴提到的次数最多，其次是有助于引进品牌和国际推广资源，再次是通过外资的进入促进监管体系的完善。外商进入带来的经验还可使学习曲线变得陡峭，从而减轻转售企业的间接成本劣势。由此假说 H13 得证。说明转售业务企业对放松中外合资限制的确存在积极的意愿与合理的诉求。如果将竞争壁垒分为管制性（政府监管）和经济性（在位者成本优势、产品差异化、资本需求、潜在客户的转换成本、分销渠道的获得难度）两大类，与外商合资对竞争障碍的部分化解几乎涉及所有六个方面。

关于外资进入障碍，相关条目①的编码结果显示存在面临四类主要限制：国家安全、外资股权限制、行政审批烦琐、资源开放限制（表6-10）。外资进入基础电信领域会产生国家对信息安全的担心，《中华人民共和国电信条例》规定了基础电信业务企业非国有资本占股上限为 49%。显然，中外合资与单纯民营企业所面临的主要障碍不同，涉及了国家信息安全和外资股权限制等新问题。此外，虽然 2015 版《电信业务分类目录》注明转售业务作为移动通信形式之一"比照增值业务管理"，但《中华人民共和国电信条例》依然规定基础电信业务企业非国有资本占股上限为 49%，成为法律层面上的不确定因素。加上烦琐的审批程序（典型条目2）和网络资源限制所造成的企业长期发展和盈利空间受限，也构成了外商缺乏进入意愿的重要原因。显然，中外合资与单纯民营企业所面临的主要障碍不同，涉及国家信息安全、外资股权限制等新问题。假说 H14 得证。

---

① 问题设计见表6-4："贵司与外商合资在制度和政策上存在哪些障碍?"

表6-9 与外商合资对壁垒化解的编码结果

类别 （条目数）	编码结果 （条目数）	典型条目
与外商合资 的影响（54）	1. 资本需求（15） ——渠道补贴（7） ——广告投入（5） ——创新投入（3）	引进外商还是有利于渠道建设，因为会提供资金支持，能够为渠道提供更多的返佣
	2. 产品差异化（13） ——资源获取（8） ——品牌差异（5）	外商的品牌效益可能会引起一些用户转网
	3. 政府监管（11） ——独立监管机构（8） ——电信法（3）	在外商改善政府监管环境这一块，其实我觉得倒是可以借鉴一些国外是怎么监管的；如果说外商跟我们合资能对监管这块产生推动，市场主体多了，可能有些监管相对而言就会慢慢规范起来
	4. 分销渠道（9） ——国际化渠道（9）	引入外资，有利于开拓国际化渠道
	5. 在位者的成本优势（6） ——学习曲线效应（6）	外商进来，主要是把他们的一些先进的经验带进来

表6-10 与外商合资壁垒编码结果及典型条目

类别 （条目数）	编码结果 （条目数）	典型条目
与外商合资 的壁垒 （25）	1. 国家安全（8） 2. 外资股权限制（7） 3. 行政审批烦琐（6） 4. 资源开放限制（4）	1. 通信这块开放的一个核心问题是安全，国家觉得如果外商也能够进入，会增加信息安全的控制难度 2. 引入外资的困难主要是政府的审批流程，你把这事报给工信部，然后再报给商务部，商务部审批了再回到工信部，拿到这些东西以后再去工商，工商完了以后就报税务。流程太复杂，要6—9月，时间成本比较大 3. 如果能适当调整相关政策，外资进来的概率还是挺大的

第三节   本章小结

本章根据波特提出的壁垒理论以及作者对我国经济体制转型期特征的观察，对移动通信转售业务公司面临的竞争障碍进行相对系统全面的实证研究。希望以此为典型，深入而微观地理解、认识基础电信服务业改革开放中存在的问题和制度性障碍。结果表明，波特提出的六类障碍——在位者成本优势、产品差异化、资本需求、潜在客户转换成本、分销渠道获得难度和政府监管——仍构成民营企业进入市场的主要壁垒和发展障碍。其中涉及政府监管条目数最多，占比近三分之一（31.84%），远高于第二和第三的在位者成本优势（18.95%）和产品差异化（18.68%）。说明完善与健全政府监管体系是民营电信企业能够良性发展的基础中的基础。这在对上述六大类壁垒内在关系的分析中也得到印证，比如对核心网资源的限制和已有法规缺乏执行力进步增加了移动转售企业产品差异化难度，并加重了其成本劣势。资本短缺和融资限制也进一步弱化了品牌宣传等产品差异化能力，并增加了补贴渠道的难度。研究还证明了虚拟运营商出于化解相关壁垒而产生的与外商合资需求，但在目前市场制度安排下——包括法律层面的不确定性以及相关政策的吸引力，转售业务的对外开放仍然只停留在《正式商用通告》等相关文件中，尚未出现成功的实际案例。

附录6-1   正式访谈数据的渐进式编码

如正文所说，单个案例的数据处理为先从访谈资料中筛选出有效条目，然后分三步完成渐进编码。第一步，将相关条目分成9个类别：在位者的成本优势（a）、产品差异化（b）、资本需求（c）、潜在客户的转换成本（d）、分销渠道的获得难度（e）、政府监管（f）、壁垒间相互影响与外商合资的影响（g）以及与外商合资的壁垒（h）。字母之间的连接表示不同壁垒之间的相互影响，如附表6-1第3列第5行的F-a表示政府监管问题对在位者成本优势产生的影响。第1列第5行的A-1-5表示案例公司A第一位受访者条目库中的第5个条目。第4、5两列分别是子维度金额主维度的归纳。附表6-2是三家案例公司独立编码的完整结果，在此基础上进行叠加可得到正文中的表6-5、6-9和6-10。

附表6-1　受访者条目库和渐进式编码

编号	条目库	渐进式编码的次序		
		一	二	三
A-1-1	国家将民资引入基础电信行业，第一个目的是鼓励创新，活跃通信市场，因为民资对市场更敏感，可以给老百姓带来更好、更便捷的通信服务			
A-1-2	中国的虚商业务叫作移动通信转售业务，其实虚拟运营商在国际上有三种，第一种是最简单的，不用建系统，直接卖基础运营商产品，类似于渠道商；第二种是虚拟运营商自己建系统，自己经营系统，发布品牌、做套餐、自己收费，然后结算给基础运营商，国内现在就是这种；第三种是虚拟运营商建无线网络、基站，但是建设核心网相当于虚拟运营商的用户永远漫游在基础运营商，因此，我们的业务模式也可以进一步开放	F	自建核心网	政策开放限制
A-1-3	从定位来看，我们民营企业加入基础电信市场为的是有效地去活跃市场和通过创新带动这个市场			
A-1-4	对于我们来说，成本压力来自基础运营商的本地运营商，某些地市存在批零倒挂	A	批零倒挂	直接成本优势
A-1-5	工信部有一个价格联动机制，如果基础运营商的资费下调，那么相当于给我们转售的成本价格也要下调，但是这个机制没有太多细则，我们的挑战在于基础运营商的套餐比较便民，会先行调整，后续我们才能感受到价格体系的变化，基础运营商具有先发优势	F-A	价格联动机制——批零倒挂	政府监管——在位者成本优势
A-1-6	国家引来你的时候，就是让你来创新的，所以我们打造了一套比较独立于行业的创新体系，如果我进来，只是跟基础运营商拼价格，那我就不做这件事了	A		
A-1-7	如果是过低的成本，反而我们会觉得有很多的虚拟运营商乱搞，市场会更乱，因为缺乏独立监管机构	F	独立监管机构	监管制度缺失

编号	条目库	渐进式编码的次序		
		一	二	三
A-1-8	我们不去比拼成本，但是我们解决了很多通信行业里面的难题，如果再精确定位一下，就是缝隙里的痛点需求，三大基础运营商已经做得很好了，但还是有很多缝隙里的痛点需求，我们一一去解决掉			
A-1-9	如果你是一个在深圳做智能设备的厂商，新时代的销售你已经要发到全国去了，如果你的设备需要通信服务预制，需要跟三大基础运营商合作，你要跟每一个地市分公司谈谈，因为大家还是需要当地的号码的。我们的电信行业发展到今天，其实都是没有一个单点接入的，我们基础运营商实际上只到省地市，再往下是网格化。我们解决了这一点，因为我们的码号是全网共享的	B		
A-1-10	对智能设备，我们是做了 SDK 级别的开放的，厂商在他的业务体系里面用 APP 通过人脸识别做实名制，然后从全国码号库里面去选一个号，直接完成	B		
A-1-11	通讯是一个基础需求，但又是一个很互联网化的体系			
A-1-12	三大运营商都非常强大，人才众多	A	学习曲线效应	间接成本优势
A-1-13	有两个层次的竞争，第一个是三大基础运营商之间的竞争，更重；第二个才是垂直领域虚商跟他们的竞争，虚商叠在上面。对跟我合作的基础运营商来说，他们首先获得的还是收益			
A-1-14	我们的结算体系是透明的，或者说是接近实时的，解决的痛点是因为通信行业门槛比较高，原来的渠道结算比较烦琐，甚至会拖很久	E		
A-1-15	的确，我感受过成本压力，尤其是三大运营商的本地运营商，有时候做的套餐非常便宜，便宜到我无法理解。三大运营商有一个省级结算成本，比如你们用便宜套餐，一定是说本省使用才便宜，因为出省之后要跨省结算。于我们而言，我们也会呼吁价格联动机制的时间再缩短一点，但有赖于基础运营商了	F-A	价格联动机制——批量倒挂	政府监管——在位者成本优势

编号	条目库	渐进式编码的次序		
		一	二	三
A-1-16	地市基础运营商的KPI大概几十项、几百项，为了完成今年的KPI，那就很有可能压缩套餐价格，我这批用户是亏了，但是我整体利润指标还是完成了	A	批零倒挂	直接成本优势
A-1-17	有批零倒挂的情况，比如你在广东清远街头买了一个清远本地的卡，很有可能它比我们虚商的结算价格还要便宜	A	批零倒挂	直接成本优势
A-1-18	价格联动机制不能真正建立起来，对我们影响还是挺大的	F	价格联动机制	已有监管缺陷
A-1-19	价格联动机制真正要建立的话，需要第三方结构、专家机构来着手建立，比如各省市移动电信联通的平均价格，然后以平均价格打折批发给虚拟运营商，时间跨度不能超过一定时间	F	独立监管机构	监管制度缺失
A-1-20	以前有个价格联动机制，但是没有细则	F	价格联动机制	已有监管缺陷
A-1-21	价格联动机制也没有具体执行的机构，没人管	F	独立监管机构	监管制度缺失
A-1-22	每次我在部里讲，我说我不讲倒挂，我讲价格联动机制如何有效保障，可执行	F	价格联动机制	已有监管缺陷
A-1-23	联动机制的执行需要一个第三方机构，因为他们给我们的结算体系也很复杂，那就要有一个专家机构真正去研究这个东西	F	独立监管机构	监管制度缺失
A-1-24	像软件开发、系统设计也要投入比较多的成本	A	系统建设与维护	直接成本优势
A-1-25	从哺育的角度，有一些差异化的政策（不对称管制）是对的	F	不对称管制	监管制度缺失
A-1-26	外资的进入最重要的还不是解决成本问题，成本永远摆在那里，只能催生监管机构和第三方独立组织，对价格联动机制做一定的规范，并且越来越细化	H	独立监管机构	倒逼监管改革

续表

编号	条目库	渐进式编码的次序		
		一	二	三
A-1-27	我们的系统建设成本可能超过别人很多倍，因为我们一直在投入	A	系统建设与维护	直接成本优势
A-1-28	我们可能在年引入外资，但也有可能不引入，就到时候再看			
A-1-29	引入外资的好处，第一个是资本引入，可以用来投入创新	H	创新投入	资本补充
A-1-30	外商的资本也能补贴渠道，补贴多了，渠道也就多了	H	渠道补贴	资本补充
A-1-31	除此之外，引入外资也能在广告方面做一些宣传	H	广告投入	资本补充
A-1-32	引入外资的好处，第二个是国际化，可以走出去的话，主要是市场走出去，比如"一带一路"和东南亚国家，它们实际上看好的是我这套经营管理体系	H	国际化渠道	渠道拓展
A-1-33	引入的投资者可能是外资、渠道商，或者智能设备制造商	G		
A-1-34	投资者投资的是企业，一定要看企业的基因结合在一起是否会有更大的成效。对我们来说，投资者还是要能带来市场，能跟他们的主业产生更好的资源互补，而不是我们只要投资者的钱			
A-1-35	现在挺多问题要解决的，比如确保价格联动机制有效执行	F	价格联动机制	已有监管缺陷
A-1-36	独立的监管机构对行业的发展还是很必要的	F	独立监管机构	监管制度缺失
A-1-37	比如可以实行不对称管制，防止虚商无法发展	F	不对称管制	监管制度缺失
A-1-38	因为虚商要依赖基商的通讯资源配置，就码号资源的配置，所以虚商在基商面前永远是弱势的，我们还是有自己的优势，如果新进来一个虚商，分分钟就死掉了	F	网络资源单独监管	监管制度缺失

续表

编号	条目库	渐进式编码的次序		
		一	二	三
A-1-39	如果能有独立于工信部的监管机构，应该对行业是很有好处的，而且很有必要的	F	独立监管机构	监管制度缺失
A-1-40	实名制是有很大成本的	A	实名制信息验证	直接成本优势
A-1-41	如果把基础电信业务和增值电信业务作为一个整体，互联网等增值业务提供商占据了太多利润，有损于电信基础建设			
A-1-42	在这个行业里面，要有差别性政策保障和鼓励虚商和民企的发展	F	不对称管制	监管制度缺失
A-1-43	引入外资的困难主要是政府的审批流程，你把这事报给工信部，然后再报给商务部，商务部审批了再回到工信部，拿到这些东西以后再去工商，工商完了以后就报税务，流程太复杂	G		行政审批烦琐
A-1-44	基础电信比较敏感，在外资方面国家可能还会考虑信息安全问题	G		国家安全
A-1-45	外资直接进来的话，就能接触到核心的用户信息了，这也是安全问题	G		国家安全
A-1-46	外资进入的话，政府可能要做安全评估，这也有影响	G		国家安全
A-1-47	19年外资进入基础电信市场的可能性还是挺大的，因为看好中国市场的人很多			
A-1-48	如果虚商能获得更多资源发展的话，企业引入外资会更容易一点	G		资源开放限制
A-1-49	从个体看行业，这个行业你必然要做到至少每个月的毛利三百万到四百万左右，你才能够进入一个自循环，否则你根本就没有办法拿钱去创新	C	创新投入	资本需求旺盛

编号	条目库	渐进式编码的次序		
		一	二	三
A-1-50	如果这个行业有很多企业属于集团公司，其实很不好。因为我要是集团公司，我看公司这三四百万毛利对我来说一点意义都没有，我不会再投入。而且电信行业的投入产出是一个比较长的过程。这就是为什么我企业不大，却能做到行业的龙头，为什么阿里京东做不到的原因	C	母公司融资限制	融资渠道限制
A-1-51	营收，我们会在三年之内达到比如说十个亿，非常保守和可见的一个规模，因为我们布局了很多			
A-1-52	基础运营商如果要跟你吵架很有意思。"今年我给你的价格比去年我们的平均价格都低。"这句话是对的，但是你必死无疑，因为我今年的已经低到更低了	F	价格联动机制	已有监管缺陷
A-1-53	我们一直在呼吁，怎么价格联动缩短到三个月，甚至一个月	F	价格联动机制	已有监管缺陷
A-1-54	基础电信之上的互联网已经包含万物，你的金融证券，甚至你的税，一个人其实他最强大的一点就在于这里。你换号码，成本很高	D	信息解绑成本	弃号转网成本
A-1-55	你的电话号码要换掉，你要去多少顶上承载的业务，你自己都不知道	D	信息解绑成本	弃号转网成本
A-1-56	如果不携号转网，直接换号码，所有的业务都要重新绑定，以我为例，我有自己的号码，但我中国移动号码永远不丢。原因在哪里？我不记得我要跑多少地方，我一个月都不一定跑得完！最多是换个便宜点的套餐也要保留它！	D	信息解绑成本	弃号转网成本
A-1-57	三大运营商的短信是不一样的。你就算携号转网到电信去，你所谓的携号转网转的是什么？是你的语音是你的数据，你不知道的是号码绑定了某个银行，它并不知道你转网，你验证码就收不到了	D	信息更新成本	携号转网成本

编号	条目库	渐进式编码的次序		
		一	二	三
A-1-58	我们是一家银行，很小，我们的系统还没改造，系统写成都是往移动发送，你怎么能让全社会为你这个人更改，已经很多年了	D	信息更新成本	携号转网成本
A-1-59	引进民营企业就是这样子的，从这个层次上来讲，你得找你自己的优势，要全做得像三大基础运营商，企业必死	B	品牌定位趋同	品牌差异
A-1-60	在某些差异化市场上就不允许基础运营商参与这事，给一些扶植一些，这样的话才能真正竞争	F	不对称管制	监管制度缺失
A-1-61	我讲虚商的三种模式，第三种模式虽然投入大，自己有核心网，但是没有基站漫游在那里，这件事其实远特想做。为什么做基站，不是不做基站，做核心网，因为否则你的创新就受到了影响。最简单的是帮运营商卖卡，有啥创新，你就看卖的环节	F-B	自建核心网——资源获取受限	政府监管——产品差异化
A-1-62	事实上就是国家应该再往前走一步，就是鼓励虚拟运营商做得再重一点，你可以自建核心网。自建核心网意思就是交换机都在你这里，但是你没基站，就都漫游在他那里。这一部分能做的话，会在基础架构上让你的创新更有基础	F	自建核心网	政策开放限制
A-1-63	自建核心网需要政府引导	F	自建核心网	政策开放限制
A-1-64	现在做到了 IT 经营体系，即 BOSS 体系，国家选择这条路我也非常认可，然后是你的经营品牌套餐销售渠道都可以创新了，但你没有核心，没有短信中心，没有 HLR，那你就没办法做更深层次的创新	F-B	自建核心网——资源获取受限	政府监管——产品差异化
A-1-65	我们事实上也很怕很多无序的竞争，我也能在这个运营过程里面看到很多，倒不是基础原料，而是虚拟运营商之间的无序竞争，像有些企业早已失信了，但它还在行业里	F	强制退出机制	已有监管缺陷
A-1-66	如果外资进入推动独立监管机构的设立的话，对行业发展也是很有好处的	H	独立监管机构	倒逼监管改革

编号	条目库	渐进式编码的次序		
		一	二	三
A-1-67	要引入更多的新鲜血液，但是要更加有序，比如有些企业已经失信了，为什么还要继续在这个市场里，应该设立一定门槛，设置退出机制，有些企业已经在人民法院失信名单上了，还在参与，那它作为一个企业的底线已经很低，它就会扰乱市场	F	强制退出机制	已有监管缺陷
A-1-68	像这种因为与国家没有打通，主管部门之间没有打通，最高法说它失信的，但它的电信经营里面显示没有失信，就继续让它参与经营，这种是不公平的	F	电信法	监管制度缺失
A-1-69	行业主管部门，它是按章办事的，它一定不能伸到另外一边，要不然就大乱了。就那边来讲，有很多企业把它告倒了，债还不了，最高法也只是做到说你就老赖。他这两者之间，串不起来。	F	电信法	监管制度缺失
A-2-1	基础运营商在一线二线城市比较饱和，而且它的用户群主要集中在一线二线城市	D	用户拓展成本	弃号转网成本
A-2-2	基商异地漫游费取消，对我们造成压力，因为抵消了虚商漫游外地接听的优势	B	漫游优势抵消	套餐差异
A-2-3	我们是从基础运营商那批发流量、话音，这样子是有一个打包的价格，他们给到我们，然后我们来做，因为我们每年其实要交给联通的价钱也是蛮可观的，但是如何在这么样一个缝隙内还能有盈利，为什么还会有这样的一个增长，我的个人感觉还是对模组的优化，因为我批零过来之后，我会去分析我的客户，会知道他的套餐，但基本上也就是大概的用量或什么的，我会把模组做到最优化	B		
A-2-4	对基商来说，基站是免费的成本，是现成的，对我们来说，每用一点流量都是成本，所以我怎么样把它精确化，这就体现了 BOSS 做得好不好，你能不能去做，就是每一个用户或者每一个套餐的模组，尽量把它做到更精确化，因为利润真的很低	A		

续表

编号	条目库	渐进式编码的次序		
		一	二	三
A-2-5	我们是基商的一个很好的补充，因为基本上商业人士的市场都是基商的，已经很饱和了，但是三四线城市的人，他们可能某一个阶段就用这一个卡，可能会经常换，但是这个阶段比如你的流量或者你的套餐很吸引我，而且你会有一些活动，或者有一些附加值给我，也许我只需要这一块的，我会去选择你的卡	D	用户拓展成本	弃号转网成本
A-2-6	一二线城市的商业人士，你让我去竞争，根本做不到，或者我一方面可能只能做集团用户，他们整个公司用	D	用户拓展成本	弃号转网成本
A-2-7	你让用户换卡，我觉得很多时候他不愿意，因为那相当于他的个人名片和标签了，可物联网的结果就是标签越来越明显，你今后的 SIM 卡号码就是你的一个个人入口	D	信息解绑成本	弃号转网成本
A-2-8	对于我们来说，为了自身的信息安全，我基本上就用我第二张卡去申请所有的 app	D		
A-2-9	对市场潜在需求的挖掘，对它的模组，也就是控制成本的控制，就是通过你对用户的分析，让你的数据，让你的套餐更经济，成本更低，公司的利润更高，这个要有一个强大的 BOSS 作为支撑，因为你要分析大量的数据	A		
A-2-10	最早做这块的时候，虚商有两个优势，第一个是漫游外地接听免费；第二个是虚商可能去做一些垂直的整合的行业，可能你去跟一些行业的合作伙伴去做，就像最早的神州租车，他们很多呼叫和被叫用的号码也都是虚商的号	B	漫游优势抵消	套餐差异
A-2-11	基商也开放了异地接听免费之类的权限，虚商跟他们的优势已经不明显的时候，你只能去找适合自己的	B	漫游优势抵消	套餐差异
A-2-12	虚商在规模经济上处于劣势	A	规模经济效应	间接成本优势

编号	条目库	渐进式编码的次序		
		一	二	三
A-2-13	去年，全球的 MNO 的也就是虚商的用户总数是 3.4 亿，占了全球的移动用户的 4.3%			
A-2-14	从我的了解上来看的话，我觉得技术上面没有太多的一些成本壁垒或者阻碍。因为是这样子，因为我们从技术层面来讲的话，网络是租用他们的，我们是转售业务，所以如果他们的网络质量保证了，就是技术层面保证了，我们这儿是一样的	A		
A-2-15	基商和虚商不同的就是管理，就像您说的，开始确实因为虚商是一个新生的事物，任何新生事物的成长过程都有一个学习的曲线，也许你开始的时候很激进地去发展，因为都需要一个慢慢去学习的阶段，但是随着学习，比如说我们都能感受得到，比如说中国移动的客服特别好，比如说我们应该向它哪方面学习。虚商好就好在它小且变换也快，我觉得你好，我马上可以去朝这个方向努力	A	学习曲线效应	间接成本优势
A-2-16	我们比较小，我们愿意去做得更精细一点，说白了，比如说就像家长都给一百块钱，可能有钱的孩子无所谓，就随便花了，穷人家的孩子可能想我有一百块，我如何把这一百块花得值，我都得把它花在每一个刀刃上。我觉得民营企业就是这样，因为我们不是靠天吃饭的，我就得去想着，我怎么样才能够生存下去	C	广告投入	资本需求旺盛
A-2-17	我们有钱了，才会想着怎么去创新	C	创新投入	资本需求旺盛
A-2-18	我觉得精细化用在远特上面，或者用在虚商上面是比较合适的，每家必须有你的特色，否则就像大浪淘沙，真的很难受	B	品牌定位趋同	品牌差异

编号	条目库	渐进式编码的次序		
		一	二	三
A-2-19	我们的根基都得依赖三大运营商，因为运营商给你开放了比如说物联网模组，比如说 G，只有给你开放了这些，我们才会有这些相关的资源，否则我没办法去做这个，所以从现在来看的话，我觉得是不是基础运营商能够更开放	F-B	网络资源单独监管——资源获取受限	政府监管——产品差异化
A-2-20	虚商和基商的关系就像纽扣一样，就是你必须靠近基商，然后希望他们更开放，给你更多的一些权限，我们在发展当中可能遇到一些问题，需要他们开放更多资源	F-B	网络资源单独监管——资源获取受限	政府监管——产品差异化
A-2-21	只有基商很开放，很愿意跟虚拟运营商去共享一些资源，我们才能拿到更多的资源，在他们的资源上面去做二次开发	B	资源获取受限	套餐差异
A-2-22	资源的限制也让虚商缺乏吸引力，不利于引入投资者，包括外资	G		资源开放限制
A-2-23	我们一方面跟基商有竞争，我们在做的这部分，是他们的补充；我们希望跟他们合作，因为我们做了一个卡盟，我们是希望把联通也作为我们的合作伙伴，他们的一些码号资源可以在我们的选号资源上，现在像北京联通，还有一些省移动公司，他们的号码已经可以在我的平台上去销售了，我不会去管什么，只要他们到时候把平台费给了，然后通过这个，我们已经是相当于联通的第二大分销			
A-2-24	我们公司当时最早建这个 BOSS，就花了好几千万，不一定每个公司都有像王总这样的技术 DNA，另外也不一定所有的人都愿意投入，很多人都是用别人的一次性的这种 BOSS 系统	A	系统建设与维护	直接成本优势

编号	条目库	渐进式编码的次序		
		一	二	三
A-2-25	原来我们有考虑过去做一些国外的漫游，或者就像蜗牛一样，他们不是有在机场上面卖国际卡什么的，后来这个市场我们发现太饱和了，做得人太多了，对于我们来说，我没有太多的优势在这块	B	品牌定位趋同	品牌差异
A-2-26	我们远特的优势在于做一些物联网的可穿戴设备，对接我们的产品，因为我们的母公司波斯通讯是高通和英特尔的战略合作伙伴。远特作为一家民企，对于外资本身没有太多核心竞争力，因为有母公司，所以我们国外的用户，他们也会看好虚商这块的市场，相当于我们就做了可穿戴设备，我们就可以直接用远特作为一个渠道销售了，这是一个很好的一个闭环	B		
A-2-27	市场的价格太透明，利润也太透明，如果所有的人都去抢一块蛋糕，你没有比较独特的一面，就无法生存	B	品牌定位趋同	品牌差异
A-2-28	引入外资的考虑，既有资本方面的，也有技术方面的，他们有研发投入，就不用我这边的很多东西，而且我可以拿到不同厂家的产品，我都可以变换成我的资源，跟我这边的市场来做	H	资源获取	产品差异化
A-2-29	外资还有品牌效应，突出虚商的品牌	H	品牌差异	产品差异化
A-2-30	外资有经验，这也是我们可以利用的	H	学习曲线效应	间接成本优势
A-2-31	我们的产品，也有考虑过国际化这块，但是近期来说，可能这部分还不是很多	B		
A-2-32	整个全球的转售业务的一个分析，欧洲做得最好，然后北美、亚洲，亚洲的也就是日韩做得好。国际化方面，我们的虚商起步比较晚，比如说欧美日韩，我们相对起步已经晚了，如果我们的产品再到他们那边没有自己的特色，或者没有成本优势，就更难了	B	设计理念落后	套餐差异

编号	条目库	渐进式编码的次序		
		一	二	三
A-2-33	设立独立监管机构的迫切性会更强一点，尤其是外资到时候进来的话，因为这个管理就像您说的，政府既是运动员又是裁判员，到时候对于工信部来说，他也会觉得压力很大	H	独立监管机构	倒逼监管改革
A-2-34	目前我觉得工信部也已经感觉到了很大的一些压力，很多事情不好出面去解决。随着外资的引进或者进入以后，对电信法立法的迫切性，我觉得应该会有促进和加速	H	电信法	倒逼监管改革
A-2-35	每次的会议都有一些行业领导，有一些业内专家，对于监管的工作，大家觉得需要把它提到议程上来，出于如何规范的经营，如何诚信的经营，如何把这个东西走得良性一点，有这个诉求，而且这诉求会越来越大	F	独立监管机构	监管制度缺失
A-2-36	基商的策略性壁垒行为不明显，从它开放资源的态度上面，你就能看得出来竞争是不是良性、公平的。我们合作的主要是联通，也会跟他们经常去沟通，比如说我要去做一些物联网的业务，多沟通，他们推进得快，这部分就开放得快，因为他们也有这方面的业务，所以中间有个资源开放的时间差。"会喊的孩子有奶吃"，我们也天天在喊，说我们需要什么样的资源支撑，我们这样才能做得更好，目前时间差还可以接受			
A-2-37	我们的营销渠道线上和线下都有，但是我们的线下是跟线上依托绑定特别紧密的，因为我们所有的码号资源在我们的平台上面都是给大家公开的，我们所有的全国号段你在任何一个地方都是一点介入，千万级的号码号段大家都可以看得到	E		
A-2-38	我们现在也没有漫游费，很多人就是为了要号码我就喜欢这个号码，比如说我给我未来的小朋友，他是哪一天出生，我可能将来给他定一个这种号码，就是他的出生的年月日	B		

续表

编号	条目库	一	二	三
A-2-39	每开一张卡渠道就可以拿到佣金，而且未来通过我来开卡的用户，他只要有消费，我就能拿三年内都能拿到的分成！我们更多的是把这部分的利润拿给了渠道	E	渠道补贴成本	渠道布局困难
A-2-40	我们的渠道现在有了广度，但还需要有规模化，因为只有有量了，你运营的数据这个球才能滚起来，对于广度基本上我们在全国都有渠道，但是比如说一个省它只有三个网点，这样网点的密度不够	E	渠道密度不足	渠道布局困难
A-2-41	现在只做卡，这个竞争已经太激烈了	B	品牌定位趋同	品牌差异
A-2-42	基础运营商的优势是价格，可能他们真的现在能做到很低，因为我老公做集团客户的，所以我知道他给集团客户的价格更低，比我们拿到的批发价格还要低	A	批零倒挂	直接成本优势
A-2-43	基商不同区域的客服不是统一管理，上海的客服跟北京的客服也是不同的团队在做，对于我们来说，我们可能一个客服的团队要覆盖全国所有的用户，从培训等上面来说，首先我的成本就比他们的低	A		
A-2-44	我们市场侧需要每天动脑筋，对用户，可能我今天就说你要生新 baby 了，你是不是需要给你的 baby 来个纪念号什么的？今天是不是你们两个的结婚纪念日？你是不是要做一个这样的纪念号，或者说我为一些专属的人群做推送性的服务，然后刺激他去购买第二、第三张卡	B		
A-2-45	价格上面每一张卡的利润之类的东西，现在太透明，我相信不仅是基础运营商和虚商有竞争优势，虚商和虚商之间也有竞争，我相信您看完这三家企业以后，您也会发现每家都有压力	A		

编号	条目库	渐进式编码的次序		
		一	二	三
A-2-46	我可以做到正向的现金流，可以养我自己的团队，如果没有新的资金进来，也已经是一个良性的发展，我可以很好地去生存。但是如果能有新的资本进来，我的规模就会做得更大更好，我的产品创新就会做得更完善更快，然后更接近于市场的需求。我相信每一个企业对资本来说都是有迫切需求的，特别是我们民营企业，因为我们不能靠国家吃饭只能靠自己	C	创新投入	资本需求旺盛
A-2-47	我们考虑引入外资也有资本方面的原因，因为公司要做大，就要有一些产品的创新，在技术上面的投入	H	创新投入	资本补充
A-2-48	外资的资本也可以拓展渠道	H	渠道补贴	资本补充
A-2-49	刚开始的时候，公司做投入，研发的投入不比广告或者其他的投入低	A	系统建设与维护	直接成本优势
A-2-50	为什么虚商不重视广告？没钱	C	广告投入	资本需求旺盛
A-2-51	因为户外的广告，包括现在新媒体的广告，包括一些框架，包括其他的广告投入太大。对于我们虚商的小规模的运营来说，对于民营企业来说，我们支撑不起。一方面我得先让公司有米下锅，先得把技术人员包括技术的这些框架搭起来，搭完以后我没有太多的钱了，然后第一年第二年这些有了，后续让它良性发展成今天的规模，后续如何能让它更好地发展，那真的就需要更多的资本投入	C	广告投入	资本需求旺盛
A-2-52	广告对于我们这种民营企业来说，不是第一位的，更重要的是，我需要去立新，立新以后，我才能去抓住客户不同的诉求，有了客户，我才能更良性地去运作	C	广告投入	资本需求旺盛

续表

编号	条目库	渐进式编码的次序		
		一	二	三
A-2-53	做增值服务的这些所谓的运营商，其实现在也抢占了很多我们的市场，腾讯的大小王卡之类的，它的流量每天可以无限量用，其实对我们也是一种冲击	B	互联网套餐冲击	套餐差异
A-2-54	基商和虚商都在做携号转网的准备，对我们来说，从市场侧看，成本还可以接受，但是从运营上面来说，因为我现在还不了解具体的成本。转网之后验证码收不到的问题，需要各个不同行业都去走通一遍，打通成本是大的，这是个技术层面的问题	D	信息更新成本	携号转网成本
A-2-55	电信立法，从企业的角度来说，是希望越完善越好	F	电信法	监管制度缺失
A-2-56	独立监管机构，一方面适度监督，然后一方面是更完善了以后，能让我们更良性诚信地去经营	F	独立监管机构	监管制度缺失
A-2-57	虚商不敢对基商有太多的意见，虚商对基商有依附的关系，像我们现在，先跟运营商反映问题，跟运营商反映了这块，希望他们能积极地去处理这些问题，你说对基商会不会有这方面的诉求或者抱怨，每家肯定都会有			
A-2-58	引入外资，从虚商角度来说，我觉得这部分开始慢慢放开			
A-2-59	虚商引入外资的需求，他们原来的 VIE 结构是不允许的，现在 VIE 结构是可以接受的。VIE 结构就是类似于阿里的结构，它母公司是外资的，它是在美国独立上市的，原来不允许外资去做这块，但是现在阿里通信这块卖卡的，就是专门做虚商转售业务的，相当于控股的是阿里，但是独立运营的是它通讯的这块，阿里通讯这种结构就叫 VIE，现在国家是允许的	G		
A-2-60	引入外资在手续上可能有点麻烦	G		行政审批烦琐

续表

编号	条目库	渐进式编码的次序		
		一	二	三
A-2-61	在手续上，外资的进入需要经过几个部门的审批	G		行政审批烦琐
A-2-62	我们可能还是需要把数据、规模做到一定程度。这样的话首先是吸引他们的，他们会感兴趣，现金流以及你的 ARPU 值各方面做好了，说白了，你把自身的这个东西就先做好了	G		
A-2-63	从虚商角度，我觉得可能比基础运营商引入外资更容易一点，因为 VIE 的结构可以了	G		
A-2-64	如果外资进来之后，持股比例比较低，又说不上话，然后在你这块它又不能去做一些什么，对于它来说，就没有太大的意义了	G		外资股权限制
A-2-65	外资进来之后，他们也希望实现共赢，如果不能真正参与业务运营的话，发挥空间也不大	G		外资股权限制
A-2-66	我们现在的难题，第一个是需要上下游一个整合的驱动，比如说车联网，如何实现传统行业的这块东西和我们通信行业去做无缝隙的对接；第二个是，我未来的发展，除了广度以外，还希望去做深度，用自动贩卖机等新零售方式卖卡	E	渠道密度不足	渠道布局困难
A-2-67	基于基础电信业发展的互联网厂商赚取了大部分利润，很大程度上影响了基础电信业发展，包括前一段时间，后来不让卖大小王卡了，因为抢占了通信行业的蛋糕	B	互联网套餐冲击	套餐差异
A-3-1	我们跟基础运营商之间，其实我个人认为，我们对他们是一个补位，竞争是有，我觉得我们还是在虚商之间谈竞争，就是我跟基商打竞争，肯定打不过，我个人觉得没把他们作为一个主要的竞争对手，主要的我们所面临的客户还是在低 AUPU 用户中，可能就是三四十块钱，二三十块钱，基商主要是高 ARPU 值用户			
A-3-2	批零倒挂确实存在，因为以前虚商只是基商很小的一部分，所以他更关注于自营的业务	A	批零倒挂	直接成本优势

续表

编号	条目库	渐进式编码的次序		
		一	二	三
A-3-3	虚商没有网络的建设，所以它完全依赖于三大基础运营商	F	网络资源单独监管	监管制度缺失
A-3-4	其实可以允许我们自己建设核心网的	F	自建核心网	政策开放限制
A-3-5	基商的成本不外乎就几个，一个是它的人力，一个是它的建设成本，它的基站是很大的一块投入，但它可能到了一定阶段以后，它觉得收回成本以后，它可能会把价格降得很低，确实对我们影响也蛮大的	A	规模经济效应	间接成本优势
A-3-6	基商的运营经验确实要比我们成熟很多，毕竟他们经过了好多的时间	A	学习曲线效应	间接成本优势
A-3-7	我们公司从虚商这个层面来比的话，我们技术投入还是比较大的	A	系统建设与维护	直接成本优势
A-3-8	我们这两年一直在做技术创新，一方面体现在产品差异化上面，另一方面我可以把渠道管理到末梢，这样的话，最终卖卡渠道就在我这系统都登录了，都有记录了	E	渠道密度不足	渠道布局困难
A-3-9	我们研发投入一年，可能差不多在五六百万这个样子，相对别的虚商还是要多一些，可能是别人的两三倍，每年投入五六百万，对民企来说算一个不小的数目了。总的就多了，总的可能好几千万，因为前期投入很大。很多虚商前期投入完以后，在这块就不怎么再投入了，保持现状就行了，我们是每年还在不停地投入	C	创新投入	资本需求旺盛
A-3-10	如果有资本进来，那就能做更多的事，比如在物联网的方向上，肯定要投入更多的一些技术储备	C	创新投入	资本需求旺盛

续表

编号	条目库	渐进式编码的次序		
		一	二	三
A-3-11	外资的一些产品能带进来，我们就能做一个组合性的产品出来。这样肯定会使成本的优化、产品差异化更完善。我们现在产品还是比较单一，如果有外资进来，对我们来说就能做其他的事情	H	资源获取	产品差异化
A-3-12	外资的经验都比较成熟了，这方面肯定比较强	H	学习曲线效应	间接成本优势
A-3-13	外资（合资）进来，主要是把他的一些先进的经验引进来	H	学习曲线效应	间接成本优势
A-3-14	从资本来说，不管是外资还是民资，都是钱，外资跟国内资本不一样的地方，比如我是否能考虑把国外的运营商引进来之后，跟国内的做一个绑定，那么出国方面的产品是不是更丰富一些，这样的话就会拉低我的成本，我觉得做了一个有机的整合，这样对成本的降低肯定是有好处的	H	资源获取	产品差异化
A-3-15	实名制对我们来说也是成本，我们在这方面投入其实也挺大的	A	实名制信息验证	直接成本优势
A-3-16	现在部里也在为我们积极考虑实名制这个问题。以前我们去认证身份证是不是真实的，通过第三方的支撑厂家，他们跟后端的国家全民服务中心接口对接，一条就得五毛钱，成本还是高了。现在在部里，说他们建这个系统以后，就去他们那查就行了，会免费给我们提供，现在正在基商做试点，以后可能会免费给我们开放	A	实名制信息验证	直接成本优势
A-3-17	品牌信誉方面，基商优势很大，连移动联通电信，已经深入骨髓了	B	在位者品牌强大	品牌差异
A-3-18	对老百姓来讲，他不理解什么叫移动转售，或者他不理解什么叫虚拟运营商，甚至觉得这是不可靠的	B	"虚拟"形象负面	品牌差异

173

编号	条目库	渐进式编码的次序		
		一	二	三
A-3-19	你跟老百姓解释虚拟运营商，尤其"虚拟"这两个字，在老百姓心目中，你是不是假的，所以他对这个确实很难理解。我倒建议可以改一下，要么就像部里叫的移动转售，要么直接叫运营商	B	"虚拟"形象负面	品牌差异
A-3-20	在广告投放这边，我们本身在这方面投入肯定是不够的，肯定也是考虑到成本的一个方面	C	广告投入	资本需求旺盛
A-3-21	现在虚商比较多，每家的辨识度不高，对老百姓来说有点乱，我觉得这个可能对品牌形象也有一定的影响	B	品牌定位趋同	品牌差异
A-3-22	为什么不多投放广告，对我们来说都是要花钱的，这实际就是这个事	C	广告投入	资本需求旺盛
A-3-23	基商都有实体营业厅，覆盖面广，我们基本上都是在线上服务，比如说客服，从服务的体验来讲，肯定没有他们那么好，但是我们在这方面也在加大投入	E-B	渠道密度不足售后服务不足	分销渠道获得难度产品差异化
A-3-24	基商的服务肯定比我们好	B	售后服务不足	顾客服务差异
A-3-25	联通他们现在做了一个很重要的事，他们就是把所有的系统——IT系统都集中了，全集中，产品也全集中，所以在这方面他们做得比较先进一些，这样提升品牌，他们是有优势的	B	在位者品牌强大	品牌差异
A-3-26	我们也有线下渠道，我们主要还是在线上销售，我们是有线下，你像我们一个地市才几个点，跟基商根本没有可比性	E	渠道密度不足	渠道布局困难
A-3-27	渠道的开拓需要成本，体现在渠道补贴	E	渠道补贴成本	渠道布局困难

续表

编号	条目库	渐进式编码的次序		
		一	二	三
A-3-28	售前服务不存在劣势,我们在售后服务方面跟基商是有很大差距的,因为网点肯定没有它的多,这是一个天然的不足	E-B	渠道密度不足——售后服务不足	分销渠道获得难度——产品差异化
A-3-29	用户还是觉得基商服务周到	B	售后服务不足	顾客服务差异
A-3-30	如果真的有资本进来,新产品研发的前期投入可能就会做一些,因为你这种前期投入不一定都能成,有收不回本的风险	C	创新投入	资本需求旺盛
A-3-31	大家现在一直在研发这个方面,其实我觉得投入是不够的,实在是没钱,说白了就是不愿意投那么多	C	创新投入	资本需求旺盛
A-3-32	我们发展用户都是有成本的,肯定是天天补贴渠道才能给我发展客户,不然它不可能去发展客户	E	渠道补贴成本	渠道布局困难
A-3-33	企业如果资金有限,我们肯定打到一个平衡,我发展这个点我就不会再发展了。如果可能资本多了,我们可以把池子放大,可以把规模放大,拓展渠道。银行贷款方面比较受限	C-E	银行贷款限制——渠道补贴成本	资本需求——分销渠道获得难度
A-3-34	母公司出于资源合理配置的考虑,目前可能也不会给我们太多资金	C-E	母公司融资限制——渠道补贴成本	资本需求——渠道获得难度
A-3-35	我们预期未来可能会好一点的,但是现在可能短期会亏着的,我们就考虑不投入资本。马上我们就能过得好一点了,我们就投入,因为先要活下来	C	创新投入	资本需求旺盛

编号	条目库	渐进式编码的次序		
		一	二	三
A-3-36	手机设备兼容方面，现在高端手机之间我觉得应该问题不大，但是 CDMA 跟以往的不太一样，移动的 GSM 制式它是不太一样的，是存在问题的，你比如说电信的专属手机不能用 GSM	D		
A-3-37	熟悉新套餐的成本影响不会特别大	D		
A-3-38	契约转换成本确实有，因为你要把客户拉过来，他原来那边肯定是有一些优惠的，你想把他拉过来，你肯定也得给他补贴一些东西，他才能来，这个成本肯定是存在的	D	契约转换成本	弃号转网成本
A-3-39	告知朋友确实也是用户转换成本的一个方面	D	人际维系成本	弃号转网成本
A-3-40	我觉得现在手机号跟互联网的应用和银行卡的绑定，用户的转换成本挺高	D	信息解绑成本	弃号转网成本
A-3-41	携号转网之后验证码收不到的问题，有些互联网应用可能会存在问题，最大的问题就在小的一些 APP 上，但是其实说白了，大家经常用的都没问题，除非特别小的那种	D	信息更新成本	携号转网成本
A-3-42	核心网是让你使用的，你真正打电话是在核心网里面，BOSS 和产品主要是给你计费。核心网其实没给我们开放了，只是把那个能力给我们开放了，现在的模式，我们只能做基础业务，增值业务我们做不了，比如数据流量后向计费，我们现在做不了。如果直接开放核心网（网源侧能力），就可以做数据流量后向计费，比如定制机	F-B	核心网权限——资源获取受限	政府监管——产品差异化
A-3-43	将核心网独立，虚商直接接入核心网是可行的，以后三个基商也是租用铁塔公司的核心网	F	网络资源单独监管	监管制度缺失
A-3-44	我们直接接入核心网的话就可以获得更多有利的权限	F	核心网权限	政策开放限制

续表

编号	条目库	渐进式编码的次序		
		一	二	三
A-3-45	开放核心网,对信息安全的监管在技术上可以实现,但是没开放	F	核心网权限	政策开放限制
A-3-46	开放核心网,不能靠基商,基商肯定不愿意,因为多了个竞争对手,还是要靠部里	F	核心网权限	政策开放限制
A-3-47	三大基商给渠道的利润也很多,所以优质渠道被他们基本占用了	E	优质渠道缺乏	优质渠道缺乏
A-3-48	优质的渠道也可能签了排他性协议,我们不能找他们合作	E	排他性协议	优质渠道缺乏
A-3-49	开拓新渠道的话,看你补贴的费用,就是你的对渠道的政策,不好那就不来,对市场来讲成本就上升了,发展一个用户的成本又加大了	E	渠道补贴成本	渠道布局困难
A-3-50	引入外资,有利于开拓国际化渠道	H	国际化渠道	渠道拓展
A-3-51	外资一般都是跨国企业,渠道网络都是现成的	H	国际化渠道	渠道拓展
A-3-52	原来的网络建设都在基础运营商,只能先跟基商签才能拿到正式牌照,除非把网源侧(核心网)独立出来,不管电信联通移动,还是虚商,以后都去跟铁塔公司签	F	网络资源单独监管	监管制度缺失
A-3-53	最迫切的问题,我觉得在资本上其实是一个大问题,很多我觉得是该投的,但是没办法。其实部里,对这个也是有希望的,除了传统的业务,它是希望你有创新的,但是创新,你得有投入,创新没投入你也很难	C	创新投入	资本需求旺盛
A-3-54	我个人也一直觉得应该是两条路,第一条在现在传统渠道下,先保证你可以健康活下去,那么我在另外一条路上,我应该做一些创新			

编号	条目库	渐进式编码的次序		
		一	二	三
A-3-55	我们不能像联通、电信和移动一样，模仿它走现在这条路，我觉得没有价值，我打它，也打不过。我肯定在某些方面跟它是有差距的。我觉得也很难追上，但不一定是差，我觉得在其他的方向我有创新，因为民营企业有天然的优势，灵活。我们没有一些条条框框，不能说三大基础运营商能力不行，而是对于他们的制度也好调控也好，他们没办法，就是希望我们来做这些事			
A-3-56	有了钱，我们可以更多地投入一些新的领域，有创新地去做一些事情，说不定就有一个爆发式的增长	C	创新投入	资本需求旺盛
A-3-57	银行贷款方面，好像瓶颈挺麻烦的，因为毕竟我们就是一个轻资产公司，贷款抵押方面对我们就不利了	C	银行贷款限制	融资渠道限制
B-1-1	批零倒挂是真实存在的。比如说我们现在按照联通资源池的模式，流量拿到1M是八分四厘左右，如果去看基础运营商的财务报表，按照他们流量业务的收入，还有实际使用的流量来比，我们的价格绝对会比这个要高很多的，至少是差数量级的差别。在这种资源池的模式下，就没有办法去做流量大户的这种用户	A	批零倒挂	直接成本优势
B-1-2	批零倒挂的问题导致我们只能去往四线、五线，甚至乡村级别去切，我们就发展不了这种高流量的用户或者中高流量的用户了，只能去发展对流量没有需求的用户	A	批零倒挂	直接成本优势
B-1-3	联通也有开放的趋势，所以他们除了资源池模式以外，还有流量模组，模组也有套餐的概念，就是跟我们结算之间有套餐的概念，比如现在有日包1元3百兆，但是当天有效，这种就能降低相应的成本，但是相应的结算成本跟网内的价格比起来还是贵的	A	批零倒挂	直接成本优势
B-1-4	批发价格高是一个最突出的因素	A	批零倒挂	直接成本优势

编号	条目库	渐进式编码的次序		
		一	二	三
B-1-5	我们也是从原来基础运营商体系或者相关的产业或者岗位过来，其实运营经验上我们并没有差很多，人员团队上也还可以	A		
B-1-6	不能说基商故意提高他们控制的网络资源的批发价格，实际上他们和虚商合作，如果把价压得比他们省分公司的售卖价还要低，跟我们接触的这种部门在内部就会被认为这样做肯定是不合适的，对外人反倒比对自家更好，这个部门去牵头做这个事还是有难度的	A	批零倒挂	直接成本优势
B-1-7	对于批发价格的管控，我觉得依靠基础运营商自身的机制是没有办法实现的，除非国家出台一些政策，比如说按照他们公布的财务报表上的平均价格作为给我们的批发价格	F	价格联动机制	已有监管缺陷
B-1-8	国家规定是有个价格联动机制，但是实际上没有起到什么太好的作用	F	价格联动机制	已有监管缺陷
B-1-9	批发的时候会打折，八分四厘最低能做到六分多，但是这个还是数量级的差别	A	批零倒挂	直接成本优势
B-1-10	价格联动机制原来说的是半年调一次，有了联动机制之后调整过一次，但是之后就再也没有	F	价格联动机制	已有监管缺陷
B-1-11	价格联动机制暂时没有人推动，好像都没有人牵头去做这个事	F	独立监管机构	监管制度缺失
B-1-12	现在有很多对虚拟运营商的管理工作，实际上是工信部委托信息通信研究院在做	F	独立监管机构	监管制度缺失
B-1-13	比如说4G、5G这种导致流量成本降低，的确是成本降低了，但是只有内网上的价格下来了，我们的成本实际上还是没降，所以技术的推动反倒造成了我们之间的差距会越来越大	A	批零倒挂	直接成本优势

编号	条目库	渐进式编码的次序		
		一	二	三
B-1-14	国内虚商通过基商获取网络资源，然后自己打包品牌和套餐产品，对外售卖，实际上只是一个很浅层的开放，再深层的开放就是我们更重一些的虚商，他们可以自己去建 HLR（用户归属寄存器，就是在这个设备上储存用户的号码，还有 EMC 这些身份健全的数据，它不包括核心传输的能力），就是有自己的号段，如果开放到这个程度的话，大家对于码号的规划使用，其实就有更多的作为	F	自建核心网	政策开放限制
B-1-15	国内其实还有一些区域性的运营商、小运营商，比如天津大港油田，它整个油田自己组一张通信网，内部都是自己的电话，它也会跟基商做对接，它是一个区域性的基础运营商的概念，或者叫驻地网。这种开放是属于基础运营商的一个范畴，国家应该是不会开放的	F	自建核心网	政策开放限制
B-1-16	HLR 的开放可能受到基商的很多阻力，因为开放到这个程度，实际上跟他们的能力就不会有太大的差别了	F	核心网权限	政策开放限制
B-1-17	比如说我们是跟腾讯合作，给腾讯免流量，包括现在这种大王卡的这种形式，有了 HLR，就有实现的可能性了，就可以自定义很多灵活的业务出来	F-B	自建核心网——资源获取受限	政府监管——产品差异化
B-1-18	对于我们，现在开放的就是语音短信流量，然后来电漏话提醒、来电显示，这个是最基础的一个电信业务，那么多增值业务其实我们都没有开放，不是说行政上不让你弄，客观上基商没有开放资源	B	资源获取受限	套餐差异
B-1-19	最主流的业务开放了，但是其他增值的五花八门的业务都没有开放，这是另外一个维度，刚才说的 HLR，那个是整个网络开放的范围	F-B	核心网权限——资源获取受限	政府监管——产品差异化
B-1-20	基商对我们开放的业务范围，其实都是非常受控的	F-B	核心网权限——资源获取受限	政府监管——产品差异化

编号	条目库	渐进式编码的次序		
		一	二	三
B-1-21	售前售后服务，还有产品设计，可能还是跟批零差有很大的关系	B	售后服务不足	顾客服务差异
B-1-22	电信管理条例对客服这块是有明确要求的，每万用户要有一个固定配比，现在其实虚拟运营商的每万个用户，每个月的消费金额可能是十块钱左右，一万用户可能收入是十万，能做到的利润可能就很低了，比如说有10%的利润，有一万块钱，但这一万块钱要养二到三个客服坐席，比如说要养两个坐席，按照北京的价格，一个坐席的成本，一个月是一万六、一万七，差不多这个价格，然后两个的话就三万多，你用一万块钱的利润怎么去养三四万的客服？	A	客服成本	直接成本优势
B-1-23	电信行业对客户售后服务是非常看重的，而且它的销售并不是一个行为的结束，它只是一个开始，整个服务的周期是非常长的，这个跟普通销售肯定是不一样的，所以它售后这块的成本明显会高于其他的行业，但是现在按照这种批零差或者按照这种利润的程度，它就在客观上不具备做好客户服务的基础	B	售后服务不足	顾客服务差异
B-1-24	广告投放这块，其实对于我们来说，现在投入是蛮少的，很多的时候只是依赖于母体的形象，去做一些不需要什么太大成本的宣传	B	品牌宣传缺乏	品牌差异
B-1-25	联通这些基础运营商在选合作对象的时候，很多时候会选择那些母体比较强大的虚商			
B-1-26	刚才说的批零差，导致产品没有办法做到跟基商去竞争的程度	A	批零倒挂	直接成本优势
B-1-27	对我们开放的业务也是受限的，只有这些业务，没有那些相关的增值业务	B	资源获取受限	套餐差异
B-1-28	基础运营商的品牌，我觉得可能招人烦的方面更多一些	B		

编号	条目库	渐进式编码的次序		
		一	二	三
B-1-29	转售的虚商，它没有自己的网点，所以销售的渠道跟基础运营商有点不太一样，基商有它自己的网点，还有合作的代理网点帮它去卖，而虚商主要是靠合作的这种代理商去销卡	E	自建网点缺乏	渠道布局困难
B-1-30	我们在刚做这个行业的时候，其实有很多人问我们有没有卡，可能听到虚拟运营商这个词汇之后，他们首先想到的就是类似 skype 之类的那种，就是不需要实体卡的那种软性的东西，或者你这手机就不需要插卡了	B	"虚拟"形象负面	品牌差异
B-1-31	另外的话，"虚拟"这两个字对于行业来说，感觉是偏负面的影响会比较多一些	B	"虚拟"形象负面	品牌差异
B-1-32	现在大家在代理销卡的过程中，渠道有时候刻意避免说那个是虚拟运营商的卡，它会强调这是哪个网络制式的卡，比如说这个是联通的卡，这个是移动的卡，但不会说是虚商的卡	B	"虚拟"形象负面	品牌差异
B-1-33	跟外资合资，还是有利于产品差异化的，比如说有一些全球性的或者是在多国运营的运营商，他们如果进入虚拟运营商的领域，可以跟他们之间有一定的互通。这个在产品设计上也是有好处的。跟外资合资，提供频繁出镜的这种用户，我觉得作用还是蛮大，有一个套餐的设计	H	资源获取	产品差异化
B-1-34	之前中国移动还是中国电信应该在国外也会收购一些当地的运营商，跟他们做互通，然后去扩展他们的国际业务。反过来的话，国外的这些运营商肯定也是有这种意向往国内来的			
B-1-35	跟外资合资，在品牌上也有帮助，外资的品牌比较有辨识度	H	品牌差异	产品差异化

编号	条目库	渐进式编码的次序		
		一	二	三
B-1-36	外资入股带来的资本也可以进行品牌宣传，比如广告	H	广告投入	资本补充
B-1-37	联通给我们开放的是两个模式，一个资源池的模式，另外一个是模组的模式。资源池对于单个用户来说，没有门槛，可以做到每个月都是零消费，这种实际上是适合用来做这种偏语音的业务。但是在模组模式下，最低有一个基础套餐包在里边，那个成本大概是4块8，那个产品就适合去包装那种流量类的业务，它有日包就是1元300兆，但是仅限当天使用，可以做这种包	B		
B-1-38	我们语音的用户多一些，原来的一些流量的用户很少，因为流量我们再怎么包装，也是拼不过类似大王卡那种产品的	B	互联网套餐冲击	套餐差异
B-1-39	软件系统，然后再加硬件系统，最基础的一个成本应该是在千万，前期的虚商，采购软件、硬件低于千万的几乎没有，都是千万以上。再加上当时一般会有20人以上的这种IT团队，其实在第一年IT上的投入应该最低也得2000万。这个对于民企来说还是一个比较大的成本压力	A	系统建设与维护	直接成本优势
B-1-40	我们这边因为大多数的都是外购的系统，然后人员也比较少，自研系统的话，可能从我们这个角度来看就划不来，因为系统你不可能开发完了之后，就把这些人辞退掉			
B-1-41	我们初期是在创新方面是做得比较多的，一年创新的研发方面可能快到上千万，但是后来发现这些其实收不回来成本，然后我们后期就逐渐收缩，目前没有太多的这种创新业务出来。	C	创新投入	资本需求旺盛

编号	条目库	渐进式编码的次序		
		一	二	三
B-1-42	那套大的支撑系统需要千万级别的投入，但是在后期的产品里，对于项目所需的这些软件要招标，但是你选定了一家软件供应商之后，因为这个系统都是它提供的，而且这种是不买断知识产权的，也就是它没有提供源码。买源码的那种方式，基础运营商会干，因为他有足够的资金去支付这个服务，但对于我们来说，我们为了省钱，只有几百万一千万这个级别去买软件，就不可能买它的源码。然后这种情况下没有源码，后期的开发、所有的工作还是要交给原来提供基础版本的软件厂商来做	A	系统建设与维护	直接成本优势
B-1-43	在卡上有分主安全域和辅安全域，主安全域里写的是运营商的建设信息，在辅安全域里，它可以放这种金融的应用，比如信用卡，如果对我们开放权限，这种我们就可以实现，但是现在是做不到的	B	资源获取受限	套餐差异
B-1-44	国家对于涉及用户个人信息的这种企业或者行业，安全等级要求还是蛮高的，我们叫等保三级。等保三级就要求有非常多安全设备，包括防攻击、防病毒、安全审计相关的东西。我们都要设置专门的这种安全岗位，要有专人负责做这个事，其实对于基础运营商就很轻松了，因为他有专门的业务支撑中心这种大部门。对我们来说可能就几个人，再增加一个岗就要求蛮高。然后增加的设备其实像 wife 或者 nds 之类的这种设备还是蛮贵的	A	系统建设与维护	直接成本优势
B-1-45	从目前来看，如果想做得比较好，现在回过头去看，发展得比较好的这些虚商，他前期预留的资金至少是5000万打底，需要前期往里垫钱	C		
B-1-46	需要考虑外资有什么样的期望可以吸引他们来做这个事儿	G		
B-1-47	外资应该都挺想进来的，但目前还没实现	G		
B-1-48	批零差，然后整个行业很难赚钱			

编号	条目库	渐进式编码的次序		
		一	二	三
B-1-49	资源开放程度不到，外资肯定不会来的，因为你来了没有任何意义	G		资源开放限制
B-1-50	因为国外的虚商资源可能基本开放了，肯定开放的多，它才有东西施展，我们开放程度低，施展不了，所以外资来也没有什么意义	G		资源开放限制
B-1-51	对于移动转售，国家层面的监管是仿照之前对增值业务的监管去管理的。但是对于这种外资占比超过一定比例的，要到商务部去走另外一个流程。超过比如说5%、10%可能都得需要再去走另外一个审批流程，在移动转售行业里边，暂时还没有人走通流程	G		行政审批烦琐
B-1-52	外资股份需要很多部门审核批准的	G		行政审批烦琐
B-1-53	没有哪家虚商是有外资问题的，当时申请试点牌照都要求是没有外资股份的	G		外资股权限制
B-1-54	外资还是相对复杂，国家考虑的问题比较多	G		
B-1-55	在这个行业就是给我们开放的资源并不多，所以我们各个方面都很难发展	B	资源获取受限	套餐差异
B-1-56	包括核心网权限在内，我们获得的资源有限	F	核心网权限	政策开放限制
B-1-57	我们收购了中外通信移动转售的业务板块，说到收购，对于我们来说，我们是有扩大体量的需求的。我们觉得在十几名的位置上待着，可能从长期来看，联通就没有扶持的意愿了，可能更希望把小的虚商，尽量让它们自然掉队，然后它只跟头部的几家虚商合作好			
B-1-58	价格联动机制没执行已经出现了五年了，大家最开始就在喊，一直喊，喊到后来真的就不想喊了，就已经知道没什么用了	F	价格联动机制	已有监管缺陷

编号	条目库	渐进式编码的次序		
		一	二	三
B-1-59	从我们跟通信发展司交流的过程来看，他们一个是担心干预太多，有手伸得过长的嫌疑。另外一方面他们可能也不太想参与这种事，就是在试点期的时候，是工信部的通信发展司来牵头去做这个事儿，他们相对来说，需要协调的事太多了，也感觉顾不过来	F	独立监管机构	监管制度缺失
B-1-60	如果监管机构有法可依，然后去推动价格联动机制，它只需要监管你有没有按照这个法律执行就可以了	F	价格联动机制	已有监管缺陷
B-1-61	目前也没有独立的监管机构	F	独立监管机构	监管制度缺失
B-1-62	现在也没有电信法，无法可依	F	电信法	监管制度缺失
B-1-63	最重要的还是电信立法，才能保障行业发展	F	电信法	监管制度缺失
B-1-64	第二重要的是有监管机构，当然监管机构的级别越高越好	F	独立监管机构	监管制度缺失
B-1-65	手机号将成为互联网时代的一个身份标志，相当于一个 ID 登录 APP 或者登录网站，几乎都可以用手机号，现在的趋势就是手机号代替一切的用户名	D	信息解绑成本	弃号转网成本
B-1-66	手机号码对于现代人来说，保密关系是非常强的，尤其是在各种银行预留的手机号，在各种机构预留的手机号，你这换号的成本没法估量，所以我主号是从长春带过来的，好多年一直在用，就没办法去解绑	D	信息解绑成本	弃号转网成本
B-1-67	携号转网是在三大基商之间的一种转换，而且现在只开放了六个省份，还是在实验阶段，应该是从 2008 年就开始做携号转网的试点，到现在 2019 年，转网的用户应该还是在百万量级，应该是在 230 万左右	D		

编号	条目库	渐进式编码的次序		
		一	二	三
B-1-68	换号的成本对于现代人来说很高，不可能卖给城里的人，他们跟各种应用绑定的关系很紧，你只能去村里边卖卡	D	信息解绑成本	弃号转网成本
B-1-69	现代人社会联系很强，卖不动卡	D	人际维系成本	弃号转网成本
B-1-70	携号转网在各个基商投入系统改造的成本肯定都是10亿量级的，但是它目前已经运行了10年，只支撑了230万的用户。这个纯粹是民意推动政府干预，就政府下令逼着三大运营商去做这件事，其实真的是没有什么意义	D		
B-1-71	携号转网之后收验证码的问题，比如137是移动的号码，我转网到了联通，验证码它会怎么发，它怎么判断这个路由，比如说用微信，我发验证码，它一判137，这是移动的号，我把这个短信发给移动的通道，我只能按照137去判断是哪个基础运营商，现在就不行了，我要查一下你这个号是不是转过网	D	信息更新成本	携号转网成本
B-1-72	对于一些大的公司，腾讯应该是做得最好的，它会对这个手机号码识别到底是哪个运营商，它跟工信部这边联系非常密切，它们之间有数据的同步，包括谁转网到了哪，它们都知道，但是对于其他小体量的公司来说，它可能就做不到这个级别的	D	信息更新成本	携号转网成本
B-1-73	现在转网的用户不太多，就是200万级别，但是如果全国开放了之后，可能是要达到亿级的，之前有运营数据显示，香港现在的转网率是每年15%左右，高峰期应该是在2004年、2005年那会，那会高达23%，那就是说现在所有存量的用户几乎全都转过网。国内的形势是，十几亿人可能都转过网，然后每个人都要去查一下他是在哪个运营商那，其实开销还是很大的，然后你在哪能放这么一个数据库，存着十几亿的数据，让大家实时过来查询、调用，这都是很有挑战的	D	信息更新成本	携号转网成本

编号	条目库	渐进式编码的次序		
		一	二	三
B-1-74	美国那边应该是有监管机构的，他们提供初始的资金建了一个携号转网查询的数据库，建了初始的版本以后，由使用方和接受方来付费支撑这个系统的运营	D	信息更新成本	携号转网成本
B-1-75	整个携号转网已经推了有10年了，还是这么一个规模，最开始才两个试点，然后现在才6个还是7个，这个推进还是很慢的	D		
B-1-76	携号转网是要先提一个申请，并不是所有的用户都可以转，因为他要判断你有没有合约，有没有一些之前签的限制，反正就有一堆的判断，限制了转网用户的规模。你转网之后，它会分配你一个转网的码，你再到另外一个基础运营商提交这个码，再办理一个入网的流程	D	通信合约限制	携号转网成本
B-1-77	如果打通基商和虚商携号转网的通道，最大的可能性就是我们的客户跑掉，按照目前这种业务开放的程度，我们流入客户的可能性极小	D		
B-1-78	很多渠道实际上是有签这种排他性的协议的。你代理了移动的号卡，你就不能再做联通的业务，同样的，当然也不能做我的，所以我们只能另辟蹊径，去找新的公司或者新的合作伙伴，困难很大	E	排他性协议	优质渠道缺乏
B-1-79	渠道补贴，我们现在比较多的是按照在网用户分佣金，然后按照不同的产品，有不同的比例，目前最低的是收入的3%，就是你这个用户当月产生了10元的消费，在我们这确认成收入了，就会给你分3%，也就分到3毛钱。最高的有分利润的50%的，还有一些战略合作的可能要分出去利润的70%，自己留利润的30%	E	渠道补贴成本	渠道布局困难
B-1-80	战略性的，比如说渠道拿的体量比较大，直接拿百万级的号卡走，相当于这100万的号卡全部交给它自己去运营了，它只需要给我们一个三成的利润就行，因为它再去做它的网点的时候，它也要付出一些佣金什么的，这已经全部转移给它，最多能给到利润的70%	E	渠道补贴成本	渠道布局困难

续表

编号	条目库	渐进式编码的次序		
		一	二	三
B-1-81	70%是利润，比如说我们设计这款产品，它的利润率是20%，20%里边再三七开，我们实际上就剩了一个售价的6%，这6%我们还要去支撑IT系统运行，基本上也消耗没了，几乎是没有利润	E	渠道补贴成本	渠道布局困难
B-1-82	渠道补贴力度那么大，对于资本肯定是有很强的需求，但是轻资产模式很难获得银行贷款	C-E	银行贷款限制——渠道补贴成本	资本需求——分销渠道的获得难度
B-1-83	因为业务不赚钱，母公司也不可能一直给钱补贴渠道	C-E	母公司融资限制——渠道补贴成本	资本需求——分销渠道的获得难度
B-1-84	资本也不看好，对渠道补贴之类的业务发展还是有影响	C-E	股权融资限制——渠道补贴成本	资本需求——分销渠道的获得难度
B-1-85	相对来说我们并不是能产生快速回报或者高额利润的一个行业，所以从目前来看，没有非常正式的资本青睐虚拟运营商这个行业，进入这个行业的可能主要还是民营的资本，传统做这个行业的人更多一些。这个人就是现在的分销渠道，它以前觉得基础运营商是我的甲方，我去做这个业务，也能分得不少的佣金，我觉得我自己也可以去做虚商，它会往上游再走一步，但是它接触了上游，才发现原来你活的是这么不容易	C	股权融资限制	融资渠道限制
B-1-86	我们一方面要供给三大基础运营商，另外一方面要分很多佣金给整个的分销渠道，实际上自己基本上是平进平出的，我们这儿并没有产生多少利润	E	渠道补贴成本	渠道布局困难

编号	条目库	渐进式编码的次序		
		一	二	三
B-1-87	我们目前发展的客群太少，其中有这种国际联系的，比例就更小，整体的总量就太少	B		
B-1-88	跟外资合资之后，包装一个品牌到国外，去给外国人用，又涉及实名制入网，那个是绕不过去的，目前实名制能够通过线上校验的，包括港澳在大陆的居住证，其他的像护照这个是没有办法在线核验的	G		实名制信息验证
B-1-89	263有个叫中美通的卡，聚焦出入境的用户，去年在实名制检查的时候，入境用户的身份信息都是不合规的，因为没有身份证，提供的都是拍的留存的护照，没有办法去查验真伪。他们的中美通国内用户出境，更多的还是通过他们收购的香港的一家虚拟运营商来做跳板，实际上出境漫游的时候用的是香港那家虚商SIM卡里的健全信息，并没有用国内的170或者171这种虚拟运营商的卡，这样就没有实名制的问题。问题是入境的话，你到国内来用大陆的卡，就是国内的手机号，是有实名制壁垒的，你出去的话其实都无所谓	B		
B-1-90	产品国际化，又涉及另外一个壁垒，就是数据不出卡的问题，身份健全的信息在卡板里，它不会出来，它只是在基础运营商体系里转，它的这套数据是一套加密机生成的数据，里边有密钥信息，是要通过它的根密钥，再加上你的私钥，然后去算出KI信息，写到卡里，这个信息保密级别非常高，都是需要硬件加密机去算的	B	资源获取受限	套餐差异
B-1-91	我们卖过一些出境游的卡，但是这个卡是国外运营商的卡，就是做代销。对入境游的用户，我们是提供过随身的wifi，那个也是我们合作研发的一款产品，但是现在已经被环球漫游收购了	B		

续表

编号	条目库	渐进式编码的次序		
		一	二	三
B-1-92	我们跟出门问问合作过，在它的手表里集成我们的 SIM 卡，但是相对来说，我们的方案不如联通自己的方案成熟，联通内部用的是 E-sim 的方案，但是在我们这边 E-sim 还没有开放，就是核心网的权限没开放导致做不成这个类型	B	资源获取受限	套餐差异
B-1-93	我们初期的资金是民生银行投的，近两年引入了一些外部的资本，就是渠道商	C	母公司融资限制	融资渠道限制
B-1-94	关于银行贷款，因为我们做这个行业，其实没有那么多的资产积累，从利润上看，又是不怎么赚钱的，我们去贷款的时候，其实很尴尬，银行都要求有资产做抵押，我们实际上没有什么资产	C	银行贷款限制	融资渠道限制
B-1-95	公司是有一些可以评估价值的东西，但是只有业内的人才知道它的价值，银行肯定是不会认可这些所谓的资产，我们有软件的 IT 系统，有硬件系统，有平台，还有信用卡这些所谓的生产资料。其实在银行眼里，这些东西你抵押给他们也没什么用	C	银行贷款限制	融资渠道限制
B-1-96	比如说，靓号，三个 7 结尾的，这个是有价值的，当然国家是不允许收这种靓号的选号费的，只有代理商在卖的时候，会收这个费	C		
B-1-97	以前也做过一些 bp，去找投资人，总觉得这个东西不赚钱的话，就是讲不下去的，投资人不看好。目前来说，看好这个行业的，就是想从乙方转成甲方的代理商和渠道	C	股权融资限制	融资渠道限制
B-1-98	最制约发展的就是批零差这个问题，价格的问题，这个是最根本的一个问题。大家不赚钱肯定就带来一系列的问题，你的生存有问题，然后资本也不看好	A-C	批零倒挂——股权融资限制	在位者成本优势——资本需求
B-1-99	价格的问题还是需要严格执行价格联动机制	F	价格联动机制	已有监管缺陷

续表

编号	条目库	渐进式编码的次序		
		一	二	三
B-1-100	目前政府来看的话，也没有一个有力的管理，没有人在管批零差的问题。我们只能去找基础运营商跟我们合作接口的部门，比如说，联通的话就去找监管事务部，但是他们也不想树立一个内部树敌的形象，这也很尴尬，只能慢慢地推动，这个是一个现状	F	独立监管机构	监管制度缺失
B-1-101	通信行业承担了很多所谓的社会责任，在利润没法保障的情况下，还要尽到非常多的社会责任。实名制其实就是我们扛的一个社会责任，这是涉及国家安全的，我们应该做，但是实名认证我们还要收费的，我就查一下身份证号跟姓名是不是匹配的，那也要5毛钱呢；如果查验一下人脸跟手持的照片是不是一致的，如果是一个视频的方式去介入，至少也需要1块5毛钱。我们这么大体量，几十万用户，也是一个不小的负担。这个应该要给我们补贴的	A	实名制信息验证	直接成本优势
B-1-102	实名制支出对我们盈利有影响，降低了对外资的吸引力	G		实名制信息验证
B-1-103	我们还需要对接公安，他们有案件要协查，我们都是要及时响应的，其实配合的成本还是蛮大的，需要配备专岗的人员	A	执法响应成本	直接成本优势
B-1-104	资源开放肯定算一个壁垒，对我们开放的程度是非常有限的，包括网络层面的、业务层面的、数据层面的、SIM卡出卡或者入卡身份相关的权限这些都是受限的	B	资源获取受限	套餐差异
B-1-105	核心网权限之类的限制也很多	F	核心网权限	政策开放限制
B-1-106	有部分虚商刻意扰乱秩序的	F	独立监管机构	监管制度缺失
B-1-107	虚商的退出机制研究过，中外是首个案例，这种机制的建立对虚商群体的发展还是很有必要的	F	强制退出机制	已有监管缺陷

编号	条目库	渐进式编码的次序		
		一	二	三
B-2-1	我们的价格劣势不是基商故意造成的，实际上是运营商这种考核机制带来的，我以前在中国联通，基商省分公司和总部在市场的价格上也不断在博弈，总部集团公司是希望省分公司别乱降价，但是省分公司说考核的压力在不断地加，这两个之间是在博弈的，不是省分公司故意要降价的	A	批零倒挂	直接成本优势
B-2-2	基商省分公司与省份之间存在竞争，而且运营商还有全程全网的特点，就是说我这张卡是四川的，我在广东一样可以用。如果省分公司为了当期的考核，降价冲击别人的市场，基商总部在这种情况下采取的措施就是，你的卡漫游到了异地，我通过最低结算价来进行调控，比如说，流量1个G不能低于25块钱，你四川的卡可以飘到广东，但是如果你低于25块钱，你就是在给别人打工	A	批零倒挂	直接成本优势
B-2-3	我们以前的优势是漫游免费，现在基商也开放漫游了	B	漫游优势抵消	套餐差异
B-2-4	虚商在发展市场过程中，其实又增加了一个竞争主体，我这个卡全国都可以飘，而且我跟总部是一点结算，全国价格都一样			
B-2-5	我们语音的基础结算价是一毛零五分，基础运营商总部认为这个价格在集团公司管控的层面上是合适的，但是省分公司其实卖的价格远远低于一毛零五分	A	批零倒挂	直接成本优势
B-2-6	批零倒挂，这不是基商故意的，是基商的考核机制带来的，而且省份的领导有任期制。各个省份有一系列的考核指标，是一个综合打分体系，可能用户发展量占一定的分数，收入又占一定的分数，因为成本会滞后体现，如果总经理今年考核很差，为了把当期的绩效搞上去，就要低价赶紧卖出去，把帽子保住，后期亏到下一任再说	A	批零倒挂	直接成本优势

续表

编号	条目库	渐进式编码的次序		
		一	二	三
B-2-7	我在市场前端当过本地网总经理，当过省份的副总经理，太清楚这样一个考核体系了，我为了我的这个任期和我当期员工的人工成本，我就是要降价	A	批零倒挂	直接成本优势
B-2-8	随着运营经验及效率增加，成本降低，基商有这种空间，成本是越来越低的，确实是存在的	A	学习曲线效应	间接成本优势
B-2-9	虚商的运营效率跟经验，我认为没有必然的联系，我是一个民营企业，我天然具有运营的效率			
B-2-10	虚商和基商不是竞争关系，而是合作关系。如果我们是一个竞争关系，虚商是存活不了的，因为虚商没有资源，你在基商手里去拿资源来卖，基商怎么可能允许虚商目标市场、渠道、产品完全一致地来跟它进行竞争；从国家来讲，它一定是把虚商作为一个补充，来补充基础运营商在服务价格体系、用户市场的查漏补缺和创新上面，它才有存在的意义，所以我不认为是一个竞争关系	F	网络资源单独监管	监管制度缺失
B-2-11	我们在跟省份、跟总部接触，从运营商自己的态度来讲，其实它也在不断降价。但它总部的价格是一个标准的体系，而且它是一个全国通盘考虑的体系，而所谓批零差是一个局部的	A	批零倒挂	直接成本优势
B-2-12	我们也在考虑跟外资合资			
B-2-13	品牌没办法，民生通讯这个品牌和中国联通的品牌没法比，大家都不知道民生通讯这个品牌	B	在位者品牌强大	品牌差异
B-2-14	广告投放导致的产品形象差异，肯定是存在的	B	品牌宣传缺乏	品牌差异
B-2-15	三大运营商的服务，它是一个标准化的服务，虚商恰恰只服务一部分人群，目标客户群就应该是低使用量人群，每个月使用不超过20块钱，这部分人群是中国的三大运营商都覆盖不了的	B		

编号	条目库	渐进式编码的次序		
		一	二	三
B-2-16	现在三大运营商在搞集中化，不允许省份各自搞套餐，一个套餐覆盖所有人群，那种标准化的服务，其实是给虚商留下了一个比较好的发展空间。我就专打一个目标市场，我的服务和套餐设计比它更灵活	B		
B-2-17	基商现在的用户量这么大，它不能随便去降价，一降价，我用户一转，套餐收入降低，所以说它不敢随便动，它是很不灵活的，而我们没有什么存量，随便搞	B		
B-2-18	用户想换个号，因为他对中国移动很不满意，但是他的银行卡之类的都绑在中国移动，他就想算了，就是他绑定以后，容忍度就提高了，换号的成本太高	D	信息解绑成本	弃号转网成本
B-2-19	三大基商的品牌信誉扎根消费者，我觉得是存在的，因为中国联通不会垮，我买你一张民生通讯的卡，也可能垮掉，没人服务了	B	在位者品牌强大	品牌差异
B-2-20	国外的企业，其实他们的竞争是很充分的，国外的运营商很多，虚商开放时间很早，有些虚商专做华人在美国的人群，跟外资合资，可以合作专门做全球化的华人市场，可以利用外资的渠道	H	国际化渠道	渠道拓展
B-2-21	虚商在资本上确实是个劣势，其实目前做得最大的虚商，像蜗牛，它的资本，包括注册资本，或者说是进入这些资本，都很弱，它就不敢花钱去提升知名度，它的费用确实是少的	C	广告投入	资本需求旺盛
B-2-22	电信设备投入这一块其实不是主要的，因为我没有网络，我没核心网，投入并不大	C		
B-2-23	很多虚商想打广告，又没这个钱，它也想在品牌上再做一些更多细分化的区隔和服务，但目前做不到，就受制于资本，另一方面是银行贷款的限制	C-B	银行贷款限制——品牌宣传缺乏	资本需求——产品差异化

编号	条目库	渐进式编码的次序		
		一	二	三
B-2-24	股东也不可能一直拿钱给你打广告	C-B	母公司融资限制——品牌宣传缺乏	资本需求——产品差异化
B-2-25	打广告需要的资金也是受限于没有资本看好虚商	C-B	股权融资限制——品牌宣传缺乏	资本需求产品差异化
B-2-26	我觉得在品牌建设、广告宣传这块，投入上确实是瓶颈，资金来源是问题，比如，贷不了款	C-B	银行贷款限制-品牌宣传缺乏	资本需求——产品差异化
B-2-27	品牌宣传也得不到母公司的资金扶持	C-B	母公司融资限制——品牌宣传缺乏	资本需求——产品差异化
B-2-28	资本不看好导致没有钱打广告	C-B	股权融资限制——品牌宣传缺乏	资本需求——产品差异化
B-2-29	我们都是低成本的运营。其实低成本运营限制了发展的空间，没有知名度，所以说这就需要钱砸	C	广告投入	资本需求旺盛
B-2-30	资本的瓶颈导致补贴力度不大，就没有用户忠诚度	C	用户补贴	资本需求旺盛

编号	条目库	渐进式编码的次序		
		一	二	三
B-2-31	低成本导致缺乏品牌宣传	B	品牌宣传缺乏	品牌差异
B-2-32	我前期为了规模发展，需要补贴渠道	E	渠道补贴成本	渠道布局困难
B-2-33	印度有一家虚商，为了培养用户忠诚度和知名度，前三个月全送，所以它好像发展是很快的，都快超过最小的一家基础运营商了，这就是钱砸出来的，我没这个钱	C	用户补贴	资本需求旺盛
B-2-34	我们都不是一个资本的玩法，虚商目前没资本力量	C		
B-2-35	跟外资合资，注入资本，到时候说给我钱，我就敢砸，现在我没这个钱在广告上	H	广告投入	资本补充
B-2-36	合资之后补充了资金，也能跟更多渠道合作	H	渠道补贴	资本补充
B-2-37	手机对技术的兼容性问题不存在了，因为现在4G是全网通	D		
B-2-38	用户对新套餐的学习成本是存在的，但是我们现在的这种套餐，就不像运营商所谓的套餐模式，其实我们非常简单，你打多少算多少，很简单明了，学习成本低，每分钟就一毛二	D	套餐学习成本	弃号转网成本
B-2-39	用户的契约转换成本确实有，运营商原来搞了很多活跃计划，我这个手机就捆了两年，我送你的手机，每月给你打那么多钱	D	契约转换成本	弃号转网成本
B-2-40	手机号不只是一个通信的方式，现在它背后绑着大量的金融ID，其实你要换一个号很难，这个成本是我认为的第一。可能十年前还相对简单，就是资费，或者服务或者品牌网络，现在网络基本趋同，品牌都差不多	D	信息解绑成本	弃号转网成本

编号	条目库	渐进式编码的次序		
		一	二	三
B-2-41	携号转网在技术上不存在障碍，其实已经没意义了，因为网络、服务、价格基本趋同，因为我使用一个手机号码，本质上是我追求一个良好的网络，合适的价格，还有就是我能接受的售后服务，至少现在我认为这些东西的影响是不显著的	D		
B-2-42	分销渠道是目前来讲虚商最大的短板，现在基商基本瓜分了渠道，因为他们补贴多	E	在位者补贴多	优质渠道缺乏
B-2-43	有些分销渠道还签了排他性协议	E	排他性协议	优质渠道缺乏
B-2-44	虚商现在直接去建网点也是没什么优势的，它也给不起补贴费，去长期建这种渠道	E	自建网点缺乏	渠道布局困难
B-2-45	为什么大量虚商的卡通过这些渠道在卖？第一，产品上必须比基商有优势，价格门槛低；第二，我认为最核心的分润模式，就是划分利润，基商对大家来讲更多的是短期利益的刺激，反正就一年两年，而我们一般推了五年、十年，还有终身分成；第三，虚商和渠道是平等的，而在基商上，它认为是甲方和乙方的关系。我们的服务对于我们的渠道是平等的，因为我们要靠他们挣钱，我们身段要放得下去	E	自建网点缺乏	渠道布局困难
B-2-46	基商对渠道的补贴也很多	E	在位者补贴多	优质渠道缺乏
B-2-47	有些渠道只跟基商合作	E	排他性协议	优质渠道缺乏
B-2-48	我们都只能去占一些渠道的利益获得高于基础运营商的区域，比如说农村，因为农村的消费能力很低，一个用户只能有 20 块钱，而城市再怎么样也得 100 块钱，我们分成的比例比运营商要高，基商分个 10%，我可以分到 20%、30%	E	渠道补贴成本	渠道布局困难

续表

编号	条目库	渐进式编码的次序		
		一	二	三
B-2-49	可能跟外资合资，因为外商可能带来一些新的业务发展理念，和新的行业发展经验，有可能带来新的分销渠道，比如说，开拓国外渠道，拓展了市场的差异化，代理分销渠道的差异化，会克服分销渠道的不足	H	国际化渠道	渠道拓展
B-2-50	我们也清晰地见证了三大运营商的恶性竞争，比方说，校园市场，一到新生 9 月 1 日入学，我们比的已经不是价格战，已经是亏本的甩卖，我就要市场份，除了这个还不够，还打架，这种事情太多了，因为没人管。现在信息通信管理局已经开始管了，但也是局部在管	F	独立监管机构	监管制度缺失
B-2-51	政企不分在三大基商确实存在，主要是在省通信管理局。在部里面我觉得不存在政企不分，其实很支持虚商，从我的了解，因为我们直接跟部里打交道，部里扶持民营企业进入通信市场有非常好的初衷和力度。但是在省一级的层面，省通信管理局，基本上这些人都来源于三大运营商，不管是领导、处级干部还是科员，所以说基商犯错是不揪的，虚商犯错就重罚	F	政企不分	监管制度缺失
B-2-52	有独立监管机构肯定是好的，实行从上到下的独立的管理，重要性显著	F	独立监管机构	监管制度缺失
B-2-53	跟外资合资对改善政府监管肯定有促进作用。这次中美贸易战，我认为涉及通信这块，从申请牌照就可以看出来，我们是有外资的，所以间接有外资占有的股份。国家对外资开放，其实对监管环境的改善，肯定是会更公平的，比如，监管机构的设立	H	独立监管机构	倒逼监管规范
B-2-54	监管更加专业的话，独立监管机构还是比较重要的，外资可能有促进作用	H	独立监管机构	倒逼监管规范
B-2-55	我推测，外资如果能够控股，放开49%的限制，它是不是更愿意合资	G		外资股权限制

续表

编号	条目库	渐进式编码的次序		
		一	二	三
B-2-56	股东穿透上去以后，我们外资有 7%，当时无论如何是不让过的，商用牌照拿不下来，因为有外资，现在无所谓，才 7% 不是问题，所以我们顺利成为首批发放正式牌照的公司	G		
B-2-57	基础电信也涉及信息安全的问题，国家对外资也有顾虑	G		国家安全
B-2-58	发展的基本问题，首先还是国家政策支持；从面上来讲，国家对虚商还是鼓励支持的，但是在政企不分这个问题上，其实我们部里也被三大运营商绑架了，我这个企业如果要发展，就需要拿码号资源，本身资源是国家的，而现在码号资源不是国家的，是三大运营商的，因为拿到号段之后需要在基商那里做数据	F	网络资源单独监管	监管制度缺失
B-2-59	地方的通信管理局会偏向基商一点，里面很多人是基商过去的	F	政企不分	监管制度缺失
B-2-60	目前我们拿码号的流程是，国家把一个亿的码号资源先分给三大运营商，三大运营商再分给我们，我们要向三大运营商去申请，在申请中间，基础运营商给我们设置了很多的条件	F	网络资源单独监管	监管制度缺失
B-2-61	我是从基商那儿拿资源，没问题，价格你怎么批，其实我认为这都不是主要问题，我相信基础运营商站在它的角度，是希望来跟我们合作的，不是来竞争的，只要解决我们前面讲的客观存在的考核机制和省与省之间的竞争关系，如果解决了，我认为不存在批零倒挂的问题	F	价格联动机制	已有监管缺陷
B-2-62	我们要对基础运营商一视同仁，根本性的就是拿码号资源，码号资源应该直接给我，为什么不能给我规划一个千万段的码号？三大运营商给我支离破碎的，这个地市给我一点，那个地市给我一点，我没法进行一个很好的规划。这是我们发展过程中，在政策层面遇到的很大一个瓶颈	F	网络资源单独监管	监管制度缺失

续表

编号	条目库	渐进式编码的次序		
		一	二	三
B-2-63	至少我拿到这个码号，就跟三大运营商在某些局部市场上能够公平竞争，或者在局部市场形成差异化	F	网络资源单独监管	监管制度缺失
B-2-64	网络资源，我觉得也是国家进一步要开放的。基商的一部分基础网络资源也被铁塔公司拿走了，我可以向铁塔租用这些资源，获取更多的权限，基商本身还控制一些核心网	F	核心网权限	政策开放限制
B-2-65	为什么国家不允许我建核心网？因为没把我跟基商一视同仁，还是把我当成它的下游代理商来看待，而国外在核心网的开放上是开放的，虚商可以自己建，而且核心网投入不大。铁塔传输这块是很大的投入，只能向铁塔公司租	F	自建核心网	政策开放限制
B-2-66	解决了码号和资源开放问题，中国才有可能产生真的竞争，现在是没法竞争的	F	网络资源单独监管	监管制度缺失
B-2-67	资本对虚拟运营商不感兴趣，其实跟我们现在虚拟运营商的价值有关系，虚商就是卖一个批零差赚点钱，其他没什么太大的价值	C	股权融资限制	融资渠道限制
B-2-68	我们算是比较有背景的虚商，但是我们体系对我们的投入也很少，银行有大资金，如果要给你砸十个亿，它不是没钱，而是觉得盈利能力比较低，所以说它不愿意来砸这个钱，根本问题就是提高盈利能力，归根结底还在于管制模式和不是一视同仁的这种定位	C	母公司融资限制	融资渠道限制
B-2-69	虚商放在信息通信管理局来管，按照增值业务的门类监管，其实很多的管理远远高于增值业务监管的标准。为什么移动转售是基础业务，按照增值业务监管？从我的了解，就是因为虚商比较敏感，在这个问题上，大家的看法不一致，有的人觉得虚商没必要，因为三大运营商已经可以了，能够覆盖所有的人群。第二个就是因为虚商前期发生了很多问题，负面东西比较多，实名制的管理不如基商强，所以很多人认为多一事不如少一事，最终把这个东西放到了通信增值业务，对它进行低调处理	F	独立监管机构	监管制度缺失

编号	条目库	渐进式编码的次序		
		一	二	三
B-2-70	虚商的退出机制是很有必要建立的	F	强制退出机制	已有监管缺陷
B-3-1	前几年，基商给虚商的批发价格跟运营商本身的一些产品相比，还是偏高的	A	批零倒挂	直接成本优势
B-3-2	虚商为了拓展市场，前几年也花了很多钱，才打开了一定的市场，当时整个市场谁家砸的钱多，谁家用户量就大，因为用户办卡、送话费都是要自己贴成本	D	用户拓展成本	弃号转网成本
B-3-3	我们是后进来的，那会儿市场已经稍微有一些饱和了，我们又属于轻资产公司，又不能砸太多钱进去，所以前两年也比较艰难一些	C		
B-3-4	今年联通给我们一些新的套餐政策，还是不错的，开放了一些比较优质的资源，比方说，开放 165 这种新的号段，比如，套餐，以前是 1 元 600 兆，现在 1 元 800 兆，让我们在今年能做一些更灵活的、更切合市场需求的产品	B	"虚拟"形象负面	品牌差异
B-3-5	虚商还是在做一些低端用户，比如，四、五线城市、乡村、城镇的群体用户，但是基商希望我们不要做 ARPU 那么低的用户，再往上做一做，因为基商觉得我们也拿到正式牌照了，而且发展这么多年，应该有一定的基础了，所以向我们开放了这么多新的套餐，想让我们提高 ARPU，也能提高基商的收入	B		
B-3-6	提高用户 ARPU 还是需要时间的。不可能那么快把我现有存量的用户水平提高上去，还是有些困难的，问题还是在套餐产品的包装上，因为四五块钱的产品，我现有的用户能接受，突然提高到 10 块、20 块，他可能就接受不了，套餐的东西再丰富，现有用户可能也不太愿意接受，所以我们要去发展新的用户群体，再来推这种产品，可能会把 ARPU 往上提一提	B		

编号	条目库	渐进式编码的次序		
		一	二	三
B-3-7	我们拿码号资源，是要向基商交一定金额的保证金的，保证金对于我们这种公司来说，还是一笔挺大的金额，像联通拿100万码号，就要交2000万的保证金，拿得再多的话，还增加保证金。保证金是以现金形式质押在基商那里，就可能对我们现金流产生影响。年中会考核一次，如果能达到一定的出账收入，就会退一部分，年底再考核一次，达标的话，就全退回来，但如果考核期结束，出账收入不达标，差额要从保证金里扣	C	保证金	资本需求旺盛
B-3-8	保证金这块，压力有点大，金额有点高	C	保证金	资本需求旺盛
B-3-9	基商可能认为前十名的虚商比较有实力，所以就定了有利的政策，对十名之后的虚商来说，很难拿到那么好的资源	B	资源获取受限	套餐差异
B-3-10	现在也有批零倒挂的现象，但是相对来说前几年可能有些好转	A	批零倒挂	直接成本优势
B-3-11	先进的技术对成本影响不大	A		
B-3-12	虽然领导经验很丰富，我们配备的人员可能不是一直都在通信行业的人，转售这方面的经验相对少一些，对成本的影响应该还好，因为我们整体产品结构还是比较简单的，没有像基商那么复杂，所以上手还是比较快的	A	学习曲线效应	间接成本优势
B-3-13	现在实名制对虚商卡得非常严格，因为虚商有一部分卡叫行业卡，互联网行业专用卡。这个是不做个人身份证实名制的，但是要挂靠企业，今年对这类卡的要求提高了很多，不能打电话，或者点对点发短信，流量使用在100M以内，可以用来收短信，比如，收验证码帮人刷单	A		
B-3-14	我们现在实名验证是花钱的，5毛钱一条，活体认证1块5一条	A	实名制信息验证	直接成本优势

续表

编号	条目库	渐进式编码的次序		
		一	二	三
B-3-15	我们实名验证用的服务是中移在线的，中移在线最早是10086独立出来的，专门为中国移动服务，对我们肯定就收费很高了	A	实名制信息验证	直接成本优势
B-3-16	实名验证的成本算是比较大的成本，但是这个成本又是不得不去掏的	A	实名制信息验证	直接成本优势
B-3-17	跟外资合资的好处，可以利用海外运营商的资源，因为海外虚商的环境是比较开放的，海外的虚商有自己的基站，意味着有自己的核心网，有自己的核心数据在，他们可做的东西比较多，我们可以利用他们的资源，做跨境场景的业务。因为入境用户有实名制的要求，所以更可能用在出境的用户上	H	资源获取	产品差异化
B-3-18	海外虚商实际上想扩大用户规模，因为国外的整体竞争也激烈，合资以后，将来有了利润可以分成，对我们来说也是一个创新的东西，可以提高用户价值，因为不能老做低端用户	H	创新投入	资本补充
B-3-19	外商带来资金，多了以后，对渠道布局也是有好处的	H	渠道补贴	资本补充
B-3-20	跟外资合资也可以提高我们的品牌曝光率，可以提升品牌形象，像蜗牛移动，他们在机场有自己的自动贩卖机，用户可以自主买卡，其实都是提高品牌形象的一个方式，因为大家在机场都能看到	H	品牌差异	产品差异化
B-3-21	前几年实名制做得不好的情况下，确实这个"虚"字影响挺大的，虚拟运营商可能大家不太敏感，一说170、171，第一想法就是诈骗电话，但是经过这几年实名认证的完善，包括对监管政策的执行，这方面是有好转的，对170虚商的号码，大众是有一些认可的，但还是有影响	B	"虚拟"形象负面	品牌差异
B-3-22	从我们自己的数据来看，用户在网情况也还好，虽然有用一段时间就不用的用户，也有那种长时间在用的用户，他们觉得我们的服务、套餐、价格还可以接受，就继续用了	B		

编号	条目库	渐进式编码的次序		
		一	二	三
B-3-23	广告投放肯定是一大笔成本，所以曝光率没有那么高，所以我们广告投放其实想找一些比较好的厂家合作，就是跟人家蹭一下热度，再一个就是一些论坛，比如，ICT 行业的一个论坛，我们去做个赞助、露露脸、发发声	B	品牌宣传缺乏	品牌差异
B-3-24	我们的用户体量还好，不是那么大，我们客服的响应速度还可以，因为我们用户体量小，所以很珍惜每一个用户	B		
B-3-25	现在三大基商都在拼价，流量、语音通话分钟数都在增加，虚商之前都在聚焦 ARPU 比较低的用户，现在我们也可以包一些大流量的产品套餐，这样就能提升用户的出账收入了	B		
B-3-26	基商资源的开放，一方面是可以决定开放哪些地市，就是哪些地市虚商能做，哪些地市虚商不能做，因为每个地市都有自己的码号资源，相当于号码归属地，但是我们现在拿正式牌照是全国都向我们开放了	B	资源获取受限	套餐差异
B-3-27	基商决定套餐资源的开放	F	网络资源单独监管	监管制度缺失
B-3-28	有些资源可以开放，但是价格太高，我们卖不出去，用户不接受	A	批零倒挂	直接成本优势
B-3-29	很多网络资源都要向基商申请	F	网络资源单独监管	监管制度缺失
B-3-30	三大基商自有的用户肯定挖不过来，但有一些用户可能会用第二张卡，我们最早是想抢占这个东西，后来运营商把第二卡槽也卡死了，因为他们价格也大量地往下降，所以我们只能去面向四、五线城市这种虚商涉及很少的区域，我们只能挖掘那些地方的用户	D		
B-3-31	我们不可能去跟运营商抢用户，这是不可能的，因为他们价格低太多了	A	批零倒挂	直接成本优势

编号	条目库	渐进式编码的次序		
		一	二	三
B-3-32	第一张卡肯定绑了你各种银行卡、各类的信息，不可能换的	D	信息解绑成本	弃号转网成本
B-3-33	国内有些政策上限制，数据上不开放，我们也没法去做一些新的产品	F	核心网权限	政策开放限制
B-3-34	我们现有的经营模式有些固定，如果外商能合资，可能有一些新的创新点，有利于产品差异化。因为现在我们做两三年，我自己感觉有点死板，还是纯转售，没有什么特别新鲜的东西出来。如果外资进来，能让我们一些别的资源进来，那肯定对产品差异化有好处，比如说，我们现在也想做一些大数据的东西，需要做用户行为分析，因为我没有核心网，好多用户行为我们根本就看不到，没法去做，目前运营商也不能向我们开放这块的内容。但要是通过海外的资源，对于出境场景的用户，可以通过外商那块的核心网来对用户进行分析	H	资源获取	产品差异化
B-3-35	外资的渠道，也是我们可以利用的	H	国际化渠道	渠道拓展
B-3-36	快春节了，我们要搞活动，给我们自己用户一些福利，比如，充话费送资源，但是我们要贴成本，这些东西可能要考量很久，不能贴太多，因为没钱，又不能补贴，因为到年底这个时间点，也有集团对我们的考核压力	C	用户补贴	资本需求旺盛
B-3-37	SIM卡我们需要向卡商采购，制卡数据也要给联通交钱，这些都是比较大的成本	A	SIM卡成本	直接成本优势
B-3-38	现在升到4G之后，手机对三家运营商应该都是兼容的，技术上不存在兼容性问题	D		
B-3-39	客户熟悉新套餐内容导致学习成本，这个是有的，因为我们新推出一款套餐，用户肯定要去了解一下，但是我觉得也还好，因为大家用手机这么多年了，套餐基本也就那几样，大家也差不多都懂	D	套餐学习成本	弃号转网成本

编号	条目库	渐进式编码的次序		
		一	二	三
B-3-40	虚商最早主要通过卖靓号来增加收入，但是现在因为基商这边的收入考核压力，我们在普号这块一定也得做一些东西出来			
B-3-41	为什么用户很难换号码，因为他以前可能绑了很多信用卡，都是这个号码，然后因为联通套餐好，他想办一个新的联通号，没问题，他办联通的号，但他这个号不能销	D	信息解绑成本	弃号转网成本
B-3-42	开发新的网点，需要花成本，新的合作商进来的话，你一定要给他们一个能接受的优惠的价格，这块也要花钱	E	渠道补贴成本	渠道布局困难
B-3-43	前一阵，我们从联通那边拿到的百万码号，面向全国渠道商竞拍，因为我们唯一目的就是想让更多的渠道接进来，所以我们也拿出很多诚意，从套餐到给他们的返利，就是达标之后，从利润中给渠道返利	E	渠道补贴成本	渠道布局困难
B-3-44	虚商的整个销售都是靠这些合作伙伴来做，其实自己去做还是很困难的，主要靠这些代理商	E	自建网点缺乏	渠道布局困难
B-3-45	我们线上线下渠道都有，但是线下更多一些，线上像天猫京东淘宝都可以办，但我们线上这块开展得比较晚，所以今年我们计划在线上多发力	E	自建网点缺乏	渠道布局困难
B-3-46	肯定要靠压价吸引代理商，因为这些渠道不光代理民生的卡，四十多家虚商它都可以去代理	E	渠道补贴成本	渠道布局困难
B-3-47	跟外资合资，注入资金之后，可以给他们更多的优惠政策，渠道就愿意为你出更多的力	H	渠道补贴	资本补充
B-3-48	有些虚商为了增长用户，恶意杀价。没有一个市场的平衡价格的话，它就非常乐意往下一直杀价，因为它有资金注入的话，我肯定是竞争不过它，如果有监管部门来控制企业的话就会好很多	F	独立监管机构	监管制度缺失

续表

编号	条目库	渐进式编码的次序 一	二	三
B-3-49	比如，有些虚商跟分销商聊政策，可能虚商把价格杀得很低，分销商也要求我们同样的价格，其实就很不好做，而且这种分销商往往都是大分销商，我们又不能不跟他们合作	E	渠道补贴成本	渠道布局困难
B-3-50	现在有些虚商已经扛不住了，因为不赚钱	A		
B-3-51	一些大的企业，它申请牌照之后，觉得年年亏钱，可能要往外抛这部分资产			
B-3-52	社交软件对我们这种低端用户冲击不大			
B-3-53	最基本的问题，我们需要找到一个新的创新点，不能单纯去做转售，发了正式牌照之后，移动转售这块也没有特别大的起色。只做单一的业务肯定不行，一定要结合自己领域的优势，像我们民生通讯有银行背景，所以需要在自己的垂直领域找能跟通信结合的创新点			
B-3-54	现在资源开放因为问题，有资源进来，才能去做出新的东西。	B	资源获取受限	套餐差异
B-3-55	物联网之类，我们也想去做，但是人才储备、技术能力肯定是一个大的问题。我们现在搞物联网还是很单一，就是提供一张能登网的电话卡，再复杂的话，比如，可以搭建一套互联网的数据分析平台，但数据分析平台就涉及资源问题	B	资源获取受限	套餐差异
B-3-56	物联网核心资源没有向我开放，比如，物联网号段	F	物联网号段	政策开放限制
B-3-57	国家不放开，因为通信这块是一个核心的安全，国家觉得如果外资也能够进入，我这些信息就控制不了了	G		国家安全
B-3-58	外资还是挺敏感的，所以进来的问题比较多	G		

编号	条目库	渐进式编码的次序		
		一	二	三
C-1-1	我看完了提纲以后，把它归类成三大方面的问题，一是市场发展方面的问题，就是整个大的行业环境到底怎样变化；二是公司经营的问题，比如说，渠道的问题、品牌的问题、成本的问题、资本的问题；三是监管政策的问题			
C-1-2	从市场发展的角度来看，有三条曲线是处于现在和将来的，或者未来几年会发生的，第一条是移动话音，目前是一种饱和下滑的趋势，三大基商的话音收入是不断下降的，但是对于虚拟运营商来说，头五年的发展，还是以移动话音为主，所以这一条曲线还在，但它的趋势一定是往下滑的，占的比重会越来越少，但是对于虚商来说，它占的比重是大的，虚商主要的收入还是来自移动话音			
C-1-3	第二条曲线是移动数据曲线，就是移动流量，处于平滑增长的阶段。前几年是一个爆发式增长的态势，但是国家提出降费的政策以后，增长速度已经没有那么快了。五六年的时间不论从收入还是业务量来看，都是在不断增长的，因为越来越多的人要靠流量来上互联网。移动数据恰恰是虚商下一步增长的空间，因为目前虚商发展的客户是比较低端的，所以这一块业务有非常大的增长空间			
C-1-4	第三条曲线是产业互联网，就是物联网，物联网就是人与物、物与物之间的连接，有些比较领先的虚拟运营商在转型的时候，已经开始往物联网方向转			
C-1-5	有三大趋势，第一大趋势一定是大连接，第一个大连接是人与人的连接，通过话音和数据已经实现了；第二个大连接应该是人与物的连接；第三个大连接是物与物的连接			
C-1-6	第二大趋势是大数据，因为万物互联了以后，其实会构成新的要素，大数据肯定会成为一个重要的生产要素			

编号	条目库	渐进式编码的次序		
		一	二	三
C-1-7	第三个趋势是大平台。以前可能针对消费者比较多，比如，语音流量，但是随着物联网的连接，to C 会转向 to B，从消费者转向生产者，所以一定会构建一个很大的平台			
C-1-8	随着消费圈层的特征越来越明显，虚商和运营商的价值会凸显出来，因为他们的目标客户群体是不一样的。城市里相对高端的用户已经被三大运营商占有，随着 4G 的普及，四、五线城市也慢慢开始上网，所以消费圈层的需求和特征，会使虚拟运营商能够找到更好的定位，所以虚商的放号主要是在四、五线城市，甚至是农村			
C-1-9	物联网这个阶段，基商也在探索，这个阶段虚商和基商的互补关系还是更强一点，因为物联网 to B 的特性很强，不可能像人联网那样，出现腾讯阿里京东之类的巨头，但是垂直细分的行业里面会出现巨头			
C-1-10	物联网让虚拟运营商有更大的发展空间，这个市场远远比人联网的空间要大得多			
C-1-11	国务院给民营企业扶持政策，放管服，给民营企业带来了一个最大的活力，大的政策还是扶持政策，鼓励民营企业发展，现在只是表态，没有落实	F	不对称管制	监管制度缺失
C-1-12	民营企业是最有活力，最有创新的，因为民营企业发展的规律是优胜劣汰，做不好就死了			
C-1-13	头五年，中国的虚拟运营商走出了一条中国特色的生存道路，按国外经验来看，一般是 5 到 7 年才能盈利，但是有很多中国的虚拟运营商在 2017 年就开始盈利了，到 2018 年盈利的企业就越来越多			
C-1-14	我们头五年是没做放号，我们是做流量转售、做 Wi-Fi 转售，42 家里面唯一一家不做放号的，所以我们早就盈利了			

编号	条目库	渐进式编码的次序		
		一	二	三
C-1-15	我们开始做语音了，因为语音这一块我们看到消费的分级越来越明显，就是人与物之间的连接，其实这种越来越明显，我不能把人给丢了			
C-1-16	为什么虚商能够在 3 到 5 年就开始盈利，因为民营企业自主的管理是非常高效的，我看了 2017 年的行业成本结构，人工成本大概只占了收入的 8%，营销成本只占了 8%，IT 的系统占比大概是 2%，大部分的成本还是给运营商的结算。即使在这种情况下，虚商也有 30% 到 35% 的毛利，民营企业效率特别高。从那个结构就能看得出来，最大块的还是运营商的成本	A		
C-1-17	现在批零倒挂已经没有刚开始那么严重，也是在不断下降，但批零倒挂还是有的	A	批零倒挂	直接成本优势
C-1-18	运营商也会出一些政策，他会表现得比较灵活，有的时候就全部降，有的时候单向对赌，你给我带来的收入高，我就给你降，所以这种模式越来越市场化	A		
C-1-19	当时我们做 WIFI1 跟运营商签的也是这样的，给基商带来收入越大，价格越低	A		
C-1-20	很多虚商是用了 e-sim 的方式，就给渠道一张白卡，然后渠道自己在网上去开卡、去实名认证，这种技术也带来了成本的降低	A		
C-1-21	还是就靠移动互联网的方式来降低成本，把渠道扁平化，就直接压缩了成本	A		
C-1-22	虚商品牌的建立还是要靠联盟的方式来自律，比如，通过虚商的行业协会（中国通信企业协会虚拟运营分会）来引导，对民营企业来说，这个行业协会还是很重要的	F	独立监管机构	监管制度缺失

续表

编号	条目库	渐进式编码的次序		
		一	二	三
C-1-23	165品牌的发布，就是我们17家中国移动的虚拟运营商共同来策划发布的。等于放一个新号段来树立新的行业品牌。电信是162，联通是167，其实就是重新树立一个165的品牌。行业品牌主要是针对最终用户的	B	"虚拟"形象负面	品牌差异
C-1-24	作为虚商个体来说，也都会有自己的品牌，也会通过提高服务，给予渠道商更好的发展政策，来树立自己的品牌形象	B		
C-1-25	在话音时代和移动数据时代，虚商个体的品牌对渠道最有价值，因为我们发展的很多用户主要靠渠道，渠道在选择合作的虚商的时候，对于虚商个体的品牌是很认可的，会优先选择那些品牌比较好的虚商	B		
C-1-26	品牌其实有两个属性，一个是对渠道的，一个是对最终用户的。我们希望面对的是最终用户，所以我们形成一个联盟来打造新的形象，我们个体的品牌主要还是针对渠道。虚商在品牌塑造这一块，跟三大运营商的做法不太一样	B	"虚拟"形象负面	品牌差异
C-1-27	因为我们发展相对比较低端的客户，但是虚商太多了，品牌太多，用户也搞不清楚	B	品牌定位趋同	品牌差异
C-1-28	第一个品牌是行业品牌，我们希望用新的号段来树立新的虚商品牌；第二个品牌是面向渠道的品牌；第三个是带有三大运营商属性的品牌，比如，移动的虚商品牌	B	"虚拟"形象负面	品牌差异
C-1-29	三大运营商也在做携号转网的试点，从目前来看，这种转网的需求不大，因为现在一个人要获取号码太容易了，可以再买一个号码，但可能原来绑定了很多东西，换不了号码。携号转网带来的最大好处就是促使三大运营商提升了自己的服务，转网到虚商的可能性也不大	D	信息解绑成本	弃号转网传播

续表

编号	条目库	渐进式编码的次序		
		一	二	三
C-1-30	三大运营商是偏高端用户的，所以它的渠道主要是在城市，渠道补贴也多	E	在位者补贴多	优质渠道缺乏
C-1-31	很多渠道对基商是独家代理	E	排他性协议	优质渠道缺乏
C-1-32	资本问题对国内民营企业来说不是大问题，因为虚拟运营商背后是有实力的上市公司，或者是比较有实力的公司，它会按需来配资本，会用资本的力量来建立生态圈。合作路有三条，一个业务合作，一个战略合作，一个资本合作，就靠资本力量，你像我们和日海智能成立的合资公司来做物联网。成立合资公司的目的是把产业链打通，因为日海智能有模组，我有卡，物联网需要模组和卡	C		
C-1-33	外资也会在考虑范围之内，因为当时我们是想考虑利用一些国外的先进技术，因为好的技术还是在美国	H	资源获取	产品差异化
C-1-34	目前从我们生态链来说，这两年不会引进外资，因为成立合资公司还是相对比较复杂的，监管不一样，可能有国家安全方面的问题	G		国家安全
C-1-35	做广告是和它的目标群体来结合的，投什么样的广告，一定是它的受众群在那里。民营企业最大的特点，它花每一笔钱都要考虑效果，看值不值得	B		
C-1-36	虚商这个群体更多的是靠渠道往下沉，它没有靠这种大众的传媒拓展用户	B	品牌宣传缺乏	品牌差异
C-1-37	监管政策方面，我们最希望的是能够开放物联网号段，因为现在监管没有出政策允许13位号段专门给物联网	F	物联网号段	政策开放限制
C-1-38	170、171、165是虚商的专用号段，但物联网没有专用号段，现在我们还是用三大运营商的物联网卡	F	物联网号段	政策开放限制

编号	条目库	渐进式编码的次序		
		一	二	三
C-1-39	走到第三条曲线（物联网）的时候，发展的空间会更大，虚商和三大基础运营商的互补性会越来越强。从监管来看的话，我们觉得是应该放开物联网号段，互补性会越来越强。因为这第三条曲线 to B 的业务多，所以分散性、决策性更强，而运营商本身会做大的东西，垂直细分的领域是难以介入进去的	F	物联网号段	政策开放限制
C-1-40	42 家运营商都是有行业背景的，有自己的主营业务，我把 42 家虚拟商分成了八大派系：终端派系，像小米、联想，他们自己有手机、电脑、智能终端；渠道派系，像国美、苏宁，门店多；互联网派系，像阿里；电商派系，京东；行业派系，像海航、海尔；金融派系，像民生；CP、SP 派系。在产业互联网中，派系对虚商来说，就是会往下深耕的一个垂直领域，而三大基商在深度的垂直领域方面，这不是他的强调。	B		
C-1-41	用三大运营商的物联网卡只是个代理关系，现在基商的套餐是有限的，比如，只有 30 兆、20 兆的，我可能会要 25 兆，但它提供不了	B	资源获取受限	套餐差异
C-1-42	希望监管能对虚商开放物联网号段，监管犹豫是因为目前矛盾不突出。给我号段了，我自己可以建 BOSS 系统，有自己的品牌了，可以灵活来设计套餐	F	物联网号段	政策开放限制
C-1-43	物联网卡比人联网的监管难度要大，至少卡的量就多很多，监管的工作量会巨大	F	独立监管机构	监管制度缺失
C-1-44	监管方面，第一个是制定政策的问题，第二个是政策执行的问题，就是第一放不放开，第二怎么监管的问题。我估计怎么监管的问题他们可能没有完全想好	F	独立监管机构	监管制度缺失
C-1-45	制定政策方面，电信法也没有出台	F	电信法	监管制度缺失
C-1-46	从我们的需求来看，当然是希望有电信法	F	电信法	监管制度缺失

编号	条目库	渐进式编码的次序		
		一	二	三
C-1-47	从民营企业来说，对于大的监管政策，它是会呼吁，但是能做出什么样的，还是很无奈，因为民营企业没有什么力量	F		
C-1-48	立法是必由之路，以为这个行业这么大，而且现在是万物互联的时代。至于怎么立法的话，要做深入的研究，现在情况还是比较复杂。因为物联网跟人联网不在一个数量级上，而且它应用的场景太多了，太复杂了	F	电信法	监管制度缺失
C-1-49	最基本的问题，我还是希望物联网的政策一定要放开，因为我们现在主要在做物联网，这个就涉及网络资源了	F	物联网号段	政策开放限制
C-1-50	价格的联动机制还要更市场化一些，三大基础运营商的资费不断在下调，给我们的价格也应该下调	F	价格联动机制	已有监管缺陷
C-1-51	问题是价格联动机制在监管层面没人去推动执行，导致批零差	F-A	价格联动机制——批零倒挂	政府监管——在位者成本优势
C-2-1	规模效应是必然的，这个行业必须要有规模效益，如果没有规模的话，肯定会带来很多问题，某个企业达到规模效应的数量级是不一样的，基础运营商的规模数量级和虚商的数量级不是一个等级，虚商达到规模效应的门槛要比基础运营商低很多，毕竟虚商运营成本远远低于基商	A	规模经济效应	间接成本优势
C-2-2	现在规模稍微大一点的虚商是七八十个人，一般的是三四十个人，因为基商按照国家的规定要承担普遍服务义务，不论挣不挣钱，要求服务触角要覆盖到中国的每一个角落，那么就要去建营业厅提供基础的服务，运营成本是非常高的。虚商没有这个义务，所以会按照成本最小化去运营	A		

续表

编号	条目库	渐进式编码的次序		
		一	二	三
C-2-3	虚商达到规模经济的相对难度不是很大，如果虚商有100万出账用户的规模（真实用户有100万的规模），就相对进入一个比较舒适的区域了	A		
C-2-4	规模这一块是制约虚商发展的一个因素，但不是决定性因素，如果运作得比较好、路子没走歪、比较符合市场的规律，一般3到5年时间，一个虚商差不多就能接近或达到这个规模经济	A	规模经济效应	间接成本优势
C-2-5	目前达到或接近100万出账用户规模的企业5~8家，整个行业一般对外宣传的规模很大，几百万甚至过千万用户，但好多是沉默用户，没有收入贡献			
C-2-6	网络批发价是制约虚商比较大的一个瓶颈，2017年很严重，2018年好一些	A	批零倒挂	直接成本优势
C-2-7	2017年以前，价格倒挂非常严重，我们的批发价远远高于基商的一些零售价，而且不是高一点半点，所以对虚商挤压特别厉害。特别是流量，给我们的批发价根本就没法去和基商的零售价比，就只给我们留了一些语音的空间，语音空间依靠我们入网门槛低、套餐标准低、被叫免费这样的一些特点，所以语音方面在低端用户市场有一些生存空间	A	批零倒挂	直接成本优势
C-2-8	由于批零倒挂的存在，想进入中低端市场都非常困难，所以我们只能处在低端，甚至超低端市场，比如说，乡镇市场、农村市场、老人市场，这对我们制约性非常大	A	批零倒挂	直接成本优势
C-2-9	从2018年开始，运营商开始给我们降低流量的批发价，降的幅度比较大，比如，像联通，年初推出的模组模式降低了日包的价格，推出来以后，对我们帮助是非常大的，所以在这个角度来看，批发价是制约虚商成本的一个重要因素	A	批零倒挂	直接成本优势

续表

编号	条目库	渐进式编码的次序		
		一	二	三
C-2-10	虚商 2017 年以前在流量市场几乎没有任何竞争力，像原来我在迪信通的时候，流量用户占比非常低，百分之零点几。我们会推流量产品，一兆两毛五，一个 G 成本价接近二三十块钱，像基商在 2017 年以前有些套餐 29 元不限量，这个价我们只能买一个 G	A	批零倒挂	直接成本优势
C-2-11	2018 年开始开放模组，把日包给我们开放了，一天 1 元 300 兆，这个价格就有一定市场空间了，虚商开始在流量方面有所作为	B		
C-2-12	我们在很多领域，因为成本制约，就没法去发展	A	批零倒挂	直接成本优势
C-2-13	关于批发价，工信部是有规定的，但只是个指导性文件，没发挥作用	F	价格联动机制	已有监管缺陷
C-2-14	批发价相关规定的不执行，就导致我们的批发价比较高	F-A	价格联动机制——批零倒挂	政府监管——在位者成本优势
C-2-15	2017 年以前都是试用期，试点牌照，基础运营商也比较谨慎，他们担心我们会冲击或者冲乱了他们的市场体系和价格体系，所以有所保留。但是经过这几年的试运营，有些基商从中也感受到虚商对他们的贡献比较大，比如，联通，虚商 2017 年给他们贡献了十几个亿的收入，所以联通在 2018 年率先给我们开放了流量模组，后续电信也跟进了，我估计移动也会跟进	A		
C-2-16	工信部也在探讨形成一个价格联动机制，就是我们的批发价和基商的零售价要有一个挂钩机制，但目前没有发挥作用	F	价格联动机制	已有监管缺陷

编号	条目库	渐进式编码的次序		
		一	二	三
C-2-17	虚商的运营成本不高，所以效率的高低对成本的影响不是很大，但对一些规模比较小的虚商会有影响，因为它规模太小	A	规模经济效应	间接成本优势
C-2-18	虚商不介入基础网络的建设，技术进步对虚商没有太大影响，因为它不介入这一块	A		
C-2-19	技术对我们的唯一影响就是一些在市场层面，可以更好更高效地做市场推广，比如，现在有些虚商通过和社会上一些企业合作提高入网效率的软件，既能满足市民的要求又很方便，而且渠道获取资源也很方便、快捷，酬金结算也很透明、很快	A		
C-2-20	实名制对虚商影响是比较大的。相对目前虚商的收入来讲，实名制成本是比较高的，现在工信部对实名制有一套规范，我们必须按照规范来给我们渠道配相应的实名制认证设备。这个成本对我们讲是非常大的	A	实名制信息验证	直接成本优势
C-2-21	实名制实际上也在制约虚商渠道的发展，因为配备实名制认证的设备成本很高，虚商无法去把渠道布置得过于末端，否则成本会非常高，所以一般会采用分销的方式，城市分销或者省代理，各省找一个省代理就可以了，剩下的事让他们去做	A	实名制信息验证	直接成本优势
C-2-22	因为实名制设备是通用的，可以通过渠道的力量来降低我们的实名制成本，因为每个渠道实际上已经有了设备，只要这个设备向我们开放就可以了，不需要重新配备设备	A	实名制信息验证	直接成本优势
C-2-23	2015年就开始采购实名制设备，那一年花了大几百万，后来采购不起了，开始用分成的方式和设备厂家合作，每认证一个信息，给厂家支付多少钱	A	实名制信息验证	直接成本优势
C-2-24	一个虚商投资过亿就不错了，其中设备都要大几千万的投资，光实名这个环节就需要几百万，而且是一个持续投资，负担比较大，但这个钱对于基商没压力	A	实名制信息验证	直接成本优势

续表

编号	条目库	渐进式编码的次序		
		一	二	三
C-2-25	虚商也有资格申请客服号，客服号就是类似移动的10086，但后来养不起这个号，这号码占用费一个月两万块钱，语音通信费一分钟两毛五，迪信通在2015年、2016年的时候，养这个号码一个月的费用几十万，包括交给部里的一万元资源占用费，因为那是国家资源，语音通信费交给基商，现在几乎没有虚商在用，都用的是400开头的号码	A	客服号码	直接成本优势
C-2-26	从成本来讲，百万出账用户的时候可以活下去，但有些东西仍然是比较大的成本，比如，客服号，可能到了200万用户的时候，客服号就无所谓了，像蜗牛出账用户大概在200万，它一直有客服号，它就养得起。不同的规模讲不同的话	A	客服号码	直接成本优势
C-2-27	发正式牌照这一次，个别的企业有合资背景，就被停发牌照了，必须把合资背景剥离之后才能发正式牌照，比如苏宁，它有外商投资的，因为苏宁在香港上市，在香港有个合资公司，因为牌照本身属于苏宁集团的，苏宁就没有拿到第一批正式牌照，把合资变更之后才拿到正式牌照，不能包含外资	G		外资持股限制
C-2-28	虚商目前不需要大量的资本，只是发展虚商业务，大资本投入，反而可能会导致一些问题，因为大资本进来以后，虚商本身的业务不需要这么多钱，本身不需要这么大的投入，无非就是IT系统、渠道系统、服务系统建设，不涉及基础网络的建设，因为作为运营商来讲，最大的投入是基础网络，也不需要去建营业厅，所以在这种背景下，大资金过来以后，可能造成某种负担	C		
C-2-29	一亿二亿，哪怕是几个亿十个亿资金进来，对虚商也没有太大意义，这个行业如果想效仿基商建营业厅、建实体渠道，甚至布置无人售货机、投入大量广告，我觉得很危险，那个不是几个亿能解决的，那是基商花了几百亿上千亿才办得了的事情。这个钱过来以后，不会带来本质变化	C		

编号	条目库	渐进式编码的次序		
		一	二	三
C-2-30	现在虚商的运营能力或者目标市场担负不了这么大的资金，它承载不了这么大的资金，可能你花进去以后，回收非常困难，可能造成巨额的亏损。第一批投入运营的试点虚商，当时信心十足，投入都很大，系统要最好的系统，时常做一些广告宣传，甚至还有人在中央一台做广告，但到现在还收不回本。后续第二批第三批就理智多了，觉得不需要花这么大价钱去建IT系统，因为我用户规模太小	C		
C-2-31	外商的渠道也可以利用，比如，现在有些虚商开始走出去了	H	国际化渠道	渠道拓展
C-2-32	外商自己来运营的话，可能会更有利，因为他们的运营能力可能更强	H	学习曲线效应	间接成本优势
C-2-33	资金在虚商的资源获取上还是有帮助的。从去年开始，基础运营商开始对虚商通过考核释放好资源，比如，拿码号资源要交保证金，保证金的额度并不小，达不到基商的发展指标，就会扣保证金	C	保证金	资本需求旺盛
C-2-34	比如，放1000万个号段，保证金可能就几个亿。这个时候资金就突然变得非常重要。你要是有钱，拿了1000万，那你必然是排名靠前的，因为你有码号资源；如果公司没钱，拿不出这么多钱，拿不起这么多号码，你必然要落后。码号的消化是快慢的问题，肯定能卖掉，因为对于市场来说，最稀缺的资源就是码号资源	C	保证金	资本需求旺盛
C-2-35	保证金推出之后，虚商将来的规模大小取决于你资本的多少，你资本多，你规模必然做大，你没钱，那你必然要落后	C	保证金	资本需求旺盛
C-2-36	码号资源是百分之百能变现的，跟投入广告、投入渠道不一样，码号资源是最稀缺的，资源是不可复制的			

编号	条目库	渐进式编码的次序		
		一	二	三
C-2-37	我们虚商的能力不可能影响到末端用户，面对的用户市场太广大，一般的软广告投诉对用户影响不大，所以就没做品牌宣传	B	品牌宣传缺乏	品牌差异
C-2-38	我们虚商的广告投入很少，第一我们没有能力投，投进去需要几百万、几千万	C	广告投入	资本需求旺盛
C-2-39	像大王卡小王卡，这个品牌崛起非常快，一是有腾讯的背景，二是超低的资费，所以立刻就被炒起来了	B	互联网套餐冲击	套餐差异
C-2-40	虚商想靠资费优势不可能，因为批发价在那里	A	批零倒挂	直接成本优势
C-2-41	想在用户群体树品牌，难度太大，投入过大，也投不起	B	品牌宣传缺乏	品牌差异
C-2-42	广告投入几乎不怎么有，没钱	C	广告投入	资本需求旺盛
C-2-43	广告投入，会在我们业内这个圈子里起作用，业内影响力会提升。我们毕竟有40多家虚商，会被政府、三个运营商、社会上广大的渠道商关注。这个也是一种品牌，也是一种差异化。比如，有些虚商下功夫很大，各种各样的会必然要参加，花钱不多，又制造了影响，这种投入是必要的，而且效果还比较好。广告投放不一定是传统意义的广告	B	品牌定位趋同	品牌差异
C-2-44	广告投入想树品牌到用户的层面，我觉得太难了，一般的虚商不具有这个能力	B	品牌宣传缺乏	品牌差异
C-2-45	我们用户群都是超低端用户，对码号的依赖度、黏度很低，售前售后的客户服务在差异化对客户的影响方面不是很明显	B		

续表

编号	条目库	渐进式编码的次序		
		一	二	三
C-2-46	虚商有天生的一个瓶颈，缴费渠道。第一，所有的基商营业厅都不是我们的，我们不可以用；第二，在发放正式牌照之前，淘宝和微信的缴费接口不向虚商开放，我们只能通过微信的公众号收费，有正式牌照以后就可以了，但是要跟他们谈	B	售后服务不足	顾客服务差异
C-2-47	缴费渠道可能找社会第三方的充值平台，但是充值平台一般是乡镇、农村的小店，覆盖面不是非常广，所以光缴费这一条就是个问题，有好多用户打完电话，不知道怎么缴费，就把号码扔了，再买一个	B	售后服务不足	顾客服务差异
C-2-48	售前服务和售后服务对用户的影响不是非常大，而且我们的服务差不多在一个水平上，因为我们套餐不复杂	B		
C-2-49	产品设计方面可操作的空间很小，盈利的空间也很小，因为大家批发价格都一样，几乎都把价打到底了，所以产品差异化比较难做			
C-2-50	产品差异化，除非有钱。比如，小米，模组日包是一天1元300兆，可以无限叠加，小米推一天一块钱，流量不限量，它赌用户1天用不了300兆，一般公司不敢去做这样的政策。小米从第二梯队的收入规模，马上就要超过第一名蜗牛了。小米有个不可复制的因素，它是在米粉圈子里推广，而且是活体识别，防止了其他厂家批量采购	B		
C-2-51	产品套餐设计本来应该是一个主要的竞争点，但是因为批发价格限制，导致我们没法去做差异化。如果有虚商能在产品方面做差异化，它发展会比较快			
C-2-52	产品差异化是很重要，但是我们无能为力，和产品批发价、企业的基因都有关系			
C-2-53	核心网之类的网络资源限制对我们来说是很大的瓶颈	F	核心网权限	政策开放限制

编号	条目库	渐进式编码的次序		
		一	二	三
C-2-54	如果政府允许自建核心网就更好了	F	自建核心网	政策开放限制
C-2-55	如果能自建网源（核心网），产品就可以随意设计	F	自建核心网	政策开放限制
C-2-56	基商正在尝试开放网源，虚商也可以参与，像云南联通的网源开放了，可以由社会力量来合建，以分润的方式合作，把整个分公司都包出去了，因为云南都是山区，基商建设成本很高，效率很低，不愿意再投入，所以让社会力量来做。我当时在迪信通也去投标了，最后没中标。以后广西、云南、福建山区多的地方有可能会复制这种模式	F	自建核心网	政策开放限制
C-2-57	网源能力开放的话，影响不大，因为批发价格摆在那里，能力再多，操作空间也不大	F		
C-2-58	网源能力开放的话，将来在互联网行业可以有所作为，但在语音和流量领域，我觉得很难去操作。物联网是新兴的业务增长点，规模大，应用场景很多，发展空间很大	F	核心网权限	政策开放限制
C-2-59	后续发展比较好的话，跟外商合资可以去拓展国外市场	H	国际化渠道	渠道拓展
C-2-60	我们的号码非常容易被弃掉，其实虚商的真实在网率是非常低的			
C-2-61	全网通推出之后，手机兼容三网，兼容性问题不大	D		
C-2-62	客户熟悉新套餐的成本，我觉得也不是问题，因为转网有两个可能性，一是自发去研究的，二是被别人说服转网的，用户已经明白套餐内容才会转网	D		
C-2-63	契约转换成本是个问题	D	契约转化成本	弃号转网传播

编号	条目库	渐进式编码的次序		
		一	二	三
C-2-64	换号告知亲朋好友是个障碍，换号需要通知别人	D	人际维系成本	弃号转网传播
C-2-65	外商进来产生的社会影响力和效益比虚商要大得多，因为大家都知道中国不允许外商来经营，也都知道国外的服务非常好	H	品牌差异	产品差异化
C-2-66	国外的服务理念可能也会提升虚商的顾客服务	H	顾客服务差异	产品差异化
C-2-67	中国的服务还是落后于发达国家水平，比如，需要去解决问题的时候，拨打客服号，它有很多引导，一层层的引导其实就推销了好多产品，本来想去寻求服务和帮助的，变成了听广告，外资进来可以提升服务质量	H	顾客服务差异	产品差异化
C-2-68	外商的服务还是有一些领先的因素，另外在其他方面也更先进，比如，营销，可以提升相关的服务体验	H	顾客服务差异	产品差异化
C-2-69	外商进来面临的最大障碍是用户转网，中高端优质用户对码号的依赖度非常强，他们不会轻易换	G		
C-2-70	三大运营商和虚商占的是不同的渠道	E		
C-2-71	基商占的是优质渠道，比如，各个城市中心区域的商场超市、大的营业厅，二线、三线城市中心区域的大卖场，这些大卖场一般被三个运营商瓜分掉了，基商和渠道之间靠合作和补贴，虚商几乎进不去这些优质渠道，因为运营商给渠道巨额的补贴，包括渠道补贴、终端补贴、促销补贴、房租补贴等，兑付的时候跟渠道卖的手机号挂钩，比如，定好补贴金额和放号量，然后把钱拆到每个号上，一个号给多少钱	E	在位者补贴多	优质渠道缺乏
C-2-72	有些优质渠道签了协议只跟基商合作	E	排他性协议	优质渠道缺乏

续表

编号	条目库	渐进式编码的次序		
		一	二	三
C-2-73	上海迪信通和上海电信合作非常密切，上海电信给它的补贴是，卖的一个号只要是129以上的套餐，在网能达到半年以上，就补贴一千多块钱。卖场是迪信通的卖场，转售是自己公司的业务，它都不卖，因为我们养不起这个卖场，一个店的成本和房租就是几百万	E	在位者补贴多	优质渠道缺乏
C-2-74	虚商是通过省级、市级的代理渠道，把卡放到了乡镇、城乡接合部的报刊亭、夫妻店	E	自建网点缺乏	渠道布局困难
C-2-75	假设外商有实力的话，与其把钱投广告、投补贴、投用户，不如全去抢渠道，我们可以去对接网点，比如，县域城市里的大商场、手机店。但只靠虚商不行，因为动用资金还是比较大的，而且是一个持续的投入	H	渠道补贴	资本补充
C-2-76	外资投入的资金也可以在广告方面做一些投入	H	广告投入	资本补充
C-2-77	线上渠道有风险，实名制风险非常大，而且工信部检查得很严，线上卖的话容易出事	E		
C-2-78	现在我们的监管部门是通信管理局，实际上现在部里在监管层面对我们和基商是一视同仁的，没有把虚商单独监管	F	独立监管机构	监管制度缺失
C-2-79	通信行业政企不分有历史的原因	F	政企不分	监管制度缺失
C-2-80	通信是一个很敏感的领域，目前行使监管的就是通信管理局和网络安全管理局。骚扰电话、骚扰短信就归通信管理局管；电话诈骗、短信诈骗就归网安网管	F	独立监管机构	监管制度缺失
C-2-81	虚商的社会地位目前是比较低的。第一是"虚商"这个词，对这个行业有一定影响，在老百姓眼里，它好像是不真实的，公安局教育老百姓说170打头的虚拟号码不要接，对我们的影响非常大，就是致命性打击	B	"虚拟"形象负面	品牌差异

续表

编号	条目库	渐进式编码的次序		
		一	二	三
C-2-82	一般渠道卖号都不提"虚拟"这两个字	B	"虚拟"形象负面	品牌差异
C-2-83	用户用了以后就产生问题了，知道这是个虚拟号码，公安局通告说虚拟号码是诈骗号码，然后就不用了，所以用户在网率很低	B	"虚拟"形象负面	品牌差异
C-2-84	三年在网率，一般基商能达到百分之八十几，虚商就百分之十几的比例，其中一个原因就是"虚拟"两个字加上政府的引导，导致这个问题	B	"虚拟"形象负面	品牌差异
C-2-85	工信部对公安部的通告也很无奈，它也无法去和公安部对抗	B	"虚拟"形象负面	品牌差异
C-2-86	我们165新品牌上市了，统一联合十多家虚商，就为了回避"虚拟"这个概念	B	"虚拟"形象负面	品牌差异
C-2-87	对国家来讲，没必要去强化"虚拟"，只说基础通信业务向民间资本开放	B	"虚拟"形象负面	品牌差异
C-2-88	外商进来了，比如，叫维珍电信，可能会一下子把"虚拟"两个字给回避了，有促进作用，外资的概念会大于虚商的概念，允许外商进入基础通信运营领域了，在媒体传播上可能会掩盖所谓"虚商"的概念。对整体的监管来讲，是促进作用	H	品牌差异	产品差异化
C-2-89	现在是我们自己人在做虚商这个行业，大家都比较内敛，对有些问题也不会当面提出来，外商进来可能根据它的一些行事规则和原则，会作为代表直接提出来一些问题，改善监管，比如，设立专门的监管机构	H	独立监管机构	倒逼监管改革
C-2-90	外资也可能会加速电信法的出台，因为监管主体多了	H	电信法	倒逼监管改革

编号	条目库	渐进式编码的次序		
		一	二	三
C-2-91	外商进来会倒逼监管改革，因为国外的虚商发展时间比中国要早很多年，也更成熟，它有些规范的东西，就会倒逼中国更规范，通过法律固定下来	H	电信法	倒逼监管改革
C-2-92	国外有专门的机构来监管，外资进来可能对这方面也有促进	H	独立监管机构	倒逼监管改革
C-2-93	影响外商合资意愿的因素，比如，政策性风险，毕竟我们国家对这个行业还是管制很严的，手续审批很烦琐，监管要对外商进入进行评估，有犹豫的过程，现在国际形势也不是很明朗，国际政治局势还在博弈	G		行政审批烦琐
C-2-94	外资进来可以接触到很多用户信息，国家可能也要评估安全影响	G		国家安全
C-2-95	今年出了新的动向，因为码号资源获取变成竞争的利器了，拿码号要交保证金，就需要大资本了	C	保证金	资本需求旺盛
C-2-96	保证金制度对业内冲击还挺大的，这个行业可能会洗牌，一些小企业可能就上来了，因为它之前拿到的码号资源和大家差不多一个水平，起步又晚，想往上追很困难，如果有钱的话，就可以多拿码号资源，排名靠前了	C	保证金	资本需求旺盛
C-2-97	竞标的话，一个基商一次只能拿10个千万号段，而且不可能全部放出来，40个虚商在分，虽然我规模小，但我母公司有钱，我追的愿望更大，我就竞拍到码号了，就变成大虚商了，这时候资本的力量就凸显出来了	C	保证金	资本需求旺盛
C-2-98	外商的一些营销渠道也是可以利用的	H	国际化渠道	渠道拓展
C-2-99	外资进来，可以带来管理的经验，有些国内虚商觉得自己没有经验，通过合资的方式，把对方先进经验带过来，我不靠资本去取胜，我靠这种新的理念去取胜	H	学习曲线效应	间接成本优势

编号	条目库	渐进式编码的次序		
		一	二	三
C-2-100	HLR 开放大小，就是话单信息的多少，因为需要根据话单提供的信息去分析用户行为，比如，分析用户的所在地、地区的用户密度高低，哪个城市发展比较好，虚商根据结果去做相应调整。会影响套餐设计，政策允许的话，我们就可以自建核心网，HLR 的问题就解决了	F-B	自建核心网——资源获取受限	政府监管——产品差异化
C-2-101	网络资源都掌握在基商手上，我们没办法获取	F-B	网络资源单独监管——资源获资受限	政府监管——产品差异化
C-2-102	获取资源的多少，还是得看基商的态度	F-B	网络资源单独监管资源获取受限	政府监管产品差异化
C-2-103	网源因素对我们肯定是有影响的，随着时间推移，影响会越来越大。有些虚商可能不满足于语音和流量的发展，需要发展其他业务，比如，物联网，需要更多的网源因素的支持，但现在规模到不了，影响不是非常大	B	资源获取受限	套餐差异
C-2-104	比如，核心网权限，现在开放程度太低了	F	核心网权限	政策开放限制
C-2-105	物联网号段也没给我们开放	F	物联网号段	政策开放限制
C-2-106	网络资源的开放取决于基商的态度，工信部没有明确规定	F	核心网权限	政策开放限制
C-2-107	自己建核心网的话，投入也不大，但是现在政府不允许	F	自建核心网	政策开放限制

编号	条目库	渐进式编码的次序		
		一	二	三
C-2-108	如果码号被弃掉了，我们要冷冻一段时间以后再回收，回收以后再利用。但回收以后再往下放的话，对虚商来讲就不太好了，因为我们的码号都是代理制，一般代理都会要整号段，散号段在一些热点城市还会有人要，我们会用这些号，去开发行业应用，比如，注册卡	E		
C-2-109	我们所有业务都是后付费模式，我的系统设置的是预付的模式，但是基商给我的是后付费的模式，签合同也签的是后付费模式，只能靠我的系统来检索，一旦欠费了就给它停掉，但中间也有时间差，如果用户剩几毛钱不挂电话，就检索不到了。而且追讨成本非常高，一般就会有损失，损失率大概是3%，所以我们IT人员一个核心任务就是控制欠费	A	用户欠费损失	直接成本优势
C-2-110	三大基商的用户欠费之后也只能自己承担损失	A		
C-2-111	我们信用系统只局限于政府监管要求的一些东西，比如，诈骗电话，但对于欠费方面，我们没建系统	A	用户欠费损失	直接成本优势
C-2-112	社交软件对整个行业挤占很大，但对我们影响不大			
C-2-113	40个虚商现在已经参差不齐，最关键的就是看自身的运营能力，因为我们不像基商有很庞大的员工队伍，我们整个团队就几十个人，那么整个团队的能力就变得非常重要，这个能力是决定虚商发展的一个核心因素			
C-2-114	码号资源也是我们虚商发展的一个重要因素，码号资源可能一下子就能够崛起。移动分号是抽签，去年一个虚商，抽到一个码号正好是区号，这个区号价值很高的，所以从渠道发展等方面一下子崛起了	E	优质码号缺乏	渠道布局困难
C-2-115	码号资源的多少对虚商发展影响非常大			

续表

编号	条目库	渐进式编码的次序		
		一	二	三
C-2-116	虚商得凭两个能力去获得码号资源。一是你运营的用户质量高（ARPU 高），你可以获得码号资源；二是交得起保证金也可以获得码号资源。原来是大家公平分，现在不行了，拿多少码号资源和虚商运营能力、竞争力是挂钩的，这就影响到虚商发展的快慢好坏	C	保证金	资本需求旺盛
C-2-117	我们非常希望有一个机构监管规范，不要把虚商放到一个边缘化的位置	F	独立监管机构	监管制度缺失
C-2-118	基本的问题，再一个就是基础运营商的能力开放，比如，网缘因素、13 位物联网号段，就这一块也是对我们的一个影响，因为现在好多虚商都在搞物联网，小流量资费也没及时给我们开放，比如，一个月一两块钱包五兆十兆这样的物联网资源没开放	B	资源获取受限	套餐差异
C-2-119	核心网限制挺大的，对我们开放得很少	F	核心网权限	政策开放限制
C-2-120	希望以后可以自建核心网，就不需要依赖基商了	F	自建核心网	政策开放限制
C-2-121	虚商现在没有物联网的专用号段	F	物联网号段	政策开放限制
C-2-122	现在好多虚商的物联网做得比较大了，拿着虚商的牌照，不能用虚商的号码，比如，联想，主打的是物联网行业，目前发展终端设备大概已经到千万级了，但没有用一个它自己的转售号码，还是用的基商物联网号码，虚商的物联网号段没放开，这样就没办法真正成为一个运营商	F	物联网号段	政策开放限制
C-2-123	在物联网规模上，虚商和基商没法比，因为基商在 2005 年、2006 年已经开始做了，那时叫行业应用，在各大地方都有这样的基地和平台，虽然规模不能比，但是在专业性上，在服务上还有可圈可点的地方，比如，虚商在某个小领域做得很专	B		

编号	条目库	渐进式编码的次序		
		一	二	三
C-3-1	现在虚商60%~70%的成本结算给了基础运营商，剩下30%~40%是运营的成本，运营成本包含了基础设施的费用以及日常运营的成本，毕竟是民营企业，它在人员成本方面控制得比较好	A		
C-3-2	成本里有一部分是保证金占用成本，要按利息的比例去把成本计算出来，其实这部分成本对民营企业来说还是比较大的	A	保证金利息	直接成本优势
C-3-3	现在基础运营商给我们的流量批发价是六七折，从批发价拿过来我也就只有30%~40%的毛利，还不算其他的一些成本，所以整体来看，批发价并不便宜	A	批零倒挂	直接成本优势
C-3-4	比如，基础运营商按一块钱去卖，六毛钱批发给我，表面上看我是有40%的毛利，可是他一块钱的价格放到地市的时候，由于存在地市KPI指标的考核压力，地市会拿出一部分的营销成本去降价销售	A	批零倒挂	直接成本优势
C-3-5	我们做流量100%存在批零倒挂的情况。批发的流量去卖的时候，根本卖不动，因为地市的价格远远低于虚商从集团拿的批发价	A	批零倒挂	直接成本优势
C-3-6	从集团拿到的批发价理论上或者原则上应该是最低价，但实际上到市场的时候，有些地市的价格更低，集团跟地市的信息不对称	A	批零倒挂	直接成本优势
C-3-7	运营经验一定会降低基商运营成本的	A	学习曲线效应	间接成本优势
C-3-8	技术进步对虚商成本影响不大	A		
C-3-9	实名制肯定多少会增加成本，但是实名制是必须严格执行的	A	实名制信息验证	直接成本优势
C-3-10	实名制方面的费用，我认为应该直接给大家全免，因为这个是保证一个行业往前走的先决条件，如果实名制增加了成本，肯定会有企业执行不到位，能省则省	A	实名制信息验证	直接成本优势

续表

编号	条目库	渐进式编码的次序		
		一	二	三
C-3-11	实名认证每验证一次就要给合作方交几毛钱，部里要求大家严格执行，我个人观点是费用可以减免，如果减免了还不严格执行，就要狠狠地处罚	A	实名制信息验证	直接成本优势
C-3-12	虚商在初期的投入相对来说比较大，如果没有做好亏3~5年的心理准备，我觉得虚商这个事就做不成。搭建初期的系统，从500万到5000万不等	C		
C-3-13	中国移动给虚商提供了一些平台，虚商可以直接用，但是如果又接了中国电信或者中国联通，中国移动做的那套系统就不能用了，需要花钱重新去买一套系统。三大基础运营商其实完全可以联合起来开发一整套平台，然后给所有虚商用，而且节约了社会资源	A	系统建设与维护	直接成本优势
C-3-14	三大基础运营商之间的竞争导致了一个平台对接不兼容的壁垒，但是对虚商来讲，这种壁垒没有必要	A	系统建设与维护	直接成本优势
C-3-15	基商与虚商对接的平台可以由工信部牵头，开发一个通用的系统，虚商付费试用，工信部牵头去协调码号资源的管理，这样的话，工信部监管也很方便，因为现在工信部监管需要跑每一家虚商，然后调取数据，监管成本很高	A		
C-3-16	现在统一建对接的平台也不晚，因为后续还会有虚商进来。中国移动现在的平台已经开发出来了，码号资源管理相关的区块链技术已经做好了，只是暂时不支持其他基商，如果协调一下，开放给其他运营商，其他基商付费使用，也是可以的	A		
C-3-17	从目前发展情况来看，虚商是一个比较畸形的产物，工信部一开始设计这个东西的时候，是希望多一个虚拟运营商作为基础运营商较好的市场补充，但现在很多家虚商是在夹缝里生存	F	不对称管制	监管制度缺失

续表

编号	条目库	渐进式编码的次序		
		一	二	三
C-3-18	目前并没有给虚商创造一个很好的政策环境保障生存，而是需要大家从夹缝里寻找阳光雨露去生存下来	F	不对称管制	监管制度缺失
C-3-19	业内人士说，国家设置虚拟运营商的目的是兑现WTO电信行业对外资开放的承诺。如果仅仅是为了完成任务，目前夹缝生存的状态是可以理解的，但是如果想把虚商作为三大基础运营商的一个补充，维持国家电信行业的一个平衡，目前这种夹缝里生存的状态是不利于虚商发展的	F	不对称管制	监管制度缺失
C-3-20	基商和虚商之间按道理应该是一个平级的关系，基商只是提供基础网络，但实际上，基商是甲方，虚商是乙方，这样的发展肯定有问题。因为虚商是采购基础网络服务的一方，应该是甲方，但目前还是类似以前做增值业务。整个行业的状态对虚商的发展其实挺不利的	F	网络资源单独监管	监管制度缺失
C-3-21	虚商本身就是夹缝里生存，哪里有阳光雨露就去哪里，就算花了很多的钱去投放广告，用户也不认	B	品牌宣传缺乏	品牌差异
C-3-22	去跟品牌公司聊的时候，品牌公司给我一套设计方案，意思是因为我们的用户都是特别低端的用户，所以要在低端用户里塑造自己的品牌形象。但是我跟各个虚商和渠道商沟通的时候，他们给我的建议是，我们真正的终端客户是不在意虚商品牌的，真正在意品牌的是渠道。而我作为这么多年三大基础运营商的用户，我是比较在意基础运营商品牌的，我从来都不知道渠道是谁，所以基商和虚商的情况是有本质的差异的	B		
C-3-23	我们的终端用户——真正用我们卡的这些人，不关注我们的品牌，反而卖给他们卡的渠道更关注我们的品牌，这时候就会导致一种畸形的现象，我的产品根本不是我的终端用户去设计的，就是为渠道设计的	E	渠道补贴成本	渠道布局困难

续表

编号	条目库	渐进式编码的次序		
		一	二	三
C-3-24	小米因为推出了低价格的产品，收入应该是跑到了第二名，为什么出了这样一个产品，它就能跑那么快，是因为渠道有套利的空间	E	渠道补贴成本	渠道布局困难
C-3-25	任何一个公司只要给渠道套利的空间，用户数之类的就会直线上升，因为你把套利的空间让给了别人，那就意味着自己要亏损	E	渠道补贴成本	渠道布局困难
C-3-26	其实虚商是没有什么产品的，而是要看给渠道多少套利空间，你只要想好要达到什么目的，然后照着那个方向去设计产品就好了	E	渠道补贴成本	渠道布局困难
C-3-27	对我们虚商的终端用户来讲，他根本就不知你是基商还是虚商	B	品牌定位趋同	品牌差异
C-3-28	虚商的卡卖得好不好，实际跟渠道有很大关系。渠道要不要卖你的卡，首先看你的产品有没有足够的套利空间，拥有渠道了，就一定会有用户。如果你想要100万的用户，算好让利多少给渠道，就设计出这样的套餐，放到市场上，渠道和用户立马会蜂拥而至	E	渠道补贴成本	渠道布局困难
C-3-29	基商的品牌已扎根消费者，影响不大，只要虚商产品好，一下就能吸引用户	B		
C-3-30	如果虚商要和运营商去打产品套餐的价格，也打不过，毕竟虚商是从基商那里批发的资源	A		
C-3-31	基商集团的考核从省到市再到县，最终的任务全部都是由县级市去完成，他们会有大量的营销成本，就直接贴给用户，跟白送一样，虚商价格战肯定打不过基商，所以虚商的生存空间就依赖于渠道了，渠道有办法招揽用户	A	批零倒挂	直接成本优势
C-3-32	外资如果过来当虚商，因为大环境就决定了目前的情况，外资发展用户也必须得遵守这个规则，如果它不遵守这个规则，我也认为它生存还是比较困难的	G		

编号	条目库	渐进式编码的次序		
		一	二	三
C-3-33	外资进来，带来资源，在产品方面应该对我们会有一些创新的影响	H	资源获取	产品差异化
C-3-34	从市场的角度，因为我们的销售对象是渠道，所以外商哪怕是合资，模式跟我们应该是一样的，但是在理念上会对我们产生影响，但从最终产品差异性上，我认为不会有太大的改观，因为市场的机制环境就决定了只能是这种模式	G		
C-3-35	外商确实会有很多新的理念，或者新的观念会影响到我们，对我们一定会有很大的帮助	H	学习曲线效应	间接成本优势
C-3-36	目前没有哪家虚商真的在广告上投了很大的费用，但是大家在市场的名誉上还是很愿意投一些费用，比如，行业奖项之类的	B	品牌宣传缺乏	品牌差异
C-3-37	"虚拟"二字对终端用户肯定是有影响的	B	"虚拟"形象负面	品牌差异
C-3-38	虚商现在普遍针对系统做投入或者研发，也就是我们在系统方面的投入和创新几乎为零，比如，BOSS 系统，虚商肯定比不过基商，基商搞 BOSS 搞了好几十年了，而且那些软件开发的厂商也都相当有经验了，所以直接花钱买来用就好了。大家也都在考量是不是需要全部买来，只要够用就好	C	创新投入	资本需求旺盛
C-3-39	虚商的固定资产也是够用就好，没有投入太多。因为转售的本质就决定了业务的形态，基商的用户规模和体系已经很成熟，而虚商只是他成熟体系里分出来的一小块，在这一小块的基础上，虚商把硬件平台拿过来用就好了。不是说大家不想投入，而是压根就不需要投入那么多	C		
C-3-40	假如保证金一年交个两三千万，按年化 5% 的利率计算，一年光资金净亏也是在百万左右，所以我觉得这是挺大的一块成本，但是一般成本计算的时候都不会把这个东西考虑进去	A	保证金利息	直接成本优势

编号	条目库	渐进式编码的次序		
		一	二	三
C-3-41	我曾经有想过股权债权之类融资的渠道，这其实是存在绝对障碍的	C	股权融资限制	融资渠道限制
C-3-42	我们股东也不同意投入这么大，所以不愿意再给钱	C	母公司融资限制	融资渠道限制
C-3-43	股东不愿意投入的话，品牌辨识度也没办法提高	C-B	母公司融资限制——品牌宣传缺乏	资本需求——产品差异化
C-3-44	轻资产业务，盈利也不好，其实银行贷不了款	C	银行贷款限制	融资渠道限制
C-3-45	有些虚商因为贷不了款，很难拓展业务，更别说打品牌了	C-B	银行贷款限制——品牌宣传缺乏	资本需求——产品差异化
C-3-46	当时工信部有一个文件，就是可以授权子公司开展转售业务，很多公司第一时间就这样操作了，其实是为了方便后续融资，以虚商的这个公司去上市。之前有9~10家授权子公司了，当时明确的文件，后来政策窗口期过了，其他虚商就不能这样操作了，但是也没有最终的文件	F	政策不稳定	监管制度缺失
C-3-47	将转售业务授权给子公司有利于转售业务单独上市，后来就不能授权了	F	政策不稳定	监管制度缺失
C-3-48	资本市场对虚商都没有概念，不认可，目前某通信企业融过资了，但不是因为这个行业很好，而是因为个人关系或者是个人资源才融到资，不具有代表性	C	股权融资限制	融资渠道限制

续表

编号	条目库	渐进式编码的次序		
		一	二	三
C-3-49	资本市场的不看好也是影响挺大的,没有钱做品牌宣传	C-B	股权融资限制——品牌宣传缺乏	资本需求——产品差异化
C-3-50	外资还是比较敏感的,基础电信涉及安全问题	G		国家安全
C-3-51	跟中国电信合作,一开始就要交 1000 万元押金,码号保证金另外交,拿到码号可以不放号,但是保证金就要押着,收不回来	C	保证金	资本需求旺盛
C-3-52	因为三大基础运营商释放出来的利润要远高于虚商,所以它会拥有好的渠道。比如,大王卡,每发展一个新用户,会给渠道 3 倍的返佣,消费套餐是 90 元的话,返佣就是 270 元	E	在位者补贴多	优质渠道缺乏
C-3-53	想作为基础运营商的渠道是很难的,那是有门槛的,要交渠道保证金之类的,之所以能设这么高的门槛,因为渠道进来之后,基商一定保证它赚钱,补贴也多。但是虚商的渠道门槛不是特别高,只要能帮它给真实的用户就好了	E	在位者补贴多	优质渠道缺乏
C-3-54	有些渠道跟基商合作之后,就不能代理其他卡了	E	排他性协议	优质渠道缺乏
C-3-55	跟外商合资,可以改善分销渠道不足的问题,因为资本注入,可以给渠道更多补贴	H	渠道补贴	资本补充
C-3-56	跟外商合资,注入资本,广告之类的品牌建设也可以投入一点了	H	广告投入	资本补充
C-3-57	很多虚商现在其实给不了渠道太多补贴,因为股东不投钱,业务也没有多少利润	C-E	母公司融资限制渠道补贴成本	资本需求渠道获得难度

编号	条目库	渐进式编码的次序		
		一	二	三
C-3-58	银行贷款的限制也制约了渠道补贴的规模	C-E	银行贷款限制——渠道补贴成本	资本需求——渠道获得难度
C-3-59	资本不看好，也没钱补贴渠道	C-E	股权融资限制渠道补贴成本	资本需求渠道获得难度
C-3-60	工信部可以对基础运营商提好要求，按照一个规则赋权虚拟运营商协会，由虚拟运营商协会在这一个框架下对虚拟运营商进行相应的管理	F	独立监管机构	监管制度缺失
C-3-61	现在从资源配置上来讲，我认为是非常浪费的，因为每一个虚商都要搞三四个商务人员去跟工信部、运营商沟通，其实是没必要的，只要协会把相应的规则规范颁布出来就好了。因为其他行业给我们做了典范（基金业协会），协会就可以监管	F	独立监管机构	监管制度缺失
C-3-62	从表面来看，基商很积极，但政策执行并不到位，也没什么处罚手段，只是约谈，还需要电信法来规范	F	电信法	监管制度缺失
C-3-63	工信部说是基商的管理部门，但是在政策执行的力度上，我觉得部里头肯定也有自己的苦衷，作为监管机构还是吃力	F	独立监管机构	监管制度缺失
C-3-64	比如，价格联动机制就没办法实施	F	价格联动机制	已有监管缺陷
C-3-65	企业不正当市场竞争导致的市场乱象，工信部也管不了那么多	F	强制退出机制	已有监管缺陷

编号	条目库	渐进式编码的次序		
		一	二	三
C-3-66	在外商改善政府监管环境这一块，我觉得可以借鉴一些国外的监管经验，比如，更加专业的监管机构	H	独立监管机构	倒逼监管改革
C-3-67	我们能够获取的资源还是有限的	B	资源获取受限	套餐差异
C-3-68	核心网权限的开放还是很有必要的，尤其是现在，虚商拿到正式牌照之后也没占什么优势。大家都说拿到虚商牌照了，可以在物联网有一些发展，实际上人家没有虚商牌照的一样在各个地市去做物联网	F	核心网权限	政策开放限制
C-3-69	允许我们自己建设核心网就更好了	F	自建核心网	政策开放限制
C-3-70	虚商没有专属的物联网号段，只能租用基商的	F	物联网号段	政策开放限制
C-3-71	外资这一块，现在大家都不愿意做，是因为部里本身就有要求，如果外资占有一定的比例，其实牌照基本就拿不了，所以现阶段，跟外商合资基本不太可能。但是如果拿到牌照之后，再去合资，目的就是为了降低成本，或者缓解资金压力	G		外资持股限制
C-3-72	目前从政策的角度看，政府不会批准外商合资，现在去申请正式牌照的时候，就需要把外商的比例写得清清楚楚	G		外资持股限制
C-3-73	虚商的价值在哪里，其实到现在都是不太明确的，公司领导也没有看透，所以才拖了那么久，一直没有去申请正式牌照，最近才开始申请，尽管在做这个事情，实际上也不太清楚拿到牌照之后和代理商比有什么优势	F		
C-3-74	需要设立单独面向虚商的监管机构	F	独立监管机构	监管制度缺失

附录6-2　三家案例公司独立编码结果

附表6-2　三家案例公司独立编码结果

类别	A公司	193	B公司	235	C公司	248
在位者成本优势	1. 直接成本优势	13	1. 直接成本优势	28	1. 直接成本优势	29
	（1）批零倒挂	5	（1）批量倒挂	18	（1）批量倒挂	13
	（2）实名制信息验证	3	（2）实名制信息验证	4	（2）实名制信息验证	8
	（3）系统建设与维护	5	（3）系统建设与维护	3	（3）系统建设与维护	2
	2. 间接成本优势		（4）执法响应成本	1	（4）保证金利息	2
	（1）规模经济效应	5	（5）客服成本	1	（5）用户欠费损失	2
	（2）学习曲线效应	2	（6）SIM卡成本	1	（6）客服号码	2
					2. 间接成本优势	4
		3	2. 间接成本优势	2	（1）规模经济效应	3
			学习曲线效应	2	（2）学习曲线效应	1
产品差异化	1. 套餐差异	7				
	（1）漫游优势抵消	3	1. 套餐差异	13	1. 套餐差异	5
	（2）资源获取受限	1	（1）漫游优势抵消	1	（1）资源获取受限	4
	（3）互联网套餐冲击	2	（2）资源获取受限	11	（2）互联网套餐冲击	1
	（4）设计理念落后	1	（3）互联网套餐冲击	1	2. 品牌差异	20
	2. 品牌差异	10	2. 品牌差异	11	（1）品牌定位趋同	3
	（1）在位者品牌强大	2	（1）在位者品牌强大	2	（2）"虚拟"形象负面	11
	（2）品牌定位趋同	6	（2）"虚拟"形象负面	5	（3）品牌宣传缺乏	6
	（3）"虚拟"形象负面	2	（3）品牌宣传缺乏	4	3. 顾客服务差异	2
	3. 顾客服务差异		3. 顾客服务差异	2	售后服务不足	2
	售后服务不足	2	售后服务不足	2		
		2				
资本需求			1. 资本需求旺盛	8	1. 资本需求旺盛	11
			（1）广告投入	2	（1）广告投入	2
	1. 资本需求旺盛	16	（2）创新投入	1	（2）创新投入	1
	（1）广告投入	6	（3）用户补贴	3	（3）保证金	8
	（2）创新投入	10	（4）保证金	2		
					2. 融资渠道限制	4
	2. 融资渠道限制	2	2. 融资渠道限制	7	（1）银行贷款限制	1
	（1）银行贷款限制	1	（1）银行贷款限制	2	（2）母公司融资限制	1
	（2）母公司融资限制	1	（2）母公司融资限制	2	（3）股权融资限制	2
			（3）股权融资限制	3		

续表

类别	A公司	193	B公司	235	C公司	248
潜在客户的转换成本	1. 弃号转网成本	10	1. 弃号转网成本	12		
	（1）信息解绑成本	5	（1）信息解绑成本	7		
	（2）人际维系成本	1	（2）人际维系成本	1		
	（3）契约转换成本	1	（3）契约转换成本	1	1. 弃号转网成本	3
	（4）用户拓展成本	3	（4）用户拓展成本	1	（1）信息解绑成本	1
			（5）套餐学习成本	2	（2）人际维系成本	1
	2. 携号转网成本	4	2. 携号转网成本	5	（3）契约转换成本	1
	信息更新成本	4	（1）信息更新成本	4		
			（2）通信合约限制	1		
分销渠道的获得难度	1. 优质渠道缺乏	2	1. 优质渠道缺乏	5	1. 优质渠道缺乏	8
	（1）在位者补贴多	1	（1）在位者补贴多	2	（1）在位者补贴多	5
	（2）排他性协议	1	（2）排他性协议	3	（2）排他性协议	3
	2. 渠道布局困难	8	2. 渠道布局困难	15	2. 渠道布局困难	7
	（1）渠道补贴成本	4	（1）渠道补贴成本	10	（1）渠道补贴成本	5
	（2）渠道密度不足	4	（2）自建网点缺乏	5	（2）自建网点缺乏	1
					（3）优质码号缺乏	1
政府监管	1. 已有监管缺陷	8	1. 已有监管缺陷	9	1. 已有监管缺陷	5
	（1）价格联动机制	6	（1）价格联动机制	7	（1）价格联动机制	4
	（2）强制退出机制	2	（2）强制退出机制	2	（2）强制退出机制	1
	2. 监管制度缺失	19	2. 监管制度缺失	23	2. 监管制度缺失	22
	（1）独立监管机构	8	（1）独立监管机构	11	（1）独立监管机构	10
	（2）电信法	3	（2）电信法	2	（2）电信法	4
	（3）不对称管制	4	（3）网络资源单独监管	8	（3）不对称管制	4
	（4）网络资源单独监管	4	（4）政企不分	2	（4）网络资源单独监管	1
	3. 政策开放限制	7	3. 政策开放限制	9	（5）政企不分	1
	（1）核心网权限	3	（1）核心网权限	5	（6）政策不稳定	2
	（2）自建核心网	4	（2）自建核心网	1	3. 政策开放限制	21
			（3）物联网号段	3	（1）核心网权限	6
					（2）自建核心网	6
					（3）物联网号段	9

续表

类别	A公司	193	B公司	235	C公司	248
互相影响的竞争壁垒	1. 资本需求与渠道获得难度的关系	2	1. 在位者成本优势与资本需求的关系	1	1. 资本需求与渠道获得难度的关系	3
	（1）银行贷款限制——渠道补贴成本	1	批零倒挂——股权融资限制	1	（1）银行贷款限制——渠道补贴成本	1
	（2）母公司融资限制——渠道补贴成本	1	2. 资本需求与渠道获得难度的关系	3	（2）母公司融资限制——渠道补贴成本	1
			（1）银行贷款限制——渠道补贴成本	1	（3）股权融资限制——渠道补贴成本	1
	2. 分销渠道获得难度与产品差异化的关系	2	（2）母公司融资限制——渠道补贴成本	1		
	渠道密度不足——售后服务不足	2	（3）股权融资限制——渠道补贴成本	1	2. 资本需求与产品差异化的关系	3
					（1）银行贷款限制——品牌宣传缺乏	1
	3. 政府监管与在位者成本优势的关系	2	3. 资本需求与产品差异化的关系	66	（2）母公司融资限制——品牌宣传缺乏	1
	价格联动机制——批零倒挂	2	（1）银行贷款限制——品牌宣传缺乏	2	（3）股权融资限制——品牌宣传缺乏	1
	4. 政府监管与产品差异化的关系	5	（2）母公司融资限制——品牌宣传缺乏	2	3. 政府监管与在位者成本优势的关系	2
	（1）核心网权限——资源获取受限	1	（3）股权融资限制——品牌宣传缺乏		价格联动机制——批零倒挂	2
	（2）自建核心网——资源获取受限	2	4. 政府监管与产品差异化的关系	3	4. 政府监管与产品差异化的关系	3
	（3）网络资源单独监管——资源获取受限	2	（1）核心网权限——资源获取受限	2	（1）自建核心网——资源获取受限	1
			（2）自建核心网——资源获取受限	1	（2）网络资源单独监管——资源获取受限	2

类别	A 公司	193	B 公司	235	C 公司	248
与外商合资的影响	1. 间接成本优势 　学习曲线效应 2. 产品差异化 (1) 资源获取 (2) 品牌差异 3. 资本补充 (1) 广告投入 (2) 创新投入 (3) 渠道补贴 4. 渠道拓展 　国际化渠道 5. 倒逼监管规范 (1) 独立监管机构 (2) 电信法	3 3 4 3 1 5 1 2 2 3 3 4 3 1	1. 产品差异化 (1) 资源获取 (2) 品牌差异 2. 资本补充 (1) 广告投入 (2) 创新投入 (3) 渠道补贴 3. 渠道拓展 　国际化渠道 4. 倒逼监管规范 　独立监管机构	5 3 2 6 2 1 3 3 3 2 2	1. 间接成本优势 　学习曲线效应 2. 产品差异化 (1) 资源获取 (2) 品牌差异 (3) 顾客服务差异 3. 资本补充 (1) 广告投入 (2) 渠道补贴 4. 渠道拓展 　国际化渠道 5. 倒逼监管规范 (1) 独立监管机构 (2) 电信法	3 3 7 2 2 3 4 2 2 3 3 5 3 2
与外商合资的壁垒	1. 外资股权限制 2. 行政审批烦琐 3. 资源开放限制 4. 国家安全	2 3 2 3	1. 外资股权限制 2. 行政审批烦琐 3. 资源开放限制 4. 国家安全 5. 实名制信息验证	2 2 2 2 2	1. 外资股权限制 2. 行政审批烦琐 3. 国家安全	3 1 3

第七章

企业规模与技术创新

上一章关于壁垒的分析表明缺乏规模经济效益的确是造成虚商成本劣势的主要原因之一。前文理论分析中也讨论了民营电信企业规模化经营对形成有效竞争的必要性（第二章第五节），并借鉴阿吉翁（Aghion，2005）关于竞争与创新非线性关系理论提出了规模与创新之间倒"U"形关系的两个待证假说。本章以企业专利数量和全要素生产率为创新水平衡量指标分别建立面板模型对假说进行验证，并辅以行业层面样本检验结果的进一步印证。由于国内运营商相关数据获得性限制，采用了包括中国在内的多国样本。如假说得证，则可通过测算理论上的最优规模来推断我国包括三大运营商和民营电信企业规模的合理性，进而为民营企业规模化发展的必要性提供理论依据，并从围绕 5G 技术的国际竞争角度，为着眼于长期的电信业混合所有制改革提供有益启示。

> H15：电信运营商企业规模和其发明专利数之间存在倒"U"形关系。
>
> H16：电信运营商企业规模和企业全要素生产率之间存在倒"U"形关系。

第一节　实证设计

本节先讨论模型设定与变量选取，然后简要介绍关键变量的测算和数据来源。

一、理论模型

借鉴 Aghion 等（2005）、Correa 和 Ornaghi（2014）的模型思路，假设任意时间段内发明专利数量服从泊松分布：

$$Pr(P = h \mid \lambda) = \frac{exp\{-\lambda\}\lambda^h}{h!} \tag{7-1}$$

参数 λ 表示发明专利数量的期望值，h 表示实际值。同时假设发明专利数量和市场竞争度之间的关系为：

$$\lambda_{it} = E[P_{it} \mid C_{it}, x_{it}] = exp\{g(c_{it}) + x_{it}\delta\} \tag{7-2}$$

需要注意的是，为了符合发明专利数的实际取值情况，将等式（7-2）设置为指数函数的形式，目的是确保在实证回归系数的任何线性组合下发明专利数的期望值均为非负。其中，c_{it} 为企业或行业 i 在时间 t 的竞争度，g（c_{it}）表示市场竞争度（c_{it}）的函数，x_{it} 代表一组控制变量，δ 为控制变量的系数矩阵。将公式（7-2）两边同时取自然对数，并分别以竞争度的一次和二次项形式近似替代式中的函数 g（c_{it}），可得：

$$Ln\lambda_{it} = \beta_1 c_{it} + \beta_2 c_{it}^2 + x_{it}\delta \tag{7-3}$$

等式（7-3）通常被称为均值模型，也是本章的理论模型。其中，λ 在不同计量模型中可分别取发明专利数（Patent）和全要素生产率（TFP）两个指标，即 λ ∈ {patents，TFP}；C 在企业和行业模型中可分别取勒纳指数（LI）和赫芬达尔-赫希曼指数（Herfindahl-Hirschman Index，HHI），β_1 为市场竞争度指标一次项的系数，β_2 为市场竞争度指标二次项的系数，用来考察与创新水平之间是否存在非线性关系。根据解释变量（c）和被解释变量（λ）指标选取的不同，本章构建 4 个技术创新与市场结构关系模型。其中两个模型在企业层面：分别以企业专利数和全要素生产率衡量技术创新，以勒纳指数衡量企业市场势力；另外两个在行业层面：分别以行业发明专利数和行业 TFP 创新指标，以赫芬达尔-赫希曼指数衡量市场竞争度。目的是通过模型分析结果之间的比较互相印证。

二、变量选择与计量模型

因变量。从投入和产出两个角度来看，最常用的技术创新代理变量包括研发投入密度（朱恒鹏，2006；Peneder and Woerter，2014；张杰等，2017）、发明专利数（Aghion et al.，2005；平新乔和周艺艺，2007；Hashmi，2013；Correa and Ornaghi，2014；张杰等，2017）、全要素生产率（Correa and Ornaghi，2014）。相较于研发密度，使用发明专利数指标的优点主要体现在两方面，一是准确性：研发密度指标既包括研发成功的投入，也包括研发失败的投入，从而可能高估实际创新水平，而发明专利数指标则仅计算企业研发成功的数量；二是客观性：研发投入密度为企业研发投入与主营业务收入的比值，其数值的大小往往会因企业会计准则变化而改变，发明专利数不受此影响。其主要局限是许多企业为保守商业机密而避免披露专利信息，也无法衡量由于引进外部技术或采用先进管理方法带来的效率提升。而全要素生产率是指全部要素投入量（包括资本、劳动、土地，但通常分析时常略去土地）都不变时生产量仍能增加的部分。因此 TFP 与发明专利互相补充，前者反映技术创新的质量，后者则主要反映创新数量。

解释变量。参照已有文献（表7-1），主要控制变量（x）采用了企业规模、企业年龄（进入行业的年限）、企业绩效、企业专利储量等和行业专利总量。企业规模（s）以总资产衡量，并同时加入了一次项和二次项。企业年龄（age）具体计算公式为：企业年龄=（样本年份-企业成立年份+1）。初创企业为了积累生存和发展的竞争优势与资源，具有更强的技术创新动力和需求，而另一方面企业经营的时间长短与资源存量密切相关，进而影响企业开展技术创新的能力，因此与技术创新之间的关系不确定。企业绩效（ROA）以资产收益率衡量（Return on Asset），定义为企业当年净利润额与总资产的比值。企业绩效决定了企业现金流能力和融资能力，是影响企业创新活动的重要因素之一，绩效越好，企业拥有的现金流和融资渠道越多，技术创新能力越强，与技术创新正相关。专利储量（Stock）的代理指标选取了企业在专利保护期限内的专利数总量，用于衡量技术创新的基础。通常情况下技术创新具有连贯性和持续性，因此当企业积累了大量发明专利时，更容易通过对已有发明专利的改进、迭代和重组实现创新和突破，故该指标理论上与技术创新正相关。根据《中华人民共和国专利法》第四十二条规定，"发明专利权的期限为二十年，实用新型专利权和外观设计专利权的期限为十年，均自申请日起算"，与世界各国普遍采用的专利保护期限一致。考虑到电信技术创新属于第一类发明专利，运营商的专利储量应包括企业在样本年份前20年的发明专利总量。模型还纳入了本国电信业发明专利总数（Country）。一般而言，行业整体发明专利水平有溢出和带动效应，可以为运营商提供创新所需的技术环境和协同基础，进而增强企业创新能力。

表 7-1 企业模型控制变量及文献来源

控制变量	文献来源
企业规模	朱恒鹏，2006；安同良等，2006；吴延兵，2007；聂辉华等，2008；白俊红，2011；Peneder and Woerter，2014；李健等，2016；蔡竞和董艳，2016；张杰等，2017
企业年龄	Peneder and Woerter，2014；李健等，2016；蔡竞和董艳，2016；张杰等，2017
企业绩效	聂辉华等，2008；陈林和朱卫平，2011；Peneder and Wörter，2014；李健等，2016；蔡竞和董艳，2016；张杰等，2017
发明专利储量	平新乔和周艺艺，2007

综合上述讨论，在模型（7-3）基础上，分别用专利数量和全要素生产率（TFP）为因变量建立如下计量模型：

$$LnPatent_{it} = \alpha_1 + \beta_1 \cdot li_{it} + \beta_2 \cdot li_{it}^2 + \phi_1 \cdot s_{it} + \phi_2 \cdot s_{it}^2 + \phi_3 \cdot \alpha ge_{it} + \phi_4 \cdot ro\alpha_{it} + \phi_5 \cdot stock_{it} + \phi_6 \cdot country_{it} + \varepsilon_{it1} \tag{7-4}$$

$$TFP_{it} = \alpha_2 + \beta_3 \cdot li_{it} + \beta_4 \cdot li_{it}^2 + \phi_7 \cdot s_{it} + \phi_8 \cdot s_{it}^2 + \phi_9 \cdot \alpha ge_{it} + \phi_{10} \cdot ro\alpha_{it} + \phi_{11} \cdot stock_{it} + \phi_{12} \cdot country_{it} + \varepsilon_{it2} \tag{7-5}$$

其中，i 表示企业，t 表示时间。等式（7-4）、（7-5）同时加入了勒纳指数和企业规模二次项 li_{it}^2 和 s_{it}^2，以检验市场势力和企业规模与技术创新是否存在倒"U"型关系。为印证企业模型的估计结果，进一步从不同国家电信行业层面检验倒 U 关系是否存在。模型如下：

$$Ln\,Patent_{jt} = \alpha_3 + \beta_5 \cdot \ln hhi_{jt} + \beta_6 \cdot \ln hhi_{jt}^2 + \omega_1 \cdot \ln capex_{jt} + \omega_2 \cdot \ln Sub_{jt} + \omega_3 \cdot \ln stk_{jt} + \varepsilon_{jt1} \tag{7-6}$$

$$TFP_{jt} = \alpha_4 + \beta_7 \cdot \ln hhi_{jt} + \beta_8 \cdot \ln hhi_{jt}^2 + \omega_4 \cdot \ln capex_{jt} + \omega_5 \cdot \ln Sub_{jt} + \omega_6 \cdot \ln$$

$$stock_{jt} + \varepsilon_{jt2} \tag{7-7}$$

j 表示国家，t 表示时间，除了 *TFP* 之外的其他变量均采用对数形式。主要解释变量除了 *HHI* 的一次和二次项之外还包括：（1）衡量规模的资本性支出（*Capital Expenditure*，*Capex*）。与企业模型同理，根据电信业的特点，行业规模越大，技术创新能力越强，故假设行业规模或行业资本性支出与技术创新之间正相关。（2）总用户数（*Subscribers*）。通常用户越多，开展技术创新的动力越强，因此也和技术创新正相关。（3）行业发明专利储量（*Stock*）。也与企业模型的分析同理，行业专利储量越大，则整体研发能力越强。

三、核心变量的处理

（一）TFP 的测算

采用 *Levinsohn-Petrin* 方法测算 *TFP*，计量模型如下：

$$1n\, Y_{it} = v_0 + a1nL_{it} + \beta 1nK_{it} + \sum_m \rho_m year_m + \sum_n \eta_n id_n + \varepsilon_{it3} \tag{7-8}$$

在等式（7-8）中，Y_{it} 表示电信运营商或国家 i 的电信行业在 t 年的产出增加值，L_{it} 为员工人数，K_{it} 为固定资产，id_n 和 $year_m$ 分别为个体和年份的虚拟变量，ε_{it3} 是随机干扰项。借鉴 *Giannetti* 等（2015）的方法，采用企业营业支出作为中间品投入代理变量将残差项分为两个部分——可观测的生产率冲击和不可观测的生产率冲击，从而得到一致无偏的估计（鲁晓东和连玉君，2012）。计算结果见本章附录7-1。

（二）勒纳指数和 HHI 指标测算

勒纳指数（*LI*）衡量企业的市场势力，定义为产品价格（*Price*）与边际成本的差额占价格的比例，取值范围为 [0，1]。等于 0 时，意味着价格等于边际成本，企业处于完全竞争中，不具任何市场势力。指数越高表示产品定价超过边际成本的比例越大，企业市场势力越强，企业间竞争程度越低，趋近于 1 则处于完全垄断地位。具体计算时由于边际成本数据难以获得，通常以平均成本作为代理变量（张益明，2012）。本章借鉴 *Peress*（2010）、*Kale* 和 *Loon*（2011）的做法，以主营业务收入代替价格，主营业务成本代替边际成本，计算式为：

$$LI = \frac{price - marginal\ cost}{price} = \frac{主营业务收入 - 主营业务成本}{主营业务收入} \qquad (7\text{-}9)$$

HHI 指数反映产业集中度，算式为：

$$HHI_t = \sum_{i=1}^{N} \left(\frac{S_{it}}{S_t}\right)^2 = \sum_{i=1}^{N} M_{it}^2 \qquad (7\text{-}10)$$

S_{it} 表示 t 年运营商 i 的规模，用企业总资产代表；S_t 表示 t 年行业总规模，即运营商资产总和；M_{it} 表示 t 年运营商 i 的市场份额或市场占有率。HHI 指数越大，表示市场集中度越高、竞争度越低，反之则集中度越低、竞争度越高。

四、样本选取与数据

为了准确反映最新技术发展背景下的企业规模、市场结构与技术创新之间的关系，选取电信业相对发达的国家的数据作为样本。

（一）企业数据

根据 2019 年福布斯市值排行榜及数据可得性，选了 10 个国家的 16 家电信运营企业（表 7-2），时间跨度为 2004—2016 年，共计 205 个观测值。所有变量的名称、单位与数据来源见表 7-3，其中全要素生产率（tfp）和勒纳指数分别根据等式（7-8）、（7-9）计算，数据均出自 *Bloomberg* 数据库。从描述性统计看（表 7-4），企业发明专利数量的对数值最大为 7.794，最小值为 0，标准差 1.673，表明运营商之间创新数量相差较大。全要素生产率最大值为 6.065%，最小值为 4.197%，标准差 0.417%，说明企业之间 *TFP* 差异较小。两个因变量之间的这些不同特征也反映了两者的互补。从勒纳指数最大值 0.359、最小值 0.0111、标准差 0.0671 和均值 0.169 看，单个企业市场势力总体看相对较弱。企业规模的统计指标则显示了企业之间的规模差异比较大。此外，企业年龄、企业专利储量以及国家发明专利数量的标准差比较高，说明观测点之间差异性大。

表 7-2 运营商名单

国家	企业
美国	AT&T，Verizon Communications

续表

国家	企业
中国	China Mobile，China Telecom，China Unicom
日本	Softbank，NTT，KDDI
德国	Deutsche Telekom
西班牙	Telefónica
法国	Orange
英国	BT Group，Vodafone
瑞士	Swisscom
瑞典	Teliasonera
澳大利亚	Telstra

表7-3　企业变量与数据来源

变量名称（英文）	变量名称（中文）	单位	数据来源
PATENT	发明专利数	件	WIPO、国家知识产权局
TFP	全要素生产率	%	Bloomberg/本文计算
LI	勒纳指数	/	Bloomberg/本文计算
S	企业规模（总资产）	十亿美元	Bloomberg
ROA	资产收益率	%	Bloomberg
AGE	企业年龄	年	Bloomberg
STOCK	发明专利储量	件	WIPO、国家知识产权局
COUNTRY	行业发明专利数	件	WIPO、国家知识产权局

表 7-4　运营商数据描述性统计

变量	观测数	均值	中位数	标准差	最小值	最大值
PATENT	205	5. 021	5. 407	1. 673	0	7. 794
TFP	205	5. 326	5. 417	0. 417	4. 197	6. 065
LI	205	0. 169	0. 17	0. 0671	0. 0111	0. 359
S	205	115. 3	94. 033	84. 21	10. 20	403. 8
AGE	205	28. 55	24	20. 16	2	93
STOCK	205	5416	1510	9890	0	47717
ROA	205	5. 498	4. 714	4. 962	−16. 00	45. 55
COUNTRY	205	5902	933	6131	4	17476

（二）行业数据

　　根据数据可获得性，行业层面两组模型采用的样本有所不同。发明专利数模型样本为 2004—2017 年间 6 个电信类发明专利数量最多的国家，包括中国、美国、日本、韩国、德国和英国共 84 个观测点。而由于 WORLD KLEMS 数据库缺少计算中国电信行业层面 TFP 所需的数据，只选了美国、日本、韩国、德国和英国，时间跨度为 2000—2009 年。从表 7-5 描述性统计看，各国间发明专利数量对数值和 TFP 差距均相对较小，反映了样本期间各国电信业之间技术创新数量差距不大，HHI 指数标准差也只有 0. 288。行业规模、用户总量和发明专利储量的标准差也都比较低。因此，两个模型样本区间的不对称应不会对检验结果带来实质影响。表 7-6 列出了行业层面模型变量名称、单位与数据来源。其中的 TFP 根据等式（7-8）计算，数据源自 WORLD KLEMS 数据库。其他变量的数据分别来源于全球移动通信系统协会（Global System for Mobile Communications, GSMA）数据库、世界知识产权组织（World Intellectual Property Organization, WIPO）。

表 7-5　样本国家电信行业层面数据描述性统计

变量	观测数	均值	中位数	标准差	最小值	最大值
专利数为因变量：2004—2017 年，6 个国家						
PATENT	84	8.159	8.920	1.547	4.533	9.947
HHI	84	8.073	8.018	0.288	7.441	8.691
CAPEX	84	21.60	21.542	0.956	20.29	23.35
SUB	84	18.50	18.055	0.976	17.17	20.83
STOCK	84	10.94	11.301	1.200	9.165	12.50
TFP 为因变量：2000—2009 年，5 个国家						
TFP	50	6.498	7.195	1.555	4.300	8.495
HHI	50	7.953	8.049	0.332	7.126	8.316
CAPEX	50	21.21	20.815	0.785	20.21	22.77
SUB	50	17.88	17.844	0.591	16.81	19.17
STOCK	50	10.63	10.529	1.216	9.203	12.50

注：以上变量均为对数值

表 7-6　行业模型变量与数据来源

变量名称（英文）	变量名称（中文）	单位	数据来源
PATENT	专利数	件	WIPO、国家知识产权局
TFP	全要素生产率	%	WORLD KLEMS/本文计算
HHI	赫芬达尔-赫希曼指数	/	GSMA
CAPEX	行业规模（资本性支出）	十亿美元	GSMA
SUB	用户数	户	GSMA
STOCK	发明专利储量	件	WIPO、国家知识产权局

第二节　结果与分析

一、企业模型的估计

（一）专利数量为因变量

方程（7-4）的目标变量分别为企业规模（S）和勒纳指数（LI）的一次及二次项，控制变量企业年龄、企业绩效、专利储量以及本国电信业发明专利数。表 7-7 中模型 1 和模型 2 对照了加入目标变量二次项前后的系数变化，主要变量系数显著度和 R 方值都有明显提高，说明非线性关系存在。Hausman 检验在 10% 的显著性水平下均接受无个体固定效应的原假设，联合分布检验也在 10% 的显著性水平下接受无时间固定效应的原假设，故采用了随机效应模型。[①]为消除市场势力和技术创新之间可能存在的内生性，模型 3 分别以勒纳指数滞后项和勒纳指数二次项的滞后项为工具变量（IV）（Correa and Ornaghi，2014），估计结果未发生实质性改变，且通过了工具变量有效性检验。[②] 分析将基于模型 3 展开。其核心变量系数均在 1% 水平以上显著。作为关键变量的企业规模其一次项（s）和二次项（s2）系数分别为 0.0231 和 -0.000032，说明规模与发明专利水平存在倒 U 型关系。而勒纳指数一次项（LI）和二次项系数符号相反，说明勒纳指数和专利数量之间存在正 U 型关系，即当企业市场势力较低时，大多倾向采用或购买他人专利，但具备一定垄断势力之后创新动力逐渐上升。行业专利数量的系数（Country）为正，说明行业专利数量和运营商层面的专利数量正相关，符合预期。企业年龄、专利储量以及 ROA 的系数为正，虽符合预期但均不显著，说明影响不大。

为便于理解，图 7-1 和图 7-2 根据模型 3 回归系数分别绘制了企业规模和

[①]　模型选择检验和系数估计结果见表 7-7。方程（7-5）、（7-6）、（7-7）的面板数据模型选择检验另见表 7-8、7-11、7-12。

[②]　见附录 7-2。

勒纳指数与发明专利数关系的拟合值。通过对方程（7-4）求导并运用一阶条件计算企业规模和发明专利数量的关系拐点为 356.48 ［0.0231/（2 * 0.0000324）］，这意味着在 0<S<356.48 区间内，企业规模和发明专利数正相关，S>356.48（十亿美元）时为负相关。也就是说，企业发明专利数在资产规模为 3564.8 亿美元时达到理论最大值。目前除了 AT&T 在 2015 年和 2016 年分别为 4027 和 4038 亿美元外，其他样本运营商均低于最优值。因此，总体看在现有样本区间内企业规模越大，发明专利能力越强。

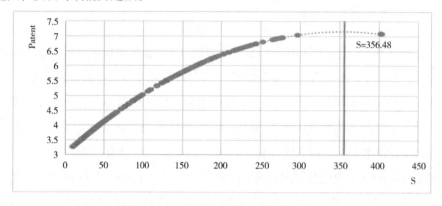

图 7-1 企业规模和发明专利数关系拟合

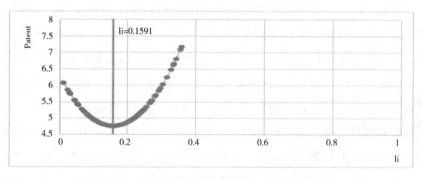

图 7-2 运营商市场势力和发明专利数关系拟合

同理，可得勒纳指数与专利数关系拐点为 0.1591 ［-19.03/（2 * 59.79）］，即在 0<li<0.1591 的区间内，勒纳指数和发明专利数之间负相关，而在 0.1591<li<1 区间内两者正相关。根据表 7-4，该临界值小于样本均值（0.169）和中位数（0.17），说明大部分观测点分处于正相关区段。在样本企业中，有 14 家运营商（AT&T、Verizon Communications、China Mobile、China Telecom、China Unicom、Softbank、KDDI、Orange、BT Group、Vodafone、Swisscom、Telefónica、Teliasonera、

Telstra）勒纳指数大于 0.1591，2 家运营商（NTT、Deutsche Telekom）低于该值。总体看，在样本区间内运营商市场势力越强，其专利发明数量越多。印证了企业规模的影响。

（二）全要素生产率为因变量

全要素生产率（TFP）模型估计结果显示（表7-8），模型（7-5）加入两项市场势力指标的二次项后主要变量系数显著度也明显提高。与发明专利数模型（7-4）估计过程类似，同样利用工具变量消除市场势力和技术创新之间可能存在的内生性（模型6），系数结果也未发生实质性改变。经检验，双向固定效应模型适用并且工具变量选择有效。以模型6结果为分析基准。

企业规模和勒纳指数一次项和二次项系数符号和专利模型3（表7-7）估计结果一致。行业专利数（Country）系数也显著为正。与专利模型结果不同的是，除了企业年龄系数外，剩余其他变量均显著为正。发明专利储量系数为正且在三个模型中（4、5、6）均统计显著，反映了专利积累和资产回报率虽对当期新专利数量影响不大，但从长期看对生产率具有明显的促进作用。企业年龄在专利和TFP模型中均不显著，可能的原因是随着经验和资产积累，企业创新能力虽不断提高，但创新动力却可能会出现弱化。

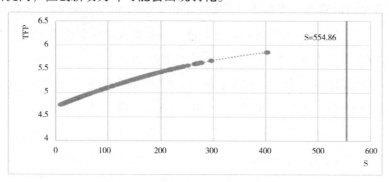

图 7-3 电信运营商企业规模和全要素生产率关系拟合

企业规模和全要素生产率的拟合虽依然接近倒 U 形（图 7-3），但有趣的是，所有观测点都出现在拐点左侧（S=554.86），说明：（1）在现有技术下全要素生产率在企业规模为 5548.6 亿美元时最高；（2）所有样本企业均远远小于这一理论上的最优规模。勒纳指数-全要素生产率关系拟合也出现了类似的差异。与图7-2不同，拐点0.1795大于勒纳指数样本均值（0.169）和中位数（0.17），意味着样本区间多数企业位于勒纳指数拐点（0.1795）左侧，说明即使随着勒纳指数上升专利数量开始进入上升阶段（图7-4），转化为实际生产效率仍需要更多的配套因素或市场势力的进一步扩大。

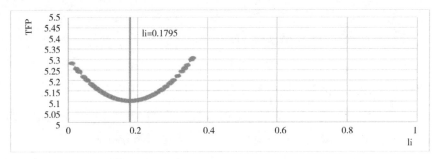

图7-4　运营商勒纳指数和全要素生产率关系拟合

（三）企业模型结果的讨论

综合以上分析，企业规模对两项创新指标的影响均为先扬后抑，存在理论上的最优值（介于3564.8亿美元和5548.6亿美元之间），假说15、16得证。但由于所有样本点都位于企业规模与全要素生产率关系拐点的左侧，且包含了世界规模最大的运营商（美国的AT&T、Verizon Communications和中国移动等），因此从创新质量和实际效果看均未达到最优。专利数量模型结果也只有美国的AT&T位于临界值右侧。表7-9列出了样本企业2016年的资产规模及其与全要素生产率模型理论最优规模的差距。例如，AT&T的资产规模为4038.2亿美元，低于临界值1510.4亿美元，中国最大的中国移动集团公司的规模差距为3356.9亿美元。而专利数量和最优规模的差距显示（表7-10），2016年位居世界第二大、第三大的电信运营商Verizon（美国）和中国移动集团分别低于最优值1123亿美元和1373.1亿美元。另外，达到全要素生产率最优的规模要求远远高于专利数量最优的规模要求，进一步强调了企业规模对真正提高创新成效的关键作用。

运营商勒纳指数与发明专利数和全要素生产率均呈现正U形关系。两者相同之处是，都反映了电信运营企业早期多数主要靠要素投入扩大产出，缺乏自身创新动力和能力。不同之处是，全要素生产率与勒纳指数开始出现正相关的拐点晚于专利数量的拐点。同样的细微差异也反映在最优企业规模与两项创新指标的关系上（图7-1和图7-2）。再次体现了两个创新指标的互补。

表7-7 企业发明专利数模型估计（方程7-4）

	模型1	模型2	模型3（IV）*
li	−2.707*	−14.62***	−19.03***
	(−1.90)	(−3.63)	(−3.28)
li2		33.36***	59.79***
		(3.01)	(3.89)
s	0.00869***	0.0194***	0.0231***
	(5.61)	(5.83)	(5.51)
s2		−0.0000298***	−0.0000324***
		(−3.26)	(−3.33)
age	0.0118	0.00656	0.0318
	(1.20)	(0.96)	(1.54)
stock	0.0000220	0.0000198	0.000000283
	(1.13)	(1.37)	(0.01)
roa	0.00951	0.00659	0.000200
	(0.70)	(0.48)	(0.02)
country	0.000151***	0.000120***	0.000147***
	(6.25)	(6.02)	(4.38)
_cons	3.075***	3.718***	2.491***
	(5.71)	(7.37)	(2.58)
个体固定效应	NO	NO	NO
个体随机效应	YES	YES	YES
时间固定效应	NO	NO	NO
个体固定效应检验	chi2=7.94 p=0.1598	chi2=3.28 p=0.7724	

续表

	模型 1	模型 2	模型 3（IV）*
时间固定效应检验	F（6，198）= 9.11 p = 0.6938	F（8，196）= 7.07 p = 0.8528	
Observations	205	205	189
R-squared	0.3635	0.4353	0.3500

注：① ***、**、* 分别表示1%、5%、10%的统计显著性水平，（ ）内为 t 值。下表中模型4—6、7—14与此相同。② 模型3使用 li 滞后项以及 li2 滞后项作为其自身的工具变量。下表中模型6、8、10、12、14也与此相同。③模型3与模型2同，采用随机效应模型估计。

表7-8　运营商全要素生产率模型估计（方程7-5）

	模型 4	模型 5	模型 6（IV）
li	−0.00605	−1.813***	−2.261**
	（−0.02）	（−2.85）	（−2.40）
li2		5.472***	6.296**
		（3.11）	（2.52）
s	0.00257***	0.00497***	0.00445***
	（8.95）	（7.46）	（6.39）
s2		−0.00000574***	−0.00000401**
		（−3.61）	（−2.47）
age	0.00574	0.00438	−0.00181
	（1.34）	（1.08）	（−0.41）
stock	0.0000130**	0.0000118**	0.0000155***
	（2.27）	（2.15）	（2.59）
roa	0.00451**	0.00400*	0.00401**
	（2.05）	（1.91）	（1.99）

续表

	模型 4	模型 5	模型 6（IV）
country	0. 0000256 ***	0. 0000228 ***	0. 0000236 ***
	（4. 95）	（4. 55）	（4. 15）
_cons	4. 538 ***	4. 570 ***	4. 819 ***
	（32. 84）	（33. 21）	（27. 60）
个体固定效应	YES	YES	YES
个体随机效应	NO	NO	NO
时间固定效应	YES	YES	YES
个体固定效应检验	chi2 = 11. 30 p = 0. 0457	chi2 = 13. 13 p = 0. 0410	
时间固定效应检验	F（11，172）= 4. 44 p = 0. 0000	F（11，170）= 4. 16 p = 0. 0000	
Observations	205	205	189
R-squared	0. 6412	0. 6812	0. 6360

注：模型 6 与模型 5 同，采用双向固定效应估计方法。

表 7-9　企业规模与 TFP 理论最优值规模的差距　单位：十亿美元

运营商	2016 年 企业规模	与最优值 之间的差值	运营商	2016 年 企业规模	与最优值 之间的差值
AT&T	403. 82	−151. 04	Deutsche Telekom	156. 61	−398. 25
Verizon	244. 18	−310. 68	Telefónica	130. 40	−424. 46
China Mobile	219. 17	−335. 69	Orange	99. 85	−455. 01
China Telecom	94. 03	−460. 83	BT Group	61. 85	−493. 01
China Unicom	88. 50	−466. 36	Vodafone	192. 46	−362. 40

运营商	2016 年企业规模	与最优值之间的差值	运营商	2016 年企业规模	与最优值之间的差值
Softbank	184.06	−370.80	Swisscom	21.09	−533.77
NTT	186.99	−367.87	Teliasonera	27.89	−526.97
KDDI	52.27	−502.59	Telstra	32.24	−522.62

表 7-10　企业规模与专利数理论最优值规模的差距　单位：十亿美元

运营商	2016 年企业规模	与最优值之间的差值	运营商	2016 年企业规模	与最优值之间的差值
AT&T	403.82	47.34	Deutsche Telekom	156.61	−199.87
Verizon	244.18	−112.30	Telefónica	130.40	−226.08
China Mobile	219.17	−137.31	Orange	99.85	−256.63
China Telecom	94.03	−262.45	BT Group	61.85	−294.63
China Unicom	88.50	−267.98	Vodafone	192.46	−164.02
Softbank	184.06	−172.42	Swisscom	21.09	−335.39
NTT	186.99	−169.49	Teliasonera	27.89	−328.59
KDDI	52.27	−304.21	Telstra	32.24	−324.24

二、行业模型的估计

对等式（7-6）、（7-7）的估计与企业层面的计量分析过程同理，先围绕非线性和内生性问题筛选模型。比如，表 7-11 中模型 7 和 9 对比了加入 HHI 二次项后对行业专利数量的影响系数变化，后者主要变量系数显著度明显下降，二次项系数本身也不显著，R 方基本未变，排除了非线性关系。模型 8 和 10 分别以 HHI 滞后项的一次和二次方为工具变量（IV）。虽然模型 10 通过了工具变量有效性检验，但所有系数均在统计上不显著，R 方值也略有下降，说明工具变量模型也排除了非线性。而模型 8 的线性模型估计显示，HHI 系数为正且统计

显著，估计值也显示了较高的影响程度：HHI 每提高 1%，发明专利数量增加
1.033%。电信用户数（Sub）系数为正说明市场需求越大则技术创新动力越强，
估值也相对较高（1.803）。而从供应角度看，行业规模（Capex）和发明专利储
量（Stock）对行业专利数量没有显著作用，反映了对一个行业来说市场结构才
是影响技术创新的主导性因素，印证了企业模型的估计结果，即合理的规模化
经营和市场势力有利于促进企业的创新动力和能力。行业 TFP 的模型选择也同
样排除了非线性关系，与专利模型结果类似。模型 12 的系数估计结果显示（表
7-12），HHI 和电信用户量系数均显著为正，说明产业集中度和需求规模的提高
有利于拉升行业生产率。行业发明专利储量系数为-0.27，可能的原因是行业整
体专利储量过高导致研发投入的边际收益减少。此外，行业规模（Capex）对
TFP 的影响不显著，也与专利模型的结果一致。上述估计虽然因行业数据的加
总效应等原因得到了市场结构与创新的线性估计结果，但两者的显著正相关为
企业模型的估计结果提供了支持。

表 7-11 行业发明专利模型估计（方程 7-6）

	模型 7	模型 8（IV）	模型 9	模型 10（IV）
HHI	0.648**	1.033**	−2.412	26.06
	(2.25)	(2.38)	(−0.19)	(1.16)
HHI2			0.194	−1.591
			(0.24)	(−1.11)
CAPEX	−0.0797	−0.0947	−0.0909	0.00567
	(−0.58)	(−0.70)	(−0.62)	(0.03)
SUB	1.458***	1.803***	1.530***	1.104
	(3.87)	(3.57)	(3.16)	(1.38)
STOCK	0.174	−0.0324	0.162	0.0934
	(0.96)	(−0.14)	(0.85)	(0.35)
CONSTANT	−23.46***	−31.86***	−12.41	−120.6

续表

	模型 7	模型 8（IV）	模型 9	模型 10（IV）
	（-3.43）	（-3.13）	（-0.27）	（-1.49）
个体固定效应	YES	YES	YES	YES
个体随机效应	NO	NO	NO	NO
时间固定效应	YES	YES	YES	YES
Hausman 检验	chi2＝22.75 p＝0.0004	chi2＝21.61 p＝0.0002		
时间固定效应检验	$F_{(13, 61)}=8.51$ p＝0.0000	$F_{(13, 60)}=7.96$ p＝0.0000		
OBSERVATIONS	84	78	84	78
R-SQUARED	0.7111	0.7007	0.7114	0.6958

注：模型 8 与 10 也均采用双向固定效应估计法。

表 7-12　行业全要素生产率模型估计（方程 7-7）

	模型 11	模型 12（IV）	模型 13	模型 14（IV）
HHI	0.202*	0.346***	-9.057**	-4.261
	（1.94）	（3.19）	（-2.55）	（-0.80）
HHI2			0.611**	0.302
			（2.61）	（0.87）
CAPEX	-0.0581	-0.0308	-0.0327	-0.0261
	（-0.97）	（-0.59）	（-0.58）	（-0.51）
SUB	0.289***	0.390***	0.456***	0.476***
	（3.85）	（4.76）	（4.79）	（3.76）
STOCK	-0.131***	-0.270***	-0.173***	-0.281***

	模型 11	模型 12 (IV)	模型 13	模型 14 (IV)
	(-2.85)	(-5.40)	(-3.76)	(-5.63)
CONSTANT	2.355	0.302	34.21***	16.26
	(1.65)	(0.22)	(2.78)	(0.88)
个体固定效应	YES	YES	YES	YES
个体随机效应	NO	NO	NO	NO
时间固定效应	NO	NO	NO	NO
时间固定效应检验	chi2=44.78 p=0.0000		chi2=43.75 p=0.0000	
时间固定效应检验	F (9, 32) =1.13 p=0.3739		F (9, 31) =0.51 p=0.8543	
OBSERVATIONS	50	45	50	45
R-SQUARED	0.2900	0.4887	0.3930	0.5354

第三节　本章小结

本章通过对多国面板数据的计量分析证实了基础电信企业规模与创新之间的倒"U"形关系，主要目的是通过测算理论上的最优规模来推断我国包括三大运营商和民营电信企业的规模合理性，为民营企业规模化发展的必要性提供间接的理论依据，并从围绕5G技术的国际竞争角度，为着眼于长期的电信业混合所有制改革深化提供有益启示。结果表明，（1）总体看电信运营企业规模与技术创新正相关。（2）我国三大运营商规模均远低于理论上的最优。说明两点：一是只有进一步合理提高规模化经营水平才有可能赢得国际化的竞争挑战，二是要想通过引进民营企业有效提高我国电信市场内部的竞争层次、促进企业技术创新水平，同样不能忽视这些企业的规模化问题。（3）达到全要素生产率最优对企业规模的要求远远高于专利数量，进一步突出了企业规模对真正提高创新成效的关键作用。上述结果还获得了行业层面数据分析的支持。

需要强调的是，扩大规模、提高市场集中度并非意味着对竞争的完全否定。正如前文讨论 Clark（1940）的有效竞争概念时所指出的（第一章、第二章），市场不完全竞争或一定的垄断，不仅不会影响竞争的广度和深度，反而使竞争更为有效，因为它们可以促使企业不断创新从而实现经济技术进步。尤其在我国国有垄断行业混改过程中，如何将规模经济和竞争活力两者有效地协调起来才是决定改革成效的关键。

附录 7-1 样本企业和行业全要素生产率计算结果

附表 7-1 2004—2015 年电信运营企业全要素生产率（%）

	2004	2005	2006	2007	2008	2009	2010	2011	2012	2013	2014	2015
中国电信	4.80	4.84	4.90	4.95	5.02	5.22	5.36	5.38	5.50	5.51	5.49	5.50
中国联通	4.57	4.69	4.79	4.86	4.96	4.92	5.12	5.25	5.42	5.39	5.30	5.29
中国移动	4.20	4.27	4.34	4.80	4.80	4.76	4.95	5.12	5.23	5.10	5.05	5.02
AT&T	5.13	5.07	5.14	5.76	5.82	5.80	5.82	5.82	5.82	5.84	5.78	5.89
Verizon	5.51	5.47	5.66	5.71	5.73	5.76	5.79	5.82	5.86	5.92	5.91	5.87
Softbank			4.85	5.13	5.17	5.38	5.48	5.59	5.42	5.51	5.64	5.56
NTT	5.83	5.89	5.87	5.85	5.78	5.90	5.93	6.04	6.06	5.93	5.92	5.84
Deutsche Telekom	5.54	5.62	5.59	5.69	5.77	5.67	5.75	5.70	5.69	5.81	5.69	5.71
Telefónica	5.30	5.50	5.57	5.73	5.85	5.65	5.74	5.67	5.65	5.39	5.52	5.46
KDDI	5.44	5.57	5.58	5.59	5.57	5.57	5.60	5.72	5.77	5.71	5.61	5.51
Orange	5.41	5.49	5.53	5.61	5.63	5.51	5.59	5.48	5.44	5.46	5.33	5.37
BT Group	5.44	5.49	5.56	5.58	5.56	5.47	5.45	5.42	5.37	5.35	5.40	5.13
Telstra	4.88	4.96	4.96	4.96	5.08	5.14	5.17	5.26	5.27	5.22	5.15	5.05

	2004	2005	2006	2007	2008	2009	2010	2011	2012	2013	2014	2015
Vodafone		4.82	5.00	5.17	5.24	5.29	5.29	5.39	5.22	5.28	5.43	5.21
Swisscom	4.80	4.83	4.58	4.51	4.70	4.69	4.87	4.77	4.76	4.82	4.78	4.75

附表 7-2　2000—2009 年电信行业全要素生产率（%）

	2000	2001	2002	2003	2004	2005	2006	2007	2008	2009
美国	7.17	7.16	7.16	7.15	7.17	7.22	7.24	7.25	7.27	7.24
英国	4.33	4.30	4.38	4.45	4.47	4.45	4.45	4.51	4.52	4.55
德国	4.80	4.87	4.98	4.85	4.95	4.84	5.00	4.94	5.06	4.97
日本	7.60	7.60	7.61	7.60	7.57	7.54	7.50	7.46	7.48	7.50
韩国	8.27	8.45	8.50	8.49	8.41	8.41	8.39	8.35	8.27	8.20

来源：本书根据 Bloomberg 数据计算。

附录 7-2　工具变量有效性方检验

对工具变量有效性的检验包括不可识别和弱工具变量两项。前者的衡量采用 Anderson canon. corr. LM 统计量，后者采用 Cragg-Donald Wald F 统计量。附表 7-3 为本章对四个模型的具体检验结果。

附表 7-3　工具变量有效性方检验结果

原假设	模型 3	模型 6	模型 8	模型 12
工具变量与内生变量不相关	拒绝 （LM = 72.153）	拒绝 （LM = 74.767）	拒绝 （LM = 42.541）	拒绝 （LM = 29.666）
内生变量滞后项为其弱工具变量	拒绝 （F = 59.027）	拒绝 （F = 58.987）	拒绝 （F = 80.869）	拒绝 （F = 103.345）

附录7-3   中外基础电信运营商规模变化与比较

正文中表 7-9 和 7-10 分别展示了 2016 年样本企业规模与理论最优值的差距，均显示中国三大运营商规模仍有很大提升空间。附表 7-4 进一步列出这些运营商在样本期间各年份的资产规模。不难看出，与世界主要运营商相比较，中国企业中除中国移动之外，规模都处于中下水平。中国电信和中国联通在样本期间增长缓慢，中国移动则在 2008 年电信市场重组之后快速扩大，2016 年资产达到 2190 亿美元，仅次于美国的 AT&T 和 Verizon。由此可见，在世界主要电信企业激烈竞争的背景下，要想在 5G 应用等方面实现"换道超车"，还需要在其他市场配套改革基础上大幅度提升中国运营商的规模化经营水平。

附表7-4   基础电信运营商规模比较   单位：十亿美元

运营商 \ 年份	2004	2005	2006	2007	2008	2009	2010	2011	2012	2013	2014	2015	2016
中国电信	50	52	54	57	65	62	64	67	87	90	90	97	94
中国联通	18	18	19	46	51	61	67	72	83	87	88	94	88
中国移动	45	52	63	77	96	110	131	151	169	193	217	220	219
AT&T	110	146	271	276	265	268	268	270	272	278	297	403	404
Verizon	166	168	189	187	202	227	220	230	225	274	233	244	244
Softbank			15	37	46	44	48	56	59	77	162	175	184
NTT	187	178	161	156	185	189	203	237	235	209	197	173	187
Deutsche Telekom	170	152	162	176	172	183	171	159	142	163	157	156	157
Telefónica	81	87	144	154	139	155	173	168	171	164	148	131	130
KDDI	25	23	21	24	29	35	41	46	48	43	48	47	52
Orange	134	129	136	148	131	130	126	125	119	118	107	99	100
BT Group	49	52	43	48	58	42	44	38	38	38	42	40	62
Telstra	24	27	27	32	36	32	33	41	40	35	37	31	32

运营商\年份	2004	2005	2006	2007	2008	2009	2010	2011	2012	2013	2014	2015	2016
Vodafone		278	220	216	253	218	238	243	223	210	203	182	192
Swisscom	12	10	13	21	21	21	23	21	22	23	21	21	21
Teliasonera	29	26	29	33	34	38	37	37	39	39	35	30	28

来源：本书根据 GSMA 数据整理。

第三篇 03

| 总 结 |

第八章

结　论

如开篇在提出问题时所说，中央在 2013 年十一届三中全会以来的一系列文件中都明确提出传统自然垄断行业应"根据不同行业特点实行网运分开、放开竞争性业务，进一步破除各种形式的行政垄断，消除各种隐性壁垒，制定非公有制企业进入特许经营领域具体办法，积极发展混合所有制经济"。而在我国的改革中如何界定竞争性业务仍是理论和实践上的争议地带。多数文献认为，对具有自然垄断成本特征的行业或业务实行混改不利于效率的提升。但这些研究均未将可竞争性理论纳入分析框架（见第一章第二节）。虽然不少学者对现代产业组织理论以及可竞争市场问题进行了大量开拓性探讨，由于种种主客观原因始终未能将其真正融入我国国有垄断行业开放与混改的理论与实证研究当中。关于十八届三中全会后最早对民营企业开放的基础电信业的系统研究也比较少。比如，移动和固网通信业都已部分开放了，效果如何？是否与其内在的可竞争程度及相应的制度安排密切相关，等等。

本书根据作者对现实的观察，试图从理论上解释自然垄断性行业混改的合理性和前提条件，并对我国电信业改革与开放效果进行相对全面系统的实证分析。具体而言，先尝试将现有可竞争性理论的"潜在竞争效应"扩展为"实际竞争效应"，以反映大量存在的自然垄断性行业混改的现实（电力生产、固网宽带等），并以此为基础建立判断可竞争环节的概念框架（第二章）；① 然后以自然垄断特征比较突出的基础电信业为典型，应用框架对其十八届三中全会以来

---

① 背后的基本逻辑如开篇所说，是在成本次可加、沉没成本和竞争效应等自然垄断行业开放的正、负面影响因素中，当沉没成本和成本次可加程度足够低而竞争效应足够高的情况下，即使自然垄断性行业开放也将有利于企业效率的提升。也就是说，该自然垄断性行业具备了可竞争环节的成本特征。

三项重大改革的成效进行量化分析。既是对理论扩展的应用，也是对位居新一轮技术革命前沿的基础电信业改革经验与问题的总结。通过对三个问题研究，即如何判断可竞争性业务，2013 年以来我国电信市场改革初步效果如何以及是否体现了可竞争性，电信业可竞争环节还存在哪些主要竞争壁垒回答的过程，探究影响自然垄断性行业开放效果的理论机制，解释改革实践所存在问题的主要原因。希望能为相关领域开放效果评估与政策调整提供参考。以下按照三个问题的顺序对前面章节的分析结果做一个简要总结和归纳。

1. 就广义而言，沉没成本足够低的自然垄断性行业或业务环节也可以具备可竞争成本特征，本质上属于不完全竞争范畴。行业混改有利于企业效率的提升。准确地说，具有成本次可加特征的领域可分为竞争性和非竞争性两种情形，只有后者才是真正意义上的"自然性"垄断行业。我国电信服务业主要基础业务（固定电话、固网宽带和移动通信）都已具备了竞争性特征。

上述结论的实证依据可以概括为三点（第三章）：（1）结果表明，对于成本次可加性业务领域来说来说（比如固网通信），沉没成本率越低，开放对企业效率的提升作用越显著；（2）沉没成本率临界值计算结果显示，固网通信（固定电话、宽带）和移动通信业务均已具备了可竞争环节的成本特征，虽然前者同时具有成本次可加成本特征；（3）非自然垄断环节开放对企业效率的提升效果也随着沉没成本的降低而更加显著。这表明了以沉没成本作为可竞争环节成本特征判断指标的合理性，也印证了鲍莫尔理论所强调的沉没成本对市场可竞争性的决定作用。

2. 关于 2013 年以来基础电信市场的三项重大改革，从长期发展看都实现了结构性平稳调整，但远未达到提升效率和创新水平的改革目标。反映了在原有结构打破后过渡阶段的摩擦成本因缺乏相应的制度安排而进一步加大，导致总体效率未升反降。关键问题在于准确把握对行业可竞争性的判断，对可竞争成本特征明显的业务需及时建立和完善相应制度安排。因此，要想真正实现全面提升效率和创新水平的改革初衷和目标，不仅需要步步为营，还需要不断推进体制机制改革的深化。

（1）关于民营企业的进入

2013 年和 2014 年移动通信转售和宽带接入业务分别对民营企业开放后，虽然国有运营商企业全要素生产率（TFP）有所提升，反映了不同所有制企业之间的竞争效应，但作为改革效果重要指标的国有运营商产能利用率都出现了先升后降（第四章）。究其主要原因，是对可竞争环节缺乏相应的市场机制。开放政策发布初期给国有运营商带来了一定的预期性压力，促其积极扩大市场份额，产能利用率有一定提高，但随后出现了明显的持续下降，说明竞争压力在政策的"靴子落地后"并未持续，反而进一步加重了国有运营商的产能过剩。可能的具体原因如第四章的分析中所说，一是新进的民营企业获取了部分业务增量，占有了一定市场份额；二是在缺乏核心网等关键资源平等接入的环境下，民企对于相对高端的存量市场竞争乏力，难以构成国有运营商开发潜在需求的内部激励。比如，宽带转售企业对三大运营商网络的依赖程度低于虚拟运营商，保持了一定的竞争力，后者的宽带和固网产能利用率下降程度也相对较低。此外，从 1994 年开始的我国电信市场历次改革看，运营商产能利用率的变化总体与市场实际竞争程度正相关。

以上发现证明了作者最初的推测，即在不具备有效竞争的条件下，大量小型民营企业的进入难以充分发挥对国有运营商的竞争效应，反而可能会进一步扩大后者产能过剩。因此作为基础电信市场混改第一阶段，转售业务市场的开放既有积极的一面，也暴露了一些迫切需要解决的根本性问题。过去几年的实践促进了民营企业成长，对国有运营商效率提升有一定促进作用，也为政府保障混合所有制下传统自然垄断行业的可持续发展积累了经验。如何针对存在的重点问题①推进有效竞争的市场体制机制的建立与完善，成为下一阶段改革所面临的主要任务。

（2）关于网业分离改革

与前两项改革一样，2014 年移动通信网业分离顺应了技术进步对行业结构变化的要求和国际发展趋势。②尤其是近一二十年来技术更新换代进入快车道，各国积极推进 5G 的应用，铁塔网络共享既有助于降低技术更新和推广成本、减少重复建设，还可通过提高规模效益降低运营商网络使用成本。经过这些年的实践，总体看运行平稳，也的确减少了重复建设。但同样由于市场体制问题出

---

① 具体详见下文关于民营企业竞争壁垒分析结果的总结。
② 例如，美国四大电信运营商近十年来也全面实行了去铁塔化，以售后回租方式转型为只租塔、不拥塔。

现了效率下降：一是对非自然垄断性的铁塔环节实行由一家垄断的管理方式，降低了上下游企业的效率，二是相较于网运分开和网络市场竞争化，我国对固网通信实行网运合一也不利于企业效率提升。前者反映了政府管制方式选择与行业成本特征存在错位，后者也说明了发生纵向分离低效的原因并非分离本身，而是分离后的市场结构安排。市场结构的选择需对位其成本特征，对可竞争环节采用垄断式管理将导致改革的潜在成本优势有可能变为劣势。

从第五章测量结果看，铁塔环节从 2013 年起就已明显具备了非自然垄断成本属性，网业分离后我国三大运营商（实验组）移动通信业务的市场渗透率增长速度相较于竞争性网络市场下的对照组（国外运营商）降低了 4.86%，成本也显著上升。而与同样网运分离和网络市场竞争化体制下的对照组相比，我国运营商固网通信业务的市场渗透率虽因刚性需求等原因未见明显变化，但价格增加的速度显著高于前者，也反映了分开经营和网络市场竞争化的成本优势，且随分离程度加深，这一差异更加明显。因此，问题显然不在于是否应该网业分离，而是分离后的政府相关政策和制度安排是否基于行业的成本特征。换句话说，就是要尊重市场规律。以上结果也印证了第一章提到的观点 ①：网业分离既有提高网络服务规模效益、降低网络企业对运营商价格与非价格歧视以及降低下游企业需要大量网络投资的市场壁垒这些正面效应，也有容易导致双重加价和增加上下游企业之间的交易成本等方面的负面影响，如果不能充分发挥正面效应，则完全有可能出现负面影响占据主导的情况。

3. 影响民营企业有效竞争的主要障碍

从实现改革长期目标角度看，造成我国电信民营企业发展障碍的原因可分为三个层次。首先是转型经济中普遍存在的行业监管体系不健全，包括独立监管机构和电信法的缺位以及核心网开放政策模糊等，难以形成规范公平的营商环境；其次为三大国有运营商成本和产品差异化优势；最后为资本不足、分销渠道的获得难度大和潜在客户的转换成本高。与外商合资有助于化解或减轻上述大部分障碍，但因涉及国家对信息安全的考虑、相应的行政审批烦琐、股权限制上的不确定性和网络资源开放限制（详见第六章第二节第三部分），目前该领域还未出现中外合资等 FDI 形式的企业。上述结论中有几点值得特别指出：

---

① 第二节第三部分中的第（二）点"网业分离的利与弊"。

第一，在如何克服监管体系存在的问题上民营企业对成立独立监管机构的呼声最高，体现了电信服务业规制密集型特点，反映了市场改革的热点问题和民营企业发展的主要隐性障碍，决策部门应予以重视，保障市场有效的竞争。

第二，对外资进入的信息安全问题需要建立客观的认识。虽然中外合资仍受到多方面因素的限制（见表7-10），但就客观而言，移动转售业务处于基础电信业务最下游，属于安全敏感性相对较低的环节，实现对合资企业的有效监管难度并不大。再者，部分受访者表示自建核心网所涉及的信息安全监管在技术层面也不复杂。关于对49%的外资股权限制，的确会降低外方合资的积极性。但根据工信部颁布的《电信业务分类目录（2015年版）》A27-2条，通过转售方式提供的蜂窝移动通信业务比照增值电信业务管理，而《中华人民共和国电信条例》并未规定增值业务企业中的国有股权须在51%以上。①2018年《工业和信息化部关于移动通信转售业务正式商用的通告》也已将市场主体扩大至外商企业，也未明确提出股权限制。基于"法无禁止即可为"的原则，移动通信转售业务企业中的外资股权已不存在法律上的限制。对合资企业的行政审批烦琐（见表6-10典型条目2）的确使得转售企业望而却步，对资源的开放限制也降低了中外双方合资的积极性，比如，转售企业可自主利用的物联网号段、核心网权限等资源均未开放，以"纯转售"为主的业务类型创新空间十分有限，即使合资成功，也恐难解决转售企业缺乏竞争力的问题。但是从总体上看，解决这些问题的关键在于监管体系改革的决心与难度以及能否增强外商投资的信心。结合对国内转售企业竞争劣势的化解作用以及对当前国际环境变化的应对看，应当说是挑战与机遇并存。

第三，与在位企业成本优势有关，对于规模经济特征突出的基础电信行业来说，实现有效竞争至少需要两个前提条件，一是上文提到的制度公平，二是企业需要相当的规模，后者也是保障公平竞争的客观要求。因此，电信业混改的制度设计中除了强调公平以外，新进企业的规模化经营必不可少。根据第七章检验结果，运营商企业规模与创新数量与质量有明显的正相关，并存在规模

① 条例第10条规定基础业务企业的国有股权或股份不少于51%，而第13条经营增值业务应具备条件中没有提到的股权限制。详见《中华人民共和国电信条例》（2000年9月25日）、《中华人民共和国电信条例第一次修订》（2014年7月29日）、《中华人民共和国电信条例第二次修订》（2016年2月6日）。

的理论最优，提供了支持熊彼特假说的证据。说明要想更好更快促进运营商创新水平和全要素生产率的提升，企业规模是重要前提之一。与世界主要运营商对比，资产规模国内最大的中国移动，低于美国的几家主要运营商，只占美国AT&T公司的54%。中国电信和中国联通则处于中下水平。对国内新进企业来说更是如此，以目前民营企业小而多的现状很难实现有效竞争，也不利于国内大市场规模优势的充分发挥。①

---

① 2018年美国四大电信运营商中的Sprint与T-mobile合并，也从实践角度提供了重要案例。两家公司公开宣布的目标是，通过合并扩大规模，加速创新力度和速度，在5G技术应用上超过中国。

第九章

政策启示

以上结论显示，我国电信市场转型已经到了以规则为基础运转的深化时期，其核心依然是不断探索有效市场和有为政府的更好结合。虽然像电信这样的基础设施服务业经济外部性强、社会影响力大，对结构性改革的推进既要考虑稳定持续的生态，循序渐进、先立后破、不断调整，也正是因其影响大应对取得理论与实践共识的问题采取积极行动，及时做出制度安排上的调整，以尽量避免因拖延所产生的巨大机会成本。只有这样，才能真正提高改革成效，形成一个富有生机与活力的体制。为此提出几点建议。

1. 在我国行政垄断行业开放和混合所有制改革决策中，以是否具备可竞争性作为经济成本特征判断和相应制度安排的主要依据。跳出传统产业组织理论的思想束缚，即要么是竞争性的，要么是自然垄断而不具备可竞争性。

如序言所说，可竞争市场理论产生于 20 世纪 80 年代的西方传统自然垄断行业开放时期，在当时的政府规制改革中发挥了解放思想的重要作用。可供我国相关产业的开放借鉴。根据该理论的基本观点和本书的扩展，传统定义下的自然垄断环节虽然不能按照完全竞争市场那样对待，但仍可具备（不完全）竞争性，最主要的前提条件是市场进入的沉没成本足够低。因此，在政策制定中可将沉没成本率作为可竞争性环节的重点判断指标——包括自然垄断性行业或环节，以提高政策精准度、消除理论上对改革实践的误导。

2. 以民营企业平等入网和规模化经营为方向，积极推进移动和固网通信下游运营环节不同所有制企业间的有效竞争。

中国铁塔公司的成立形成了上游网络设施的垄断，但主要客户仍为三大运营商，并未实质性地影响下游竞争，而上游垄断程度反而增加了，导致整个行业的有效竞争度较改革前更为弱化。经过 2013 年以来的探索和监管经验的积累，应鼓励电信民营企业以规模化经营的方式和平等的市场地位参与竞争。具体有两条：

（1）逐步放开核心网接入与码号资源分配的限制，形成与国有运营商的公平竞争，同时放开固定电话市场，固定电话与宽带信号传输共用光纤网络，具有较强的范围经济，放开固话市场并不会显著增加投资负担和沉没成本，同时扩大宽带民营企业对固定网络资源公平接入的范围，不再限于"最后一公里"。

（2）在新一轮混合所有制改革中，以规模企业间的公平竞争机制培育为目标，鼓励民营企业兼并重组，也可通过设置市场进入的规模门槛，培育规模效益前提下的有效竞争机制。如前文所说，一贯强调市场化经营的美国企业是5G技术应用的最大竞争者，在总体企业规模已经远远超过我国运营商的情况下，仍出现了第三大（Sprint）和第四大（T-Mobile）运营商的合并，其战略意义值得我们深思。

3. 推进移动通信铁塔环节的开放和政企分离，形成多家铁塔企业有效竞争的上游市场。具体有三条：

（1）剥离目前体制下中国铁塔公司对建塔规划的审批职能。改由政府监管部门统一承担，形成更符合市场规律的现代化电信业运行格局。目前铁塔建设是由三大运营商提供规划、中国铁塔公司平衡三家运营商需求确定方案并负责建设与经营（苏雄生，2015；吕继兵，2017），对促进铁塔资源共享和避免重复建设发挥了一定积极作用。但如何平衡自身作为企业的经营目标也是难题，实际上又出现了计划经济体制下政企不分的老问题。建塔规划涉及国家基础设施布局问题，属于公共产品的范畴，理论上应由政府统筹。

（2）对中国铁塔公司进行合理拆分。对可竞争性的铁塔环节实行竞争化管理，既可去除垄断带来的规模不经济，网络建设与服务的竞争性定价还有利于解决X-低效问题。

（3）探讨铁塔环节混改的可行性。以进一步提升竞争层次，以促进国有铁塔企业现代化管理制度的建立与完善。

4. 在吸取移动通信改革经验教训基础上，根据固网宽带业务是否具备可竞争性实行网运分离改革。具体也有三条：

（1）根据宽带网络环节的成本特征制定相应的政府管制政策。如果具备可竞争性（沉没成本足够低），则可考虑允许多家网络公司竞争。

（2）网业分离后应确保包括民营企业的下游业务运营商平等接入网络。

（3）可根据实际情况采取分阶段分离。比如，先实行法律分离，将现有运营商分为法律上独立的网络设施和下游业务运营两个子公司。这样做的有利之处是留出调整和纠错空间。

5. 充分利用以开放促改革促发展的成功经验，尝试通过 VIE 模式从移动通信转售业务切入积极推动基础电信服务业对外开放进入 2.0 时代。

从国际经验看，世界电信服务业对外开放时间并不长，起始于 20 世纪八九十年代，各国也试图探索适合自身发展的开放路径。由于行业特殊性，无论是发展中国家还是发达国家，在根据 WTO《基础电信协议》制定开放政策时都比较慎重。一般多采取循序渐进的方式，先放增值业务，再放数据和移动通信业务，最后是固网通信业务。开放对象的顺序也多为先内资、后外资。中国已经完成了第一步，增值业务基本实现了对内资、对外资的全面开放。移动通信等转售业务开放试点标志着第二步开放也已起步。试验期结束后工信部发的正式商用公告中也明确将业务适用主体范围扩大到外资企业，这预示着我国电信业在增值业务对外开放后，将进入包括基础业务的 2.0 时代。移动转售业务环节处于基础电信链条末端，对网络基础设施影响较小，尝试在该环节先以中外合资形式引进外资是一种相对稳妥可行的思路。

为此，根据其他行业的实践，可尝试通过反向协议控制模式（Variable Interest Entities，VIE）作为民营电信企业引入外资的启动形式，以改变目前外资零进入的状况。2019 年 3 月，中国证券监督管理委员会发布的《科创板首次公开发行股票注册管理办法（试行）》正式允许 VIE 结构的企业在上交所科创板上市。随后，《中华人民共和国外商投资法》经十三届全国人大二次会议审议通过。相较 2015 年的《中华人民共和国外国投资法（草案征求意见稿）》，关于 VIE 的部分被删除，但同时强调了内外资一致的原则，为 VIE 的具体实施留下更多可操作空间。在目前电信法尚未出台之前，采用 VIE 模式的最直接利好是不违反现有法规对外资比例限制，有利于解决 5G 等技术应用和网络升级面临的资金不足问题。当然，前提是允许民营资本参与 5G 建设。该模式的有利之处还包括：（1）引进外资有助于化解民营企业当前面临的运营经验、资金和技术缺乏以及产品差异化不足等方面的发展瓶颈；（2）转售业务企业在国内上市存在诸多困难，国外上市既能引进外资，又能为国际化打开通道，为其规模化、正规化发展扫清障碍；（3）VIE 模式成功实行的国内其他行业的企业已达几百余家，为企业操作和政府监管积累了比较成熟的经验。

6. 为提升改革成效和保障上述建议有效实施，有必要加强行业监管机构的相对独立性、权威性和专业性。总体可把握两个原则：一是注重监管成效，二是结合中国实际。具体有四条：

（1）在大部门制政府体制改革框架下，整合现有监管资源，在工信部设立"国家电信监管局"，级别与性质类似于应急管理部的"国家煤矿安全监察局"等行政机构，提高独立性，并通过立法明确主要职责。

目前我国电信市场监管职责主要由工信部下设信息通信管理局承担，同时信息通信发展司也承担了信息通信业固定资产投资项目审查及信息通信建设等监管职责，技术方面主要由中国信息通信研究院（工信部直属科研事业单位）负责，铁塔建设规划则由中国铁塔公司审批。存在监管职责分散和政监不分、政企不分的问题。例如，2014 年铁塔公司成立后，一般是由三大运营商先提出铁塔建设规划，由铁塔公司审查定稿，并完成建设，该过程中运营商之间、运营商与铁塔公司之间难免出现利益冲突，结果只能是一地鸡毛。再者，在国有垄断行业混改大背景下，要想真正落实中央领导反复强调的对公有和私有企业平等对待的方针，就必须建立一个权威性较高的专门行业监管机构。比如，只有给予非公有电信企业网络平等接入的权利，才能真正达到提高市场竞争层次、促进电信服务创新的改革目的。

二十大强调要扩大服务业规则、规制、管理、标准等制度型对外开放，而实践表明制度型开放不仅仅是制度制定了就可以实现，决定性因素往往在于是否得到有效执行。2021 年年底召开的中央深化改革委员会第 23 次会议明确提出要提高政府监管效能，理清"谁主管、谁监管"等责任链条，也反映了类似2013 年、2014 年电信市场这样的重大结构性改革经过数年运行，已经到了由过渡期向监管型市场体制转化的节点。而成立相对独立的电信业监管机构是分清责任链条的关键性组织保障。

（2）强化政府监管机构的专业性

根据监管理论，与负责行业发展的行政部门以宏观管理为主不同，监管机构是依法对微观市场进行激励与约束。国内外实践表明，电信业监管业务直接涉及尖端技术问题，需要由高度专业化的人员组成。专业化也是其权威性的主要来源之一。目前中国信息通信研究院承担了现有技术和微观层面的大部分功能，可考虑将相关人员和下设机构并入负责监管的行政部门。

（3）监管机构应独立进行经费预算。独立经费预算是职责和权力相对独立的重要保证。

（4）明确监管机构各部门和人员权力的同时，还应明确责任，并对履职绩效实行考核制和问责制。

7. 最后，电信立法宜尽早，并兼顾原则性与灵活性。电信法是监管机构运行和显示权威性最主要的基础，两者合力才能形成有效的监管体系。

电信法就电信市场运作提出规范，同时明确监管机构的责任与权限。而目前除了 2000 年由国务院颁布的《中华人民共和国电信条例》（简称《条例》）及 2014 年和 2016 年两次修订外，电信立法始终悬而未决。虽然《条例》总则规定了由国务院信息产业主管部门负责，缺乏对主管和监管的明确区分，既没有明确具体哪个部门，对其权限与责任等也没有明晰的界定，加之本身并非正式的行业法，导致一些基本问题很难有效解决。比如，当三大运营商和民营转售业务企业之间出现"批零倒挂"问题时（见第六章），由于缺乏具有法律约束力的相关规定或裁定而严重挫伤了民营企业的发展。因此，将监管职责和权力集中统一起来并基于法律运行，是现阶段电信业发展的内在需求，是有效市场的基本保障，是有为政府的具体体现，也是中央"依法治国"理政方针的要求。以下对加快电信立法的主客观条件、必要性及需要注意的问题稍做展开。

第一，我国电信立法从 1980 年当时的邮电部提议到现在已经过了 40 余年，2005 年被国务院列入了一类立法计划，2019 年列入十三届全国人大常委会立法规划。因此对电信立法的意识和思想准备也已比较充分。

第二，作为我国第一部电信法，无论从国情还是国际经验看，在内容上都宜兼顾原则性与灵活性，确立底线的同时也为监管机构根据实际需要制定政策提供必要空间。

第三，我国 2021 年 9 月 16 日已正式申请加入《全面与进步跨太平洋伙伴关系协定》（CPTPP），其中涉及基础电信等制度密集型服务行业扩大对外开放、建立对标国际的监管体系也势在必行。此外，在"脱钩"和逆全球化潮流猖獗的情势下，建立符合国际惯例的监管体系，是增加国与国之间互信、增强外资投资信心的基础。

第四，早期以先发展为主，有些监管问题随着增量提高可以获得缓解。而当发展到了一定阶段，这些问题则可能构成瓶颈和不稳定因素。把监管做好，才能在效率和稳定之间取得平衡，才能推动行业健康发展、提高 5G 推广与应用效率。1994 年电信市场改革前我国电信业结构和主体相对简单，改革后已近 30 年，前几章的背景介绍中对此有过比较详细的介绍。尤其是近十年来随着网业分离和转售业务市场混合所有制等结构性改革带来的主体多元化，市场日趋复杂，改革方向也逐渐明朗，包括政府机构在内的市场主体对立法的必要性逐渐形成共识。与此同时，无论是市场主体的培育，还是监管经验的积累，都为电信立法提供了比较成熟的条件和基础。加速电信法立法进程，保障公平竞争，约束各方行为，对促进电信业健康发展至关重要。纵观发达国家的电信业开放的历史，在进行网业分离、混合所有制改革等重大改革前，都是法律先行，以确保在改革中依法有序行事，改革后也有法可依。拖得越久，改革成本越高。依法治理是有为政府的首要体现，是实现高质量发展的基本保障，也是实现安全与稳定发展最根本的基础。以上建议完全符合中央依法治国的基本方针。

参考文献

一、中文文献

（一）专著

［1］阚凯力. 对电信业的思考与挑战［M］. 北京：北京邮电大学出版社，2005.

［2］戚聿东，柳学信. 自然垄断产业改革国际经验与中国实践［M］. 北京：中国社会科学出版社，2009.

［3］戚聿东. 中国经济运行中的垄断与竞争［M］. 北京：人民出版社，2006.

［4］王俊豪. 自然垄断产业的政府管制理论［M］. 杭州：浙江大学出版社，2000.

（二）期刊

［5］安同良，施浩，ALCORTA L. 中国制造业企业 R&D 行为模式的观测与实证——基于江苏省制造业企业问卷调查的实证分析［J］. 经济研究，2006（2）.

［6］白俊红. 企业规模、市场结构与创新效率——来自高技术产业的经验证据［J］. 中国经济问题，2011（5）.

［7］蔡竞，董艳. 银行业竞争与企业创新——来自中国工业企业的经验证据［J］. 金融研究，2016（11）.

[8] 常硕，崔静宜. 中国电信业效率测评及影响因素分析 [J]. 产经评论，2011（5）.

[9] 陈林. 自然垄断与混合所有制改革——基于自然实验与成本函数的分析 [J]. 经济研究，2018（1）.

[10] 戴跃强，达庆利. 企业技术创新投资与其资本结构、规模之间关系的实证研究 [J]. 科研管理，2007（3）.

[11] 韩国高，高铁梅，王立国，等. 中国制造业产能过剩的测度、波动及成因研究 [J]. 经济研究，2011（12）.

[12] 何枫，陈荣. 经济开放度对中国经济效率的影响：基于跨省数据的实证分析 [J]. 数量经济技术经济研究，2004（3）.

[13] 黄贤环，王瑶. 国有企业限薪抑制了全要素生产率的提升吗 [J]. 上海财经大学学报，2020，22（1）.

[14] 江源. 钢铁等行业产能利用评价 [J]. 统计研究，2006（12）.

[15] 姜付秀，余晖. 我国行政性垄断的危害——市场势力效应和收入分配效应的实证研究 [J]. 中国工业经济，2007（10）.

[16] 金碚，李钢. 中国企业盈利能力与竞争力 [J]. 中国工业经济，2007（11）.

[17] 寇宗来，高琼. 市场结构、市场绩效与企业的创新行为——基于中国工业企业层面的面板数据分析 [J]. 产业经济研究，2013（3）.

[18] 李广平，孙宜军，焦良全. 铁塔公司通信站址规划研究第Ⅱ期 [J]. 中国新通信，2016（7）.

[19] 李国庆，张炎，史德年，等. 我国基站电磁辐射环境影响评价现状和发展趋势 [J]. 世界电信，2016（1）.

[20] 李怀. 基于规模经济和网络经济效益的自然垄断理论创新——辅以中国自然垄断产业的经验检验 [J]. 管理世界，2004（4）.

[21] 李健，薛辉蓉，潘镇. 制造业企业产品市场竞争、组织冗余与技术创新 [J]. 中国经济问题，2016（2）.

[22] 李豫新，郑李昂. 西部省份经济增长效率及影响因素研究——基于SFA模型的实证分析 [J]. 生态经济，2019（3）.

[23] 刘小玄. 中国转轨经济中的产权结构和市场结构——产业绩效水平的

决定因素 [J]. 经济研究, 2003 (1).

[24] 鲁晓东, 连玉君. 中国工业企业全要素生产率估计: 1999—2007 [J]. 经济学 (季刊), 2012, 11 (2).

[25] 陆正飞, 王雄元, 张鹏. 国有企业支付了更高的职工工资吗? [J]. 经济研究, 2012 (3).

[26] 吕继兵. 三位一体创新规划机制深化铁塔站址资源共建共享 [J]. 通信企业管理, 2017 (3).

[27] 吕继兵. 室内分布系统共建共享方案对比及投资效益分析 [J]. 邮电设计技术, 2017 (5).

[28] 罗德明, 李晔, 史晋川. 要素市场扭曲、资源错置与生产率 [J]. 经济研究, 2012 (3).

[29] 聂辉华, 谭松涛, 王宇锋. 创新、企业规模和市场竞争: 基于中国企业层面的面板数据分析 [J]. 世界经济, 2008 (7).

[30] 彭武元, 方齐云. 论自然垄断产业的有效竞争——兼评王俊豪等学者的观点 [J]. 华中科技大学学报 (社会科学版), 2004 (2).

[31] 平新乔, 周艺艺. 产品市场竞争度对企业研发的影响——基于中国制造业的实证分析 [J]. 产业经济研究, 2007 (5).

[32] 戚聿东. 我国自然垄断产业分拆式改革的误区分析及其出路 [J]. 管理世界, 2002 (2).

[33] 盛丹, 刘灿雷. 外部监管能够改善国企经营绩效与改制成效吗? [J]. 经济研究, 2016 (10).

[34] 宋立刚, 姚洋. 改制对企业绩效的影响 [J]. 中国社会科学, 2005 (5).

[35] 苏雄生. 基站共建共享建设方式探讨 [J]. 电信快报, 2015 (12).

[36] 汪进, 尹兴中. 流动性过剩、全球经济再平衡——后危机时代国际经济金融新格局分析 [J]. 经济学动态, 2010 (6).

[37] 汪伟, 史晋川. 进入壁垒与民营企业的成长——吉利集团案例研究 [J]. 管理世界, 2005 (4).

[38] 王俊豪, 王建明. 中国垄断性产业的行政垄断及其管制政策 [J]. 中国工业经济, 2007 (12).

［39］王俊豪．A-J效应与自然垄断产业的价格管制模型［J］．中国工业经济，2001（10）．

［40］王俊豪．垄断性产业市场结构重组后的分类管制与协调政策——以中国电信、电力产业为例［J］．中国工业经济，2005（11）．

［41］王俊豪．论自然垄断产业的有效竞争［J］．经济研究，1998（8）．

［42］王永刚，阚凯力，沈剑．从欧盟电信改革看网业分离［J］．管理现代化，2011（2）．

［43］魏后凯．企业规模、产业集中与技术创新能力［J］．经济管理，2002（4）．

［44］吴延兵．市场结构，产权结构与R&D——中国制造业的实证分析［J］．统计研究，2007（5）．

［45］吴振宇，张文魁．国有经济比重对宏观经济运行的影响——2000—2012年的经验研究［J］．管理世界，2015（2）．

［46］肖兴志，姜晓婧．中国电信产业改革评价与改革次序优化——基于产权、竞争、规制的动态面板模型［J］．经济社会体制比较，2013（2）．

［47］肖兴志．自然垄断产业规制体制改革的战略思考［J］．改革，2002（6）．

［48］杨蕙馨，郑军．转型经济条件下的企业进入和成长——评《进入壁垒与民营企业的成长——吉利集团案例研究》一文［J］．中国制度变迁的案例研究，2006（0）．

［49］叶林祥，李实，罗楚亮．行业垄断、所有制与企业工资收入差距——基于第一次全国经济普查企业数据的实证研究［J］．管理世界，2011（4）．

［50］于良春，张伟．中国行业性行政垄断的强度与效率损失研究［J］．经济研究，2010（3）．

［51］曾庆珠．电信基础设施共建共享模式的探索与实践［J］．电信快报，2013（1）．

［52］张长征，李怀祖，赵西萍．企业规模、经理自主权与R&D投入关系研究——来自中国上市公司的经验证据［J］．科学学研究，2006（3）．

［53］张超，张权，张鸿．中国电信业改革历程及效率评价［J］．统计与信息论坛，2010（7）．

[54] 张杰，郑文平，新夫. 中国的银行管制放松、结构性竞争和企业创新 [J]. 中国工业经济，2007 (10).

[55] 张杰，郑文平，翟福昕. 竞争如何影响创新：中国情景的新检验 [J]. 中国工业经济，2014 (11).

[56] 张卫国，任燕燕，花小安. 地方政府投资行为、地区性行政垄断与经济增长——基于转型期中国省级面板数据的分析 [J]. 经济研究，2011 (8).

[57] 张益明. 产品市场势力、公司治理与股票市场流动性 [J]. 国际金融研究，2012 (3).

[58] 张志强，张从武. 电信基础设施共建共享总体进展分析和存在问题的解决措施 [J]. 现代电信科技，2010 (11).

[59] 赵旭. 中国商业银行市场势力、效率及其福利效应 [J]. 财经研究，2011 (3).

[60] 郑加梅，夏大慰. 激励性规制对中国电信业全要素生产率的影响——基于省际动态面板数据的实证研究 [J]. 财经研究，2014 (2).

[61] 郑世林，张昕竹. 经济体制改革与中国电信行业增长：1994—2007 [J]. 经济研究，2011 (10)：67-80.

[62] 周黎安，罗凯. 企业规模与创新：来自中国省级水平的经验证据 [J]. 经济学（季刊），2005 (2).

[63] 周小梅，王俊豪. 论自然垄断产业有效竞争的若干问题——兼与彭武元，方齐云先生商榷 [J]. 华中科技大学学报（社会科学版），2005 (3).

[64] 朱承亮，岳宏志，李婷. 中国经济增长效率及其影响因素的实证研究：1985—2007 年 [J]. 数量经济技术经济研究，2009，26 (9).

[65] 朱恒鹏. 企业规模、市场力量与民营企业创新行为 [J]. 世界经济，2006 (12).

（三）其他

[66] 中华人民共和国工业和信息化部. 2018 年通信业统计公报 [R]. 2019.

二、英文文献

（一）专著

[1] ANGRIST J D, PISCHKE J S. Mostly Harmless Econometrics: An Empiricist's Companion [M]. Princeton: Princeton University Press, 2008.

[2] ARROW K. Economic welfare and the allocation of resources for invention The Rate and Direction on Incentive Activity: Economic and Social Factors, National Bureau of Economic Research [M]. Princeton: Princeton Unversity Press, 1962.

[3] BAIN J S. Barriers to new competition [M]. Cambridge, MA: Harvard University Press, 1956.

[4] BAIN J S. Industrial Organization [M]. New York: John Wiley & Sons Inc, 1962.

[5] BAUMOL W J, PANZER J C, WILLIG R D. Contestable Markets and the Theory of Industry Structure [M]. Orlando: Harcourt Brace Jovanovich Press, 1982.

[6] BONBRIGHT J C. Principles of Public Utility Rates [M]. New York: Cambridge University Press, 1961.

[7] CAVES R E, UEKUSA M. Industrial Organization in Japan [M]. Washington: Brookings Institution, 1976.

[8] DAVIDSON R, MACKINNON J G. Estimation and inference in econometrics [M]. Oxford University Press, 1993.

[9] ELY R T. Outlines of Economics [M]. New York: Macmillan, 1937.

[10] KAHN A E. The economics of regulation [M]. New York: John Wiley & Sons Press, 1970.

[11] LUNTOVSKYY A, SPILLNER J. Future Mobile Communication: From 4G to 5G, 5G Enabling Techniques. In: Architectural Transformations in Network Services and Distributed Systems [M]. Wiesbaden: Springer Press, 2017.

[12] MILL J S. Principles of Political Economy [M]. New York: D. Appleton And Company Press, 1848.

[13] O'REGAN G. A Short History of Telecommunications// [M/OL] O'REGAN G Introduction to the History of Computing [M]. Springer Press eBooks, 2016.

[14] PORTER M E. Competitive strategy: Techniques for analyzing industries and competition [M]. New York: The Free Press, 1980.

[15] SAMUELSON W F, MARKS S G. Managerial Economics (Fifth Edition) [M]. Wiley: John Wiley & Sons, Inc, 2006.

[16] SCHERER F M. Industrial pricing: Theory and evidence [M]. Rand Mc-Nally & Company, 1965.

[17] SHARKEY W W. The theory of natural monopoly [M]. New York: Cambridge University Press, 1982.

[18] STIGLER G J. The organization of industry [M]. Chicago: University of Chicago Press, 1983.

(二) 期刊

[19] ANDERSON T W, HSIAO C. Estimation of dynamic models with error components [J]. Journal of the American Statistical Association, 1981, 76 (375).

[20] ARELLANO M, BOVER O. Another look at the instrumental-variable estimation of error-components models [J]. Journal of Econometrics, 1995, 68 (1).

[21] ARELLANO M, BOND S. Some tests of specification for panel data: Monte Carlo evidence and an application to employment equation [J]. Review of Economic Studies, 1991, 58 (2).

[22] AVENALI A, MATTEUCCI G, R EVERBERI P. Broadband investment and welfare under functional and ownership separation [J]. Information Economics and Policy, 2014, 28.

[23] BATTESE G E, COELLI T J. A Model for Technical Inefficiency Effects in a Stochastic Frontier Production Function for Panel Data [J]. Empirical Economics, 1995, 20 (2).

[24] BATTESE G E, COELLI T J. Frontier Production Functions, Technical Efficiency and Panel Data: With Application to Paddy Farmers in India [J]. Journal of

Productivity Analysis, 1992, 3 (1).

[25] BATTESE G E, COELLI T J. Prediction of Firm-Level Technical Efficiencies with a Generalized Frontier Production Function and Panel Data [J]. Journal of Econometrics, 1988.

[26] BAUMOL W J, WILLIG R D. Fixed costs, sunk costs, entry barriers, and sustainability of monopoly [J]. The Quarterly Journal of Economics, 1981, 96 (3).

[27] BAUMOL W J. Contestable markets: An uprising in the theory of industry structure [J]. American Economic Review, 1982, 72.

[28] BAUMOL W J. On the Proper Cost Tests for Natural Monopoly in a Multi-product Industry [J]. American Economic Review, 1977, 67.

[29] BEATTY R P, REIM J F, SCHAPPERLE R. The effect of entry on bank shareholder wealth: implications for interstate banking [J]. Journal of Banking Research, 1985, 16 (1).

[30] BERTRAND M, DUFLOE, MULLAINATHAN S. How Much Should We Trust Differences-In-Differences Estimates? [J]. Quarterly Journal of Economics, 2004, 119 (1).

[31] BLOCH H, MADDEN G, SAVAGE S J. Economies of Scale and Scope in Australian Telecommunications [J]. Review of Industrial Organization, 2001, 8.

[32] BOONE J. Intensity of competition and the incentive to innovate [J]. International Journal of Industrial Organization, 2001, 19 (5).

[33] BOZEMAN B, LINK A N. Investments in technology: corporate strategies and public policy alternatives [J]. Praeger Publishers, 1983.

[34] Brito, Duarte. , Pereira, Pedro. and Vareda, Joa~o. Does Vertical Separation Necessarily Reduce Quality Discrimination and Increase Welfare? [J]. The B. E. Journal of Economic Analysis & Policy, 2012, 12 (1).

[35] BROADMAN H G. Reducing structural dominance and entry barriers in Russian industry [J]. Review of Industrial Organization, 2000, 17 (2): 155-175.

[36] BROZEN Y. Bain's concentration and rates of return revisited [J]. The Journal of Law and Economics, 1971, 4 (2).

[37] CADMAN R. Means not ends: Deterring discrimination through

equivalence and functional separation ［J］. Telecommunications Policy, 2010, 34 (7).

［38］ CADMAN R. Legal separation of BT: A necessary incentive for investment? ［J］. Telecommunications Policy, 2019, 43 (1).

［39］ CAVE M E, DOYLE C. Contracting Across Separated Networks in Tele-communications ［J］. Communications and Strategies, 2007, 68.

［40］ CAVE M E. Six Degrees of Separation Operational Separation as a Remedy in European Telecommunications Regulation ［J］. Communications and Strategies, 2006, 64.

［41］ CLARK J M. Towards a concept of workable competition ［J］. American E-conomics Review, 1940, 30.

［42］ COELLI T J, GRIFELL-TATJE E, PERELMAN. Capacity Utilization and Profitability: A Decomposition of Short Run Profit Efficiency ［J］. International Journal of Production Economics, 2002, 79.

［43］ COMANOR W S, WILSON T A. Advertising market structure and perform-ance ［J］. J. Reprints Antitrust L. & Econ. , 1972, 4.

［44］ CORREA J A, ORNAGHI C. Competition & innovation: Evidence from US patent and productivity data ［J］. Journal of Industrial Economics, 2014, 62 (2).

［45］ CRANDALL R W, EISENACH J A, LITAN R E. Vertical Separation of Telecommunications Networks: Evidence from Five Countries ［J］. Federal Communi-cations Law Journal, 2010, 62 (3).

［46］ CRAWFORD J. Seller concentration, entry barriers, and profit margins: a comment ［J］. Industrial Organization Review, 1975, 3 (3).

［47］ CULBERTSON J D, MUELLER W F. The Influence of market structure on technological performance in the food-manufacturing industries ［J］. Review of Indus-trial Organization, 1985, 2 (1).

［48］ DAY G S. Strategic market planning: The pursuit of competitive advantage ［J］. West Group, 1984.

［49］ DEMSETZ H. Barriers to entry ［J］. The American economic review, 1982, 72 (1).

[50] DEMSETZ H. Information and efficiency: another viewpoint [J]. Journal of Law and Economics, 1969, 12 (1).

[51] DEMSETZ H. Why Regulate Utilities [J]. Journal of Law and Economics, 1968, 11 (1).

[52] DIXIT A K, KYLE A S. The use of protection and Subsidies for entry promotion and deterrence [J]. The American Economic Review, 1985, 75 (1).

[53] EATON B C, LIPSEY R G. Exit barriers are entry barriers: The durability of capital as a barrier to entry [J]. The Bell Journal of Economics, 1980.

[54] ERIA H, BRUNO Y. Total factor productivity growth in Uganda's telecommunications industry [J]. Telecommunications Policy, 2010, 35 (1).

[55] ESBIN B S. Functional Separation, Italian Style [J]. Progress & Freedom Foundation Progress on Point Paper, 2009, 16 (9).

[56] EVANS D S, HECKMAN J J. A test for Subadditivity of the cost function with an application to the Bell System [J]. American Economic Review, 1984, 74 (4).

[57] FORD G S. Regulation and investment in the U. S. telecommunications industry [J]. Applied Economics, 2018, 50 (56).

[58] FOREMAN R D, BEAUVAIS E. Scale Economies in Cellular Telephony: Size Matters [J]. Journal of Regulatory Economics, 1999, 16.

[59] FRAQUELLI G, PIACENZA M, VANNONI D. Cost Savings From Generation and Distribution with an Application to Italian Electric Utilities [J]. Journal of Regulatory Economics, 2005, 28.

[60] FRIEDMAN M. More on Archibald Versus Chicago [J]. Review of Economic Studies, 1963, 30 (1).

跋

如开篇所说，自2013年党的十八届三中全会提出对电信等六大传统上的自然垄断行业放开竞争性业务环节以来，我国全面开启了对国有垄断行业的改革。与欧美等国的改革进程类似，因其在国民经济发展中的关键地位，本书所聚焦的基础电信服务业首先开始改革。作者基于近10年的观察与研究积累试图记录2013年和2014年开始的电信业三项重大结构性改革的初步成效、存在的主要问题和理论思考，并撰写了此书。其间我的学生宁颖斌、李文静、裴丹、骆丽秋、邱振宇和周树伟参与了相关的数据收集、整理、分析和部分结果的整理工作，也提出了很多有启发的建议。没有他们的努力本书将很难完成，在此深表感谢。研究还得到广东肇庆学院校长吴业春研究员和华南理工大学党委副书记麦均洪博士的大力支持。光明日版出版社各位编辑对本书选题、编辑和出版也倾注了大量心血，仅书名他们就反复推敲，并对我的多次修改给予了最大的宽容和理解。对以上支持和帮助也谨表诚挚的谢意。

2024 年 3 月于广州大学城